Malu Jimenez

LUTE COMO UMA GORDA

jandaíra

Copyright © Malu Jimenez, 2022

Todos os direitos reservados à Editora Jandaíra e protegidos pela Lei 9.610, de 19.2.1998.

É proibida a reprodução total ou parcial sem a expressa anuência da editora.

Este livro foi revisado segundo o Novo Acordo Ortográfico da Língua Portuguesa.

direção editorial
Lizandra Magon de Almeida

assistência editorial
Maria Ferreira

revisão
Joelma Santos

projeto gráfico e diagramação
Débora Bianchi

imagem da capa
colagem de Paula Mello sobre fotos de Juliana Maria Silva de Queiroz

ensaio fotográfico
Juliana Maria Silva de Queiroz

Maria Helena Ferreira Xavier da Silva/ Bibliotecária – CRB-7/5688

J61l	Jimenez, Malu Lute como uma gorda / Malu Jimenez. – São Paulo : Jandaíra, 2022. 288 p. : il. ; 22,5 cm.
	ISBN 978-65-5094-011-9
	1. Mulheres - Fisiologia . 2. Mulheres - Evolução. 3. Corpo humano - Aspectos sociais. 4. Imagem Corporal - Aspectos antropológicos. 5. Obesidade - Aspectos sociais. 6. Mulheres - Militância. I. Título.
	CDD 305.4

número de controle: 00048

jandaíra

Rua Vergueiro, 2087 cj. 306 • 04101-000 • São Paulo, SP
11 3062-7909
Editora Jandaíra
editorajandaira.com.br
@editorajandaira

Dedicatória

Dedico este trabalho, primeiramente, à minha irmã Antonieta Gimenez Gimenez, *in memoriam*, que antes de mim lutou contra a gordofobia e contra muitos outros preconceitos; à minha mãe, Antonia Jimenez Bertelli, que me criou feminista, mesmo sem saber o que isso significava.

A todas as mulheres gordas que, como eu, sofreram ou sofrem, foram humilhadas e invisibilizadas cruelmente, de suas infâncias à fase adulta, por ações perversas de exclusão, justificadas por preocupação com a saúde, pelo discurso de ódio assumido e descarado nas ruas e, mais recentemente, pelas redes sociais.

Às pesquisadoras e aos pesquisadores gordos, do Brasil e do mundo, por aceitarem esse desafio com coragem e por tratarem da temática do corpo gordo, colocando-se como protagonistas ao fazer pesquisa/ciência. Esse trabalho é necessário e importante para que possamos influenciar e exigir políticas públicas, bem como uma reflexão mais crítica no que tange ao tratamento às pessoas gordas em nossa sociedade.

Ao ativismo gordo, que me ensinou e ensina a transformar ódio e raiva em resistência, a ser empoderada pelo conhecimento e a tornar meu corpo gordo político, resistente à padronização do único corpo viável nessa sociedade, o magro.

Às seguidoras e às amigas que encontrei nessa caminhada de muitas lutas, trocas e reflexões, numa outra maneira de ser, entender e estar no mundo.

GRATIDÃO

Agradeço a todas as mulheres gordas que abriram suas histórias, suas dores e seus afetos e contribuíram para a minha pesquisa. Ao meu companheiro gordo de sonhos e lutas, Salomon Morales Cano Jimenez, que sempre esteve ao meu lado em todas as horas, tanto nas boas como nas difíceis.

Obrigada a todas as pesquisadoras que, antes de mim, ousaram pesquisar autoetnografia, cultura, corpo gordo e feminismo, fazendo com que minha caminhada fosse mais suave.

Com muito carinho, agradeço a todos os meus alunos e a todas as minhas amigas que, de alguma maneira, apoiaram meu trabalho e confiaram na minha capacidade intelectual. A todas as mulheres que fazem parte da minha rede de apoio, em especial as Gordas Xômanas, em Cuiabá, que estiveram ao meu lado nessa caminhada. Um obrigada com muito afeto a Jú Queiroz e a Paula Mello.

Agradeço fortemente ao Programa de Pós-Graduação em Estudos de Cultura Contemporânea (ECCO) da Faculdade de Artes e Comunicação da Universidade Federal de Mato Grosso (UFMT), por me dar a possibilidade de nos encontrarmos como pesquisadores na ação do fazer pesquisa. Gratidão à Fundação de Amparo à Pesquisa do Estado de Mato Grosso (FAPEMAT), pelo auxílio essencial nesta pesquisa.

SUMÁRIO

11 PARTE 1: A CORPA GORDA, O LIVRO E SUA AUTORA
- 13 **Apresentação à nova edição**
- 15 **Introdução:** Como pode? Mulher gorda pode!
- 18 **Capítulo 1:** Era uma vez a história, que não é um conto de fadas, de princesas que não foram salvas pelo príncipe
- 46 **Capítulo 2:** Era uma segunda vez uma princesa ativista que não é magra, salva a si mesma, transforma-se em bruxa e não morre queimada

69 PARTE 2: O UNIVERSO GORDO FEMININO
- 70 **Capítulo 1:** Cotidianos: a vida que não é um conto de fadas
- 124 **Capítulo 2:** Consumos: espelho, espelho meu, existe mulher gorda, bela, saudável e que compra como eu?
- 222 **Capítulo 3:** Ativismos: quem tem medo do lobo mau? Ativismo gordo, diferentes vozes e corpo gordo como (re)existência

263 E VIVERAM (RE)EXISTINDO PARA SEMPRE...
- 272 **Meu corpo é uma máquina de guerra**

276 Referências

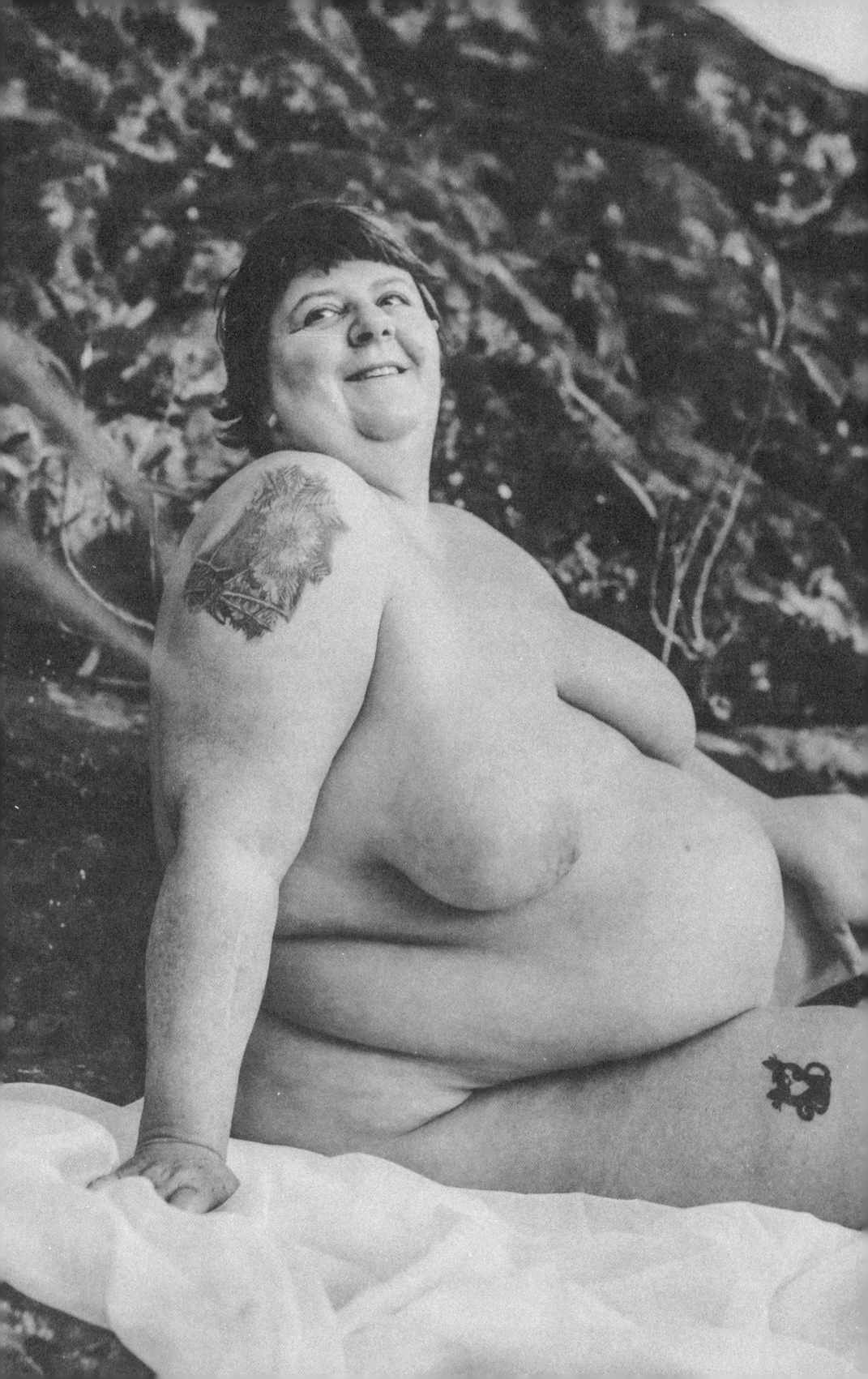

PARTE 1

A CORPA GORDA, O LIVRO E SUA AUTORA

Apresentação à nova edição

A primeira edição deste livro foi lançada no fim de 2020, ano da defesa da minha tese. Foi frustrante e, ao mesmo tempo, emocionante. Nunca poderia imaginar que a minha tese viraria livro tão rápido e que a primeira tiragem se esgotaria em poucos meses.

Ver este livro nascer foi como reunir toda a minha vida num projeto, um projeto de vida, um projeto de sonho, um projeto de quem eu era e de quem eu estava me tornando.

Relançar este livro em 2022 é de uma potência que não tem mais fim, sabe? Porque a ficha caiu. Não é mais um projeto, é VIDA, sou eu, são meus cinco anos de pesquisa. Meu tema de pesquisa se tornou meu encontro comigo mesma, com minhas vulnerabilidades e com meus desafios. Essas narrativas abriram caminhos para meu corpo ocupar muitos espaços, muitas mentes e muitos outros projetos. Então agradeço fortemente a todos que me apoiam nessa caminhada.

Na sequência do livro, vieram mais pesquisas e trabalhos, meu pós-doutorado em Psicossociologia na Universidade Federal do Rio de Janeiro (UFRJ), minha fotoperformance em fotografia de resistência e muitos outros projetos que venho construindo e que vêm atualizando minhas pesquisas e meus pensamentos sobre as corporalidades gordas, sobre a gordofobia e sobre mim.

Do encontro com a Editora Jandaíra, que acolheu esta nova edição, com novas fotos e com um novo projeto gráfico, também surge o selo "Lute como uma gorda", que trará para a cena debates importantes sobre gordofobia nas mais diversas áreas. As escritas gordas provocando as leitoras a refletirem sobre nós: MULHERES GORDAS.

Introdução

Como pode? Mulher gorda pode!

Há anos, já perdi a conta de quantos, venho experimentando uma exclusão sob a mirada vigilante e julgadora de pessoas de meu convívio social. Um olhar que me diz coisas — repulsa, engano, reprovação, aversão, nojo, medo — e muitos outros sentimentos expressados apenas pelo semblante. Algumas vezes, pela negação com a cabeça, mas, principalmente, pela mirada de censura. Sempre foi difícil entender o que esse olhar significava e por que se repetia em diversas ocasiões, com pessoas distintas. Sabia que era familiar e que não era um olhar de aprovação e carinho, muito pelo contrário. Tinha algo de errado em mim, comigo, e por esse motivo ele aparecia.

Esse olhar me remetia à reprovação sofrida na infância, quando fazia coisas que minha mãe não permitia, como comer com as mãos, subir a escada sozinha, brigar com minha irmã. Estava ali, entalhado no meu ser, o que me remetia à mudança de comportamento e me rasgava por dentro. Toda essa sensação de inadequação reverberou na minha vida de diversas maneiras, infelizmente nenhuma positiva, até que comecei a perceber que esse comportamento externo e repetitivo tinha uma inerente ligação com o meu corpo gordo. Mas, muito mais que com meu corpo gordo, era como se minha postura não estivesse adequada a esse corpo maior.

Dessa reflexão, numa conversa com uma amiga, dessas que são fadas, madrinhas e palhaças, tudo ao mesmo tempo — agora, minha "falhaça" —, acabou saindo de dentro de nós a expressão: como pode? Sim, como pode essa gorda não querer fazer regime? Como pode essa gorda ser casada? Como pode essa gorda fazer doutorado? Como pode essa gorda estar alegre? Como pode essa gorda fazer teatro? Como pode essa gorda se autodeclarar gorda e não demonstrar qualquer sofrimento? Como pode essa gorda falar de alimentação saudável? Como pode essa gorda querer usar biquíni? Como pode essa gorda não ser zoada por seus alunos? Como pode essa gorda falar com o motorista do ônibus que ela não cabe na catraca e rir disso? Como pode?

Essa expressão me empoderou de tal maneira que, hoje, quando alguém me olha com aquele olhar de reprovação — e que um tempo atrás acabava comigo e me fazia sentir culpa por algo que nem sabia muito bem o que era; ficava mal e me sentia muito inadequada, o patinho feio e gordo da parada —, automaticamente me vem à mente: como pode? Sim, eu leio os pensamentos alheios e dou muita risada deles, porque eu consegui reverter um sentimento horrível em algo criativo e engraçado. Prazeroso até. Muitas vezes já fico na espera: lá vem o "como pode?".

Poder transformar aquilo que te faz mal em algo criativo vem ao encontro de um trabalho do feminismo de aceitação e entendimento do próprio corpo, de muitas maneiras e buscas. Entender que as pessoas que te reprovam e não te aceitam são as que precisam de ajuda, pois se incomodam com algo e não sabem muito bem o porquê. Neste mundo, ser gorda e não se suicidar é o maior ato de resistência que eu venho experimentando.

Como pode? Mulher gorda pode.

MALU JIMENEZ
Não me Kahlo (2018)

ERA UMA VEZ...
A HISTÓRIA,
QUE NÃO É
UM CONTO
DE FADAS,
DE PRINCESAS
QUE NÃO
FORAM
SALVAS PELO
PRÍNCIPE

O corpo feminino, de alguma maneira, sempre esteve ligado a padrões de beleza. A partir deles, ou em sua falta, determina-se se o corpo tem elegância, saúde, riqueza, ou, ao contrário, se é desajeitado, doente ou pobre.

O corpo, portanto, pode ser considerado um cartão de visitas, provocando em seu observador alguns pré-julgamentos. Mesmo que possamos nos equivocar com as aparências, e todos sabem disso, elas estão relacionadas a qualidades morais positivas e negativas. Dependendo da valorização cultural do tipo de corpo feminino enaltecido na época vigente, pode causar uma boa ou má apreciação.

Houve uma época em que corpos abundantes e grandes eram considerados saudáveis, vistosos, requintados, que demonstravam ares de riqueza. Uma mulher com cadeiras anchas poderia ser considerada excelente parideira, ou seja, culturalmente, em dado momento histórico, ser gorda era um grande elogio, uma qualidade.

> Podia-se ainda atribuir sentimentos nobres, como a coragem e a valentia, às pessoas "muito gordas" sem que suas características físicas interferissem desfavoravelmente nos julgamentos do caráter. (SANT'ANNA, 2016, p. 22).

Diferentemente, o corpo magro era considerado doente, feio: demonstrava pobreza. Uma mulher magra poderia seguir a vida toda fazendo tratamentos para engordar, o que se tornava um objetivo para a vida.

Em toda época existiu uma busca por obter o corpo que se considerava "melhor" e mais apresentável, isso é fato. Nos dias atuais, acompanhamos uma verdadeira caça às gorduras. Ao contrário do que já foi valorizado, hoje a predileção é por um corpo magro, malhado e jovem. Nesse momento, o apreço é conseguir um corpo esguio, com características cada vez mais exigentes.

Digo "conseguir" porque é exatamente o que acaba acontecendo: uma busca pela construção de um corpo padronizado e considerado perfeito. Torna-se quase impossível lograr a conquista quanto mais se proponha atingir esses padrões idealizados.

O que quero dizer é que existem inúmeros quesitos a serem conquistados para realizar tal façanha: devemos ter cabelos lisos, macios e brilhantes, cintura bem definida, unhas bem-feitas, pele clara, lisa e jovem, barriga malhada e, de preferência, pernas firmes e torneadas, sobrancelha pigmentada etc. Enfim, parece que nosso corpo nunca chegará a ser aceito e aplaudido, já que nunca estará à altura da padronização do corpo belo e saudável concebido pela sociedade capitalista contemporânea.

São tantas exigências que é impossível ter uma beleza que passe pelo termômetro social sem precisar seguir o que é imposto por essa sociedade como belo, saudável e alegre. Ficar satisfeito com o próprio corpo passa a ser praticamente infactível.

Não lograr essa conquista é estar fora dessa padronização, o que acaba levando a uma cobrança social pelo não encaixe no tipo de corpo considerado culturalmente o "melhor". Destaco que a pressão estética com todos os corpos é muito grande, porém com as mulheres é muito maior, posto que vivemos numa sociedade em que aprendemos, desde crianças, a ser belas e femininas, enquanto os homens aprendem a ser fortes e inteligentes (SANT'ANNA, 2014b).

A mulher sofre mais cobrança pelo ideal de beleza, contudo a mulher gorda sofre ainda mais, pois o corpo gordo, numa sociedade que valoriza a magreza, será sempre estigmatizado como feio, doente, sujo. Tal sociedade, como explica Claude Fischler, é regida pela "lipofobia", instituição que está diretamente ligada a uma "obsessão pela magreza, sua rejeição quase maníaca pela obesidade" (FISCHLER, 1995, p. 15).

Segundo Fischler (1995, p. 69), "[...] há um século nos países ocidentais desenvolvidos, os gordos eram amados; hoje, nos mesmos países, amam-se os magros". Desse modo, os motivos para estudar o corpo — suas socializações e transformações, aliadas às respectivas problemáticas com sua aparência, com os seus modos de perceber e reproduzir o embelezamento — são muitos.

O primeiro e mais óbvio de todos é justamente o preconceito com as pessoas gordas. A gordofobia é uma discriminação que leva à exclusão social e, consequentemente, nega acessibilidade às pessoas gordas. Essa estigmatização é estrutural e cultural, transmitida em diversos espaços e contextos sociais da sociedade contemporânea. Esse pré-julgamento acontece por meio de desvalorização, humilhação, inferiorização, ofensas e restrições aos corpos gordos de modo geral.

A gordofobia está em todos os lugares e aparece, muitas vezes, disfarçada de preocupação com a saúde, dificultando, dessa forma, seu entendimento e seu embate. Sustentada por discursos de poder, saúde e beleza — como geradores de exclusão —, é calcada em comportamentos diários que reforçam o preconceito e o estigma em relação às pessoas gordas, corroborando os estereótipos que estabelecem situações degradantes e constrangedoras, os quais marginalizam esses indivíduos e os excluem socialmente:

> [...] a própria preocupação com a saúde de quem é gordo já demonstra indícios de gordofobia, uma vez que se assume que aquele sujeito tem problemas de saúde só por estar acima do peso, enquanto pessoas magras não são abordadas e questionadas a respeito de seus níveis de pressão arterial por exemplo. Alegremente, acontece que, culturalmente, quem é magro é visto inicialmente como saudável independente de outros fatores. (ARRAES, 2015, s/p).

Esses comportamentos acontecem na família, na escola, no trabalho, nas mídias, nos hospitais, nos consultórios, na balada, no transporte, nas praias, nas academias, nas piscinas, nas redes sociais, na internet, nos espaços públicos e privados etc.

Foucault (1997, p. 127) explica que "o certo é que as redes do poder passam hoje pela saúde e o corpo. Antes passavam pela alma, agora pelo corpo". Ou seja, acaba-se por imprimir no corpo — revestido de símbolos e interpretações — julgamentos e expectativas, aos quais "[...] se aplicam sentimentos, discursos e práticas que estão na base das vidas sociais" (FERREIRA, 1994, p. 101).

Seguindo esse raciocínio, posso inferir que se associa ao corpo padronizado, magro e jovem a busca interminável por alcançá-lo de qualquer maneira, já que se constrói a ideia da conquista da beleza como utilidade, relacionando a aquisição do corpo padronizado a produtos que geram lucros milionários para a indústria da beleza.

Para Naomi Wolf (2018, p. 23), "o mito da beleza, como muitas ideologias da feminilidade, muda para se adaptar a novas circunstâncias e põe em xeque o esforço que as mulheres fazem para aumentar seu próprio poder". Para a autora, a beleza é uma construção de controle social que tem se fortalecido: "Ela se fortaleceu para assumir a função de coerção social que os mitos da maternidade, domesticidade, castidade e passividade já não conseguem impor" (WOLF, 2018, p. 27).

> Os direitos reprodutivos deram à mulher ocidental o domínio sobre o próprio corpo. Paralelamente, o peso das modelos despencou para 23% abaixo do peso das mulheres normais, a incidência de transtornos alimentares aumentou exponencialmente e foi promovida uma neurose em massa, que recorreu aos alimentos para privar as mulheres daquela sensação de controle sobre o próprio corpo. As mulheres insistiram em dar um caráter político à saúde. Novas tecnologias de cirurgias "estéticas" invasivas e potencialmente fatais foram desenvolvidas com o objetivo de voltar a exercer sobre as mulheres antigas formas de controle médico. (WOLF, 2018, p. 28).

A beleza faz parte da construção de vida das mulheres desde muito cedo, muitas vezes até antes de nascerem: "a princesinha que vem aí", "a boneca que está para nascer".

Há indústrias que lucram com essa busca da beleza, que é o objetivo central do mundo feminino, visto que esse "[...] é um sistema monetário semelhante ao padrão ouro. Mas isso é ainda mais grave quando se trata de pessoas gordas". Assim, na tentativa de conquistar corpos de acordo com o padrão físico imposto culturalmente, as mulheres constroem relações de poder entre si, de forma a competirem para alcançar essa "beleza" que os homens valorizam e de que se apropriam (WOLF, 2018). Tanto é que mulheres gordas, ou nem tão preocupadas com essa busca, são consideradas mulheres que não se cuidam, largadas, masculinas, de baixa autoestima.

Isto posto, o corpo desejado, trabalhado, malhado é considerado socialmente "belo", enquanto o corpo que não segue essa busca e/ou objetivo acaba sendo considerado "feio", fracassado e, como consequência, é excluido socialmente. Mas isso é ainda mais grave quando se trata de pessoas gordas, porque ser gordo é o que se pode ser de pior, de mais oposto ao padrão desejado.

A mulher gorda, muito gorda, é considerada uma monstruosidade, o último estado a que uma pessoa pode chegar. Ou seja,

> O medo de engordar tornou-se tão comum nos conselhos de beleza e saúde quanto o alardeado temor dos homens de se casar. Desde que os problemas do sobrepeso e da obesidade começaram a ser divulgados com assiduidade pela mídia, o medo de engordar generalizou-se. Transformando em sentimento necessário para garantir a saúde, dito medo afirmou-se, primeiro, como uma demonstração legítima e normal de amor-próprio e, logo a seguir, como uma prova de autoestima. (SANT'ANNA, 2016, p. 112).

Ser gordo, portanto, é a última coisa que as pessoas querem.

> A estigmatização do gordo é tanta nos anos 1920 e 1930 que as questões patológicas em relação à obesidade se proliferam de uma maneira avassaladora. Começa-se a fazer uma generaliza-

> ção das doenças em relação à gordura corporal. A gordura se torna uma vilã implacável e traz consigo inúmeras doenças nocivas desde o câncer, o envenenamento, até a intoxicação. Corromperam questões culturais e psicológicas, que se infiltraram nas relações das pessoas e acabaram sendo alvo de opiniões divergentes, de referências éticas e morais até que conseguiram transformar a gordura de um modo extremo "em um mal universal". O gordo passa a ser uma ameaça estética e vital à sociedade se tornando o doente do século XX. A busca em combater a gordura torna-se o principal objetivo de vários setores da saúde (médicos, nutricionistas, treinadores físicos etc.) além de pesquisadores, da sociedade e, principalmente, das pessoas. O mal da gordura cai no senso comum. (NECHAR, 2018, p. 5).

Estudar o corpo gordo feminino no contexto da cultura contemporânea é observar e pensar sobre esses corpos: como se socializam, seguem padrões sociais e resistem na interação consigo mesmos e com o mundo. Partindo da percepção do meu próprio corpo gordo feminino, quero mostrar aqui o que acontece com corpos que não se encaixam na naturalização do corpo magro como único e o que isso representa em nossa sociedade.

Esta pesquisa qualitativa em primeira pessoa e minhas experiências como mulher gorda no mundo proporcionam o desvendamento de outras mulheres gordas contemporâneas.

Esta análise com interesse pelas mulheres gordas, considerando suas representações, aparências, superações, depoimentos, tristezas, alegrias, conversas, discussões, dietas, empoderamentos, ativismos etc., não pode ser vista como "elemento sem importância ou frívolo da vida social e do cotidiano" (MAFFESOLI, 2005).

Assim, as análises relacionadas direta ou indiretamente ao corpo gordo humano como parte da cultura trazem indagações instigantes, fazendo com que seja um campo de investigação bastante amplo e frutífero.

Pais (2002, p. 56) afirma que "[...] para o domínio da realidade social, é justamente a indisciplina do cotidiano que mais facilmente se esquiva da captação sociológica". Este é o objetivo metodológico: perceber as rotinas do cotidiano de mulheres gordas, as considerações e as narrativas tanto presenciais quanto por meio do ciberespaço.

O livro aponta para esses parâmetros aqui apresentados por intermédio de entrevistas, observações e participações em blogs, grupos, redes sociais, bem como do meu próprio cotidiano e das minhas experiências de vida como mulher gorda. Os comentários tanto do espaço virtual como presencial constituem o ponto de partida desta análise de proposta da vida comum e de seus atores.

A ideia é começar por me conhecer melhor, como mulher gorda que procura entender a diversidade de corpos na sociedade, e, em seguida, conhecer as outras mulheres gordas, suas histórias, suas relações com seus corpos e suas particularidades, compreendendo, então, o próprio sentido da vida cotidiana para os indivíduos e para quem se identifica com o que é contado na pesquisa no que se refere a viver a própria vida.

O objetivo é que, através de uma análise crítica e em primeira pessoa do singular, as entrevistas, as conversas, os depoimentos, os encontros e as observações, dentro e fora do ciberespaço, possam potencializar a subversão do que acontece no cotidiano (PAIS, 2002).

A partir de minha experiência no mestrado, acredito que a melhor maneira de entrevistar uma pessoa é deixando-a falar, contar, narrar suas histórias, seus sentimentos, deixar que a protagonista dê limite ao que é importante para ela dentro do tema que se quer discutir. E, como Gabriel Tarde já apontou, dou atenção à conversação, permitindo que as protagonistas da pesquisa se expressem sem nenhum (ou com o mínimo de) constrangimento possível.

> Existe um vínculo estreito entre o funcionamento da conversa e a mudança de opinião, do qual dependem as vicissitudes do poder. Nos lugares onde a opinião muda pouco, muda lentamente ou permanece quase inalterada, as conversas são raras, tímidas,

> acontecem dentro de um círculo estreito de mexericos. Lá onde a opinião tem mobilidade, onde é dinâmica, onde passa de um extremo a outro, é que as conversas são frequentes, arrojadas, emancipadas. [...] A conversa é a causa infinitesimal, porém contínua e universalmente atuante, de todas as formações e transformações sociais, não apenas linguísticas, mas religiosas, políticas, econômicas, estéticas e morais; uma elaboração de certo modo emaranhada, cuja importância tem sido profundamente ignorada. (TARDE *apud* LAZZARATTO, 2006, p. 161-162).

É importante explicar que a análise parte das falas, e não das histórias de vida de cada uma das mulheres encontradas nesta pesquisa, já que não se pode afirmar que elas tenham usado a idade e o nome verdadeiros, pois estavam virtualmente dentro de um debate ou dando um depoimento sobre o tema em questão.

Busquei seguir as pistas das escritas e das conversas de mulheres gordas cujas narrativas me levassem a analisar e a escrever sobre o corpo gordo feminino socialmente, e não o contrário. Como nos ensina Machado Pais (2002), deixei que suas falas, suas queixas, seus conselhos, suas dicas e suas reclamações me guiassem para a discussão analisada aqui. Algumas conversas surgem em uma fila de banco; outras, numa loja de roupas ou no supermercado, sem intenção nenhuma de apresentação.

Dessa maneira, esclareço que meu foco não foi tabular essas mulheres por classe social, idade, região, e sim pelas pistas que iam aparecendo em suas narrativas. Apenas em um caso, que será citado mais adiante, deu-se a comparação entre grupos, entre mulheres com maior poder financeiro e mulheres com menor favorecimento econômico. Mas, de maneira geral, essas particularidades nem sempre aparecem: são mulheres gordas que se expressam por algo que as impulsionou a falar e que preferem não se identificar.

A pesquisa deste livro se inicia com a imersão no universo de mulheres gordas, pelas suas narrativas. Algumas delas começaram a indicar outras, as quais surgem em blogs, entrando e saindo desses espaços, mudando de opinião; outras apareciam na fila do banco, na hidroginástica, no meu trabalho. Nessa trajetória investigativa, como aponta Machado Pais (2002), notei, de repente, que estava trabalhando com uma matéria viva, em constante modificação, no agora que se constrói no exato momento em que se observa, que está acontecendo. Por esse motivo, essas pessoas mudam de opinião e de posicionamentos.

Nós mulheres gordas, estamos nos construindo como ativistas, repensando e tentando entender como e quem somos nós, quem pode fazer parte da nossa luta e o porquê do nosso ativismo. Da mesma forma, nós nos questionamos se esse movimento é de fato antirracista (e como se pode afirmar isso).

A proposta foi desvendar esse universo, e a percepção é que esse desvendamento não acontece totalmente, já que se liga a inúmeras negociações, afeta inúmeras áreas da vida, se liga à política, a pessoas, a mídias, a vizinhas, à alta-costura, às costureiras do bairro, às cadeiras de restaurantes, à invisibilidade na mídia, à luta pela acessibilidade com o governo, aos profissionais de saúde etc.

É uma sequência de acontecimentos que pulsa junto a mim e a outras mulheres gordas; as ideias vão sendo reconstruídas e pensadas a todo instante e o desvendamento desse universo faz parte dessa construção.

Meu caminho de pesquisadora não foi predestinado, foi acontecendo, já que não sabia o que iria ocorrer e encontrar nesse trajeto. Quando percebi, estava envolvida e já não mais fazia sentido anotar quais eram os blogs, as páginas, as idades e os lugares.

Optei por fazer a análise desses relatos calcada em um tripé que sustentasse esta discussão, visto que o que mais apareceu dentro dos temas sobre os quais tenho um certo conhecimento foram: cotidiano, consumo e ativismo.

O interesse teórico desta proposta vai ao encontro do que Versiani (2002) fala sobre o discurso autobiográfico: é político, já que coloca em visibilidade as subjetividades de alguma forma associadas a grupos minoritários, neste caso, mulheres gordas. Logo,

> [...] ao tentar resgatar nos discursos de matizes autobiográficas a construção de subjetividades marginais (distintas do sujeito hegemônico branco, masculino e europeu, que se sobrepôs ao próprio conceito de sujeito), teóricos e críticos literários evitariam as antigas estratégias de leitura que, afinal, construiram a noção de Sujeito unívoco e estável que ora pretendem desconstruir. (VERSIANI, 2002, p. 58).

O que proponho é que, na metodologia desta pesquisa, a subjetividade seja compreendida como construção dialógica em processos interpessoais que ocorreram em contextos multiculturais.

Colocar-me como uma das protagonistas da pesquisa, com seus equívocos, acertos e afetos, pode potencializar outras vozes

> [...] através da memória e das condições históricas em que se deu o processo de subjetivação, as vozes de outros selves. A autorreferência fragmentária e dialógica permite que outras vozes culturais perpassem sua escrita (VERSIANI, 2002, p. 61).

A autoetnografia foi meu ponto de partida, a base deste livro no que cabe à metodologia e à escrita, pois parto de experiências pessoais e interpessoais a sentimentos, alterando as vozes narrativas, mas preocupada com minhas vivências pessoais e culturais, preocupada em produzir um texto mais acessível e pessoal, que está preocupado em chegar ao maior número de leitores possível.

Como nos explica a obra *Autoetnografia: uma metodologia qualitativa*, organizada por Silvia Bernard Calva (2019), em que diversos pesquisadores explicam e constroem no decorrer do livro o que é pesquisar:

> Quando os investigadores escrevem etnografias, produzem "descrições densas" de uma cultura (GEERTZ, 1973, p. 10); (GOODALL, 2001). O propósito dessas descrições é facilitar o entendimento de uma particular cultura, tanto entre os "nativos" como os "outros"; descrições que são criadas (indutivamente) esclarecendo os padrões da experiência cultural – sentimentos re-

> petidos, histórias e eventos –, como evidenciado nos cadernos de campo, entrevistas e objetos. (JORGENSON, 2002). Quando os investigadores escrevem autoetnografias, buscam produzir descrições densas, estéticas e evocativas de experiências pessoais e interpessoais. Isso é possível primeiramente distinguindo os padrões da experiência cultural evidenciada nas notas de campo, entrevistas ou artefatos, e depois, descrevendo referidos padrões usando etapas de narração (por exemplo, o caráter e desenvolvimento da trama), mostrando e contando, alterando as vozes narrativas. Dessa maneira, o autoetnógrafo não só trata de fazer significativas e comprometidas as experiências pessoais e culturais, como também produz textos acessíveis com o fim de ter um público mais amplo e diverso; o que o relatório de pesquisa tradicional geralmente desatende; uma ação que torne possível uma mudança social e pessoal com um maior número de pessoas. (BOCHNER, 1997; ELLIS, 1995; GOODALL, 2006; HOOKS, 1994 *apud* CALVA, 2019, p. 23-24).

O processo de escrita e análise estará focado em um exercício constante de autorreflexão, esclarecendo, sempre que possível, a própria posição de pesquisadora em relação a seu objeto, pois a investigadora que narra, a qual fará as análises dos discursos, também é gorda, desde que nasceu, e ativista, desde que entendeu que o corpo gordo é excluído socialmente e que esse estigma se baseia numa concepção cultural do corpo ideal feminino. Essa realidade deve estar em pauta na discussão juntamente com os métodos e com as hipóteses que aparecerão nesta pesquisa.

Quero, assim, dar ênfase à experiência pessoal e, principalmente, à explicitação da intersubjetividade estabelecida entre pesquisadora e pesquisadas como pressuposto básico da construção da própria análise.

Proponho esse desafio como pesquisadora da cultura contemporânea, e que o instrumento teórico permita-me enxergar as diferenças internas das intersubjetividades dentro do grupo, a identificação com minha história e o que os corpos femininos gordos (como o meu) passam desde suas infâncias até a fase adulta. E mais do que isso: o que as mulheres gordas fazem com a experiência de serem odiadas pela sociedade em geral.

Como grande parte dos depoimentos e das falas foram retirados de grupos e redes sociais da internet, é importante destacar que entendo o ciberespaço ou cibercultura, definido por Lemos (2007, p. 127), como "[...] um espaço não físico ou territorial composto por um conjunto de redes de computadores através das quais todas as informações, sob as suas mais diversas formas circulam".

Pesquisar o ciberespaço é importante: esse é um lugar que permite aos seus usuários, os quais buscam identificações, a possibilidade de escrever o que se sente ou pensa sobre dada temática, sem intermediários. Analisar blogs, páginas e redes sociais pode ajudar na reflexão sobre o que essas mulheres gordas estão comunicando na internet, uma vez que esses espaços são muitas vezes percebidos como mais livres, pois se encontram, no mesmo ambiente virtual, pessoas interessadas e que se identificam com a problemática, o que contribui para a ocorrência de mais entendimentos, trocas, afetos e menos julgamentos. Recuero explica que:

> acreditamos poder definir webrings (como aqui chamamos os círculos de bloggeiros) como virtual settlement, uma vez que funcionam como um lugar (uma vizinhança) de bloggeiros que interagem (através de comentários e posts) e travam conhecimento e relações entre si. Os webrings são, portanto, compostos não apenas do blog, mas do círculo de bloggeiros e seus comentários sobre o blog, do suporte tecnológico da comunidade virtual. (RECUERO, 2003, p. 127).

Com estudos focados no ciberespaço cada vez mais recorrentes, surgiram metodologias de pesquisas que logram desvendar o que acontece dentro desse universo. A etnografia, por exemplo, com enfoque qualitativo tem alcançado resultados interessantes no que se refere a investigações dentro da rede.

O ciberespaço é considerado, para alguns pesquisadores, como Hine (2005), um universo abastado para análises sobre as comunicações que acontecem ali. Com o enorme número de usuários que frequentam diariamente esses espaços, acaba sendo um lugar importante para pesquisar as ciências humanas.

> É possível ir mais longe e sugerir que nosso conhecimento da Internet como um contexto cultural está intrinsecamente ligado com a aplicação da etnografia. O método e o fenômeno definem o outro em um relacionamento de mútua dependência. O contexto on-line é definido como um contexto cultural pela demonstração de que a etnografia pode ser aplicada a ele. Se nós podemos estar confiantes de que a etnografia pode ser aplicada com sucesso em contextos on-line então nós podemos ficar seguros de que estes são, realmente, contextos culturais, uma vez que a etnografia é um método para entender a cultura. (HINE, 2005, p. 8).

A internet tem estado no centro da militância antigordofobia como espaço que interliga projetos na rede da pauta gorda, e o ciberespaço acaba por mediar a aceitação do próprio corpo e a despatologização daquele que não se encaixa como "normal" em nossa sociedade.

> Com o objetivo de unir pessoas que sofrem com este estigma, o ativismo gordo tem ocupado espaços virtuais[1] e físicos organizando-se estrategicamente em grupos que se mobilizam para discutir, questionar e acolher pessoas que sofrem com a gordofobia no mundo atual. (JIMENEZ-JIMENEZ; ABONIZIO, 2017, p. 9).

Minhas redes de apoio à pesquisa dentro do universo on-line, "Estudos do Corpo Gordo Feminino", também fizeram parte desse filtro de entrevistas, já que muitas mulheres mandam depoimentos

---

1 Entendo virtual como espaço social nas redes sociais e na internet e físico como espaços urbanos nas cidades do Brasil e do mundo.

contando suas experiências sobre temas relacionados à gordofobia e ao seu lugar na sociedade, como percebem, entendem e ressignificam seus corpos e suas experiências em seus grupos sociais.

Muitos depoimentos aconteceram em discussões de páginas, blogs, no Instagram, WhatsApp e em grupos fechados nas redes sociais. Outras narrativas surgiram de conversas inbox (bate-papo privado) que acabaram indo da discussão pública para a conversa particular.

Não foi possível, como mencionei, fazer um levantamento de blogs, páginas e grupos que segui durante a pesquisa, porque muitos dos depoimentos não estavam só nos canais em rede, mas também na publicação de alguma matéria ou até ultrapassavam aquele espaço virtual.

Apesar de, num primeiro momento, entender que os canais de pesquisa sobre o universo gordo existiam sobretudo nessas redes, aos poucos fui encontrando mulheres gordas em diversos outros canais e meios, tanto dentro como fora da internet, e muitas vezes em lugares em que nunca imaginaria surgir uma conversa sobre esse universo. Somos muitas e ocupamos muitos espaços e lugares, tanto virtual como fisicamente. Também foi percebido que muitos desses canais abrem e fecham, outros deixam de ser seguidos. Meu foco é no que essas mulheres falam, escrevem e opinam sobre o tema, independentemente de qual espaço ocupam.

No começo de meu trabalho em campo, pensei e comecei a tabular esses canais, com preocupação em descrevê-los um por um na pesquisa; contudo, com o aprofundamento das entrevistas e dos depoimentos observados, abandonei essa proposta e me detive na fala, nos afetos e nos dizeres dessas mulheres, que eram de tantos espaços, mas, ao mesmo tempo, não faziam questão de serem identificadas como pertencentes a um canal, entravam e saíam, pertenciam a outros grupos.

Observo esses depoimentos desde 2015. Realizei cerca de 70 entrevistas presencialmente, gravando o áudio no celular e, depois, transcrevendo-o para meu caderno de anotações. Além disso, copiei cerca de 80 depoimentos de redes e organizei-os em pastas, no computador, por assunto. Tenho memórias anotadas sobre essa questão desde os meus 16 anos, outras apareceram em terapia, e eu as anotei. E ainda aconteceu de, no processo de escrita, lembrar e anotar situações que estavam apagadas em minha memória, por trauma, medo ou tristeza, mas que reacenderam durante o processo de escrita.

Todos os nomes que utilizarei para transcrição de depoimentos neste texto serão fictícios, preservando a privacidade de cada uma dessas mulheres. A maioria delas pediu sigilo na identificação e, quando eu concordava com essa exigência, elas se abriam com mais facilidade sobre o assunto abordado. Muitas entrevistas surgiram dessa oportunidade de conversas privadas nos aplicativos e nas redes, mas também em encontros.

Outro ponto importante é como entendo o ato de consumir nesta pesquisa, o qual perpassa a análise do que nós mulheres gordas compramos, desejamos e do que o mercado nos oferece. Desde o ponto de vista dos estudos de consumo como cultura, sistemas simbólicos que comunicam algo, levo em consideração toda a cadeia relacionada a essa ação essencial em nossa sociedade. O comprar, o desejo, a oferta, o marketing, a publicidade, as representações desse nicho por meio do que é produzido, a oferta e a procura, o que se nega e o que se oferece a esse tipo de consumidor. Isto é, o que toda essa teia comunica e fragmenta; mas, principalmente, sinaliza como a sociedade e como cada indivíduo, gordo ou não, tem se relacionado com o consumo para corpos maiores.

Douglas e Isherwood (2013) entendem o consumo como sistemas simbólicos que expressam sentidos em suas práticas. Esses sistemas ultrapassam o valor comercial e utilitário dos bens, para compreenderem que comunicam significados culturais. "Quando se diz que a função essencial da linguagem é sua capacidade para a poesia, devemos supor que a função essencial do consumo é sua capacidade para dar sentido." (DOUGLAS; ISHERWOOD, 2013, p. 7).

As análises do consumo, levando em consideração os estudos de consumo contemporâneo, entendem compras e escolhas, gostos e seleções daquilo que se almeja, ou não, como ações que se comunicam de forma simbólica e, por conseguinte, cultural. O que aquela escolha ou negação em obter algum bem comunica? Veremos mais adiante.

Colin Campbell (2006) anuncia que o consumo ocupa um lugar central nas organizações sociais, isto é, uma dimensão central nas culturas das sociedades contemporâneas, sendo produtor de sentidos e identidades:

> Assim, faz-se necessário perceber os objetos como coisas que possuem materialidades distintas que nos afetam e provocam reações diferenciadas; que têm a capacidade de levar as pessoas para além delas mesmas, sem para tanto, lhes negar a iniciativa e o controle das ações. [...] é fundamental, acima de tudo, relacionar o mundo material ao conjunto de práticas, às hierarquias de sentidos e às estruturas sociais a que ele está articulado no fluxo da vida social de indivíduos e grupos. (BARBOSA; CAMPBELL, 2006, p. 109-110).

Appadurai (2008) propõe entender os bens sob uma perspectiva cultural, considerando que as mercadorias estão sempre em movimento. Para o autor, as coisas podem ter histórias, são resultados de processos recheados de valores. É interessante a sua proposta quando chama a atenção para competências, valores que atribuímos aos objetos. Esse processo acaba envolvendo muito mais que razões econômicas, e os objetos acabam tomando dimensões culturais e políticas.

Seguindo esse raciocínio, a observação dos consumos interditados e consentidos das mulheres aqui observadas desvendou identidades, locais de fala e formas de como o mercado pode se aproveitar de pessoas que são excluídas de todos os bens disponíveis por conta de seu tamanho, percebendo que os nichos que possam cobrir essa falha ganharão muito dinheiro com essa iniciativa.

As escolhas e críticas de acesso ao mercado também podem mostrar como essas mulheres se sentem diante da oferta de alguns bens e da falta de outros. Inclusive foi possível verificar como a gordofobia é uma estigmatização estrutural e institucionalizada, que acaba atingindo o mercado na hora da oferta para um certo limite de numeração do vestuário. Por exemplo, mesmo quando as marcas anunciam ser plus size, geralmente as roupas vão até o número 54, e, a partir desse número, o acesso fica bem mais complicado e restrito às classes mais favorecidas.

A discussão proposta neste livro trata do universo gordo feminino: cotidianos, consumos e ativismos desses corpos. Não haveria como mergulhar nesse ambiente sem trazer para essa reflexão o debate feminista contemporâneo como metodologia. Suas contribuições atuais surgem como respostas. Segundo Laura Masson (2007, p. 216), "[...] os feminismos são a forma que as feministas encontraram para agregar as diferenças que se manifestam através do enfrentamento [...]", ou seja, houve a necessidade de elaborar teorias e propostas políticas que materializassem a ideia de que o feminismo é uma crítica à própria cultura vigente no mundo contemporâneo.

Dessa maneira, os feminismos emergem situados em condições particulares que se desenvolvem por meio da vida cotidiana de mulheres em contextos sociais específicos. Esse olhar mais peculiar para os problemas enfrentados por grupos de mulheres localizados em todos os lugares e situações na sociedade foi de total importância para a visualização de sujeitos subalternos, tanto como reconhecimento político como nas análises teóricas.

Segundo a autora, essa condição impulsionou o feminismo para a construção de estudos inovadores que apresentam complexos problemas de condições sociais que, antes, não eram percebidas nem estudadas. Sendo assim, uma das características mais notáveis sobre os feminismos atuais é a capacidade de aglomerar estudos, discussões e práticas que podem chegar a níveis cada vez mais profundos de compreensão:

> [...] das multiplicidades de configurações do sexo, gênero, classe, raça, etnia e inúmeras outras condições sociais que se articulam em organizações sociais, culturas e ideologias. Nessa

> busca emergiu a criatividade, imaginação, transgressão, vontade de viver, história, poderes, formas de fazer política e as concepções de mundo próprias das pessoas oprimidas na luta por sua emancipação. (SANDOVAL, 2015, p. 116).

Apesar de as lutas feministas abarcarem, no mundo atual, espaços e contextos distintos, existe uma mesma preocupação que permeia grande parte dessas pautas: resistir à pressão estética dos corpos femininos, para que a mulher se mantenha responsável e autônoma no que se refere ao próprio corpo, posto que este tem sido foco da opressão patriarcal desde sempre.

> O mito da beleza no momento é mais insidioso do que qualquer mística da feminilidade surgida até agora. [...] Há uma geração, as mulheres viraram as costas ao paraíso de consumo do lar isolado e cheio de aparelhos domésticos. No entanto, no lugar em que as mulheres estão presas hoje, não há porta a ser batida com violência. Os estragos contemporâneos provocados pela reação do sistema estão destruindo o nosso físico e nos exaurindo psicologicamente. Se quisermos nos livrar do peso morto em que mais uma vez transformaram nossa feminilidade, não é de eleições, grupos de pressão ou cartazes que vamos precisar primeiro, mas, sim, de uma nova forma de ver. (WOLF, 1992, p. 24).

Os ativismos na internet são importantíssimos para essas mulheres, pois é nela que se sentem seguras para expor fragilidades e pedidos de ajuda. Entender o corpo de outra maneira e fazer uso dessa experiência para se aceitar e estar mais alegre no mundo.

Algumas chamadas e alguns eventos do ativismo gordo começam pela internet e depois acabam se materializando em ruas, praias, festas, bares. Vários desses chamamentos acontecem nos canais virtuais de verberações militantes, visando à aceitação do corpo gordo feminino em espaços sociais nos quais é, de alguma maneira, proibido de estar, é excluído.

O movimento "Vai ter gorda na praia", por exemplo, é um projeto nacional, iniciado em 2016, com um chamamento na internet pela hashtag #vaitergordasim. A iniciativa partiu de duas ativistas durante o verão na cidade de Santos (SP), após discussões e encontros virtuais em diversos canais de ativismo. Os encontros começaram a acontecer em inúmeras praias de diversas cidades e hoje o movimento é famoso em Salvador.

Sant'Anna explica:

> A famosa "prova da praia" reprova todos os anos um mar de mulheres. Nunca ninguém soube ao certo quem aplica a suposta avaliação. E, alegremente, muita gente vai à praia sem constrangimento de expor um corpo considerado fora dos padrões. Entretanto, a publicidade de cosméticos investe massivamente nessa imaginária prova, aguçando a necessidade de vigiar a própria aparência com uma tenacidade de fazer inveja aos policiais. (SANTANNA, 2014b, p. 1).

Mulheres que, com frequência e durante toda a vida, se sentiam reprovadas começaram a questionar em rede o porquê de serem vigiadas e assediadas quando iam à praia e, diante da indignação com a humilhação por que passavam, surgiu a proposta de uma desconstrução do corpo gordo nesse espaço: a praia, lugar tido como proibido para gordas na nossa sociedade. Ocupando esse espaço, antes proibido para corpos maiores, elas se apoderam deste de modo transgressor e político.

> O ativismo está sempre ligado a um conjunto de princípios, em âmbitos diversos (SPRENGER, 2008), que suscitam uma movimentação que pode ser direta (de caráter físico, como manifestações de rua) ou indireta (através de meios que apresentam informações sobre as bandeiras levantadas, como o infoativismo[2]).

---

[2] Infoativismo é entendido como espaços nos quais pessoas engajadas nos movimentos antigordofobia explicam e levantam discussões sobre a temática. Constroem-se em coletivo conhecimentos sobre corpo gordo e gordofobia.

> Assim, o ativismo gordo tem buscado a aplicação destes princípios em qualquer atividade, geralmente, de caráter revolucionário e contrário a um sistema consolidado e instaurado. Mas ainda, e para, além disso. Ou seja, falar de ativismo é automaticamente falar em movimentação ativa da sociedade, e no caso da gordofobia, o que se tem percebido é um trânsito entre o virtual e o físico, no qual indivíduos do mundo inteiro encontram-se pela internet, se conhecem, mobilizam, discutem e depois, ou ao contrário, deparam-se nas mobilizações físicas das grandes cidades do mundo. (JIMENEZ-JIMENEZ; ABONIZIO, 2018b, p. 9).

Romper com padrões e opressões com que o corpo feminino sofre é uma pauta antiga do feminismo; porém, quando se trata da pauta gordofobia, existem algumas discordâncias entre as militantes.

As primeiras discussões sobre o corpo gordo feminino que encontramos na literatura ligada à gordofobia aparecem no livro *Fat is a feminist issue* (gordura é uma questão feminista, em tradução livre), de Susie Orbach, publicado em 1978. A autora comenta:
> A pressão é tamanha que, na minha experiência, o que percebi nos últimos 30 anos é que o comportamento, que antes era diagnosticado como um distúrbio, hoje é aceito como normal. É chocante. Antes as pessoas me procuravam porque sentiam que tinham um problema, relutavam em admitir e, por fim, queriam se curar. Atualmente, elas já chegam no consultório sabendo que têm um distúrbio e não têm intenção alguma de se curar. Querem apenas aprender a conviver com a doença. (ORBACH *apud* LEMOS, 2012).

A repressão ao corpo sempre existiu, explica Poulain (2013), e o corpo gordo é um determinante na posição social de um indivíduo. O autor explica que esse posicionamento tem desencadeado reduções alimentares, observadas em regimes restritivos, fazendo parte da vida em sociedade no mundo atual desde muito cedo. Assim, a

> construção de um novo corpo mais leve, livre das marcas da maternidade, da velhice, e do peso é o objetivo imposto "rumo a uma civilização sem peso". Em toda parte, o objetivo é expulsar a gordura, tornar os corpos fluidos, aliviá-los do peso da corporeidade. A era hipermoderna vê o triunfo de uma cultura transestética da leveza, portadora de prazeres aéreos e de sonhos, mas também de pesadelos. Enquanto se afirma a vitória simbólica do leve sobre o pesado, aumentam a obsessão pela saúde e a tirania da "magreza", fontes de um novo peso. Esta é a ironia da leveza dos tempos hipermodernos. (LIPOVETSKY, 2016, p. 77, grifos do autor).

Como explica Norbert Elias (1994a), a imposição e a preocupação com o afinamento da silhueta feminina fazem parte do processo civilizatório, visto que há a instauração da "moral estética" no curso do processo de civilização dos costumes: o espartilho, por exemplo, que impunha uma compressão ao ventre. Fica evidente que essa

> lógica não parou de se ampliar com a era burguesa e com a disjunção estrutural do homem produtivo e da mulher ornamento que o complementa. Como o homem é destinado ao trabalho e a mulher reservada à beleza e à sedução, a leveza é um imperativo estético do feminino. A obesidade extrema é proibida para todos, mas a leveza é uma qualidade principalmente bem feminina, um símbolo de sua fragilidade e de sua ternura natural. (LIPOVETSKY, 2016, p. 157).

Dessa maneira, o corpo magro é a norma da construção identitária feminina, devendo ser o corpo gordo evitado a qualquer custo, e, sempre que aparecer a possibilidade de haver um corpo maior, deve-se buscar a adequação necessária para obter um corpo aceito socialmente, ou seja, magro. Muitas vezes, diz Sant'Anna (2001, p. 21):

> Os espaços citadinos e seus equipamentos são os primeiros a excluir a presença dos seres pesados e grandes: em escolas, cinemas, teatros e aviões, as cadeiras costumam ser mais confortáveis aos magros e pequenos. Para sentirem-se incluídas nesses espaços citadinos, as pessoas buscam adaptar o seu corpo aos traços que constituem a norma. Com o objetivo de ser parte integrante de tais representações, o desejo e a obsessão pelo corpo magro, esbelto, leve e delicado assume centralidade nos dias atuais, tornando tais representações hegemônicas.

A gordofobia atinge homens, mulheres e até mesmo animais de estimação (ABONIZIO; BAPTISTELA; JIMENEZ-JIMENEZ, 2018). Constatamos, porém, que ela atinge com maior força e alcance os corpos femininos. Desse modo, a questão antigordofóbica, em nossa sociedade, passa necessariamente pela discussão feminista, mesmo que, pessoalmente, não se identifique essa ligação.

O que quero dizer é que a luta por consciência sobre seu próprio corpo e a emancipação de um sistema que lhe faz infeliz é uma reivindicação feminista. A pauta sobre gordofobia levanta questionamentos de acessibilidade, estigma e muitas exclusões, mas também propõe reflexões sobre opressão estética, beleza, saúde e consumo, temas pertinentes ao feminismo desde seu surgimento, antecedendo inclusive a terminologia.

Jussara Reis Prá (2014, p. 182) explica: "A consciência feminista vai além da história do movimento em si ou de determinados grupos envolvidos na luta pela emancipação feminina". Segundo a autora, existem muitas mulheres que defendem pautas feministas, mas não se autodeclaram feministas ou mesmo nem sabem, nem se reconhecem como parte do movimento.

Segundo Prá, qualquer um que seja contra a inexpressiva participação das mulheres na política, ou contra o feminicídio, a pressão que existe sobre nossos corpos, a desigualdade salarial entre homens e mulheres, defende pautas feministas, já que, historicamente, o feminismo garante ou procura a garantia da igualdade entre homens e mulheres tanto na participação como em qualquer outro lugar na sociedade. Portanto, "o feminismo é uma posição política que busca entender a subordinação das mulheres e encontrar estratégias para enfrentar a discriminação" (PRÁ, 2014, p. 172).

A pressão pelo corpo ideal começa cedo e também cedo tem se manifestado resistência. Os novos ativismos feministas, com o uso da internet, têm levado às ruas meninas, jovens e mulheres que, há alguns anos, nem falavam sobre feminismo.

Na escola, na família, em diversos lugares e âmbitos, meninas têm começado a se posicionar, nem sempre percebendo ou pensando sobre o feminismo. Alunas do ensino médio, entre 14 e 17 anos, por exemplo, fizeram uma manifestação no intervalo de uma escola[3] criticando o padrão de beleza e a gordofobia. Isso está acontecendo, talvez, porque estejam vivenciando desde muito cedo a pressão de um padrão difícil de alcançar, havendo a necessidade de romper com ele.

> O olhar para o material de blogueiras feministas permite perceber que tanto quem o tem produzido atualmente como quem o lê são mulheres jovens, muitas em suas primeiras aproximações com o campo feminista e em meio a trajetórias universitárias, as quais, nos últimos anos no país, têm sido reconfiguradas em termos de classe, idade e região por meio de políticas sociais ligadas a educação. Esse contexto nos coloca diante da "simultaneidade da multiplicação dos feminismos populares e a popularização dos feminismos" (ALVAREZ, 2014), no qual essas redes digitais estão inseridas na produção de convenções e ideários feministas ligados à vida urbana e centrados em algumas capitais no país. (FERREIRA, 2015, p. 224).

Em alguns textos e propostas de discussões nos canais de ativismo, percebemos que algumas ativistas denunciam que a pauta gordofobia quase nunca está no movimento feminista: "[...] por isso

---
3 Escola particular pequena com 250 alunos, localizada numa cidade do interior do Mato Grosso.

chamamos ativismo gordo, fica difícil uma mulher que não é gorda perceber o problema que é a gordofobia na vida das pessoas [sic]" (ANA, 2016).

Existem pesquisadores que começam a propor outro olhar ao debate sobre os corpos gordos. Estudos sobre a gordura nos Estados Unidos, os *fat studies*, pioneiros nesse debate, procuram entender corpos gordos para além da patologização que acaba estigmatizando a pessoa gorda.

Como algumas pesquisas mostram, o discurso médico que naturaliza todo corpo gordo como doente acaba favorecendo um mercado milionário dos setores de beleza, alimentação, farmacêutica, intervenções cirúrgicas etc. A proposta é que essa discussão sobre a patologização do corpo gordo também seja analisada de um ponto de vista sociocultural, com reflexões críticas sobre como a comunidade médica vem reforçando a estigmatização desse corpo e, assim, não contribuindo o suficiente para entender qual é o significado dele na sociedade contemporânea (FISCHLER, 1995); (MURRAY, 2009); (FIGUEIROA, 2014); (LIPOVETSKY, 2016); (POULAIN, 2013); (SANT'ANNA, 1995); (MATTOS, 2012).

Seguindo esses estudos, a proposta deste livro é entender a relação entre as mulheres e os seus corpos gordos, mas também apresentar o que eu, gorda e feminista, pesquisando outras gordas que se percebem como ativistas ou não, em primeira pessoa, consigo enxergar e pensar, problematizando a partir do olhar de quem sofre esse estigma.

Os nomes para os capítulos deste livro foram escolhidos a partir de uma reflexão subjetiva sobre os contos de fadas infantis que eu escutava de minha mãe e de minha irmã mais velha na infância e que, depois, li em sala de aula com a professora ou sozinha, no sofá, junto à minha irmã menor e à maior, que se encaixavam no perfil de princesas, enquanto eu não chegava nem perto dos perfis que eram apresentados das princesas inocentes, loiras, de cabelos compridos e brilhantes, de cinturas finas, meigas, com vestidos rodados:

Não gostava muito de saias, preferia shorts porque podia pular, correr e subir em telhados, portões e sofás sem que pedaços de pano ficassem enganchados durante o percurso. Nunca me identifiquei com as princesas, às vezes me identificava com as bruxas. Na escola, a única princesa com a qual meus companheiros de sala me identificavam na adolescência era a Miss Piggy. Diziam que eu era gorda e rosa como ela; aquilo me deixava mal, às vezes chorava escondida. Depois, pesquisando a personagem, me apaixonei por ela. (DEPOIMENTO DA AUTORA).

Contudo sempre existiu uma força em mim. Já naquela idade sabia que não era porque não me parecia com as princesas que isso deveria ser um problema — minha irmã era uma princesa e muitas meninas batiam nela, e isso também não era bom. Eu era forte, inteligente e crítica, talvez não bela, mas esperta, era e sabia disso, e durante toda minha vida isso me bastou, muitas vezes como empoderamento na infância, adolescência e na vida adulta. Sempre senti afeto por mim mesma quando assumia o que eu era: gorda, mas também muito mais coisas. (DEPOIMENTO DA AUTORA).

Tomei a liberdade de recriar temas de contos infantis que não foram contados para mim na infância e, na fase adulta, tenho procurado e encontrado mulheres que reescreveram as histórias de princesas, as quais, no final, se salvam sozinhas. Essa não identificação com as princesas foi importante na minha vida, porque acabou despertando uma quebra de estereótipo, que aconteceu aos poucos na história de minha vida desde a infância (e continua nos dias atuais). Contarei mais sobre minhas experiências no segundo "era uma vez", já que uma vez não existe, e sim muitas vezes, porque somos eternamente.

CAPÍTULO 2

Era uma segunda vez... uma princesa ativista que não é magra, salva a si mesma, transforma-se em bruxa e não morre queimada

> Temos o direito de ser iguais quando a nossa diferença nos inferioriza; e temos o direito de ser diferentes quando a nossa igualdade nos descaracteriza. Daí a necessidade de uma igualdade que reconheça as diferenças e de uma diferença que não produza, alimente ou reproduza as desigualdades.
> Boaventura de Sousa Santos, em *Reconhecer para libertar*

Radha D'Souza (2010) chama a atenção para as pesquisas produzidas nas universidades, apontando que a avaliação deveria estar focada no poder transformador que elas carregam em si. A autora destaca a pesquisa ativista, que tem um enfoque na transformação social em seu tempo, transcendendo a universidade e dialogando com a sociedade em que está inserida:

> O ativismo, pelo contrário, é transcender. Ele implica que se transcenda a divisão entre sujeito e objeto, transpondo as fronteiras que separam o eu enquanto conhecedor e o conhecimento do mundo. É um modo de estar em que o conhecedor se identifica com o conhecimento de uma maneira tão completa, em que a distinção entre conhecedor e conhecimento se esbate de tal modo, que aquele se torna capaz de dar um salto qualitativo para o desconhecido. Do pensamento à ação vai um salto qualitativo. O salto tem de ser, necessariamente, para o desconhecido, na medida em que não é possível prever antecipadamente e de uma forma definitiva o efeito das ações. (D'SOUZA, 2010, p. 162).

Autodenominar-me pesquisadora ativista — e entender que essa pesquisa faz parte de mim e eu faço parte dela — é libertador e, ao mesmo tempo, me expõe ao risco de ser panfletária — o que pode ser um grande problema, ou não. Meu enfrentamento é investigar a estigmatização institucionalizada na qual eu vivo, já que sinto na pele, em minhas entranhas, o que é ser gorda no mundo contemporâneo.

Já tinha algo de militante em minha maneira de ser, mas evidentemente a pesquisa me transformou e, com isso, eu transformei os rumos da pesquisa. A pesquisa me mudou e eu mudei a pesquisa.

Durante o processo, ocorreu uma transformação do meu olhar sobre o meu corpo gordo, sobre a história da gordofobia, e a importância de levar essa reflexão para fora dos muros da academia se tornou propósito de vida. Tudo mudou dentro e fora de mim.

A ideia é que o livro seja transformador para mim e para quem leia, participe, ouça ou pense sobre o assunto, que reflita sobre o lugar social desses corpos e sobre como a sociedade tem tratado essas mulheres.

Esse momento do texto é dedicado ao meu debruçamento sobre mim mesma e ao entendimento, através das palavras, do meu processo de pesquisadora ativista, e vice-versa, porque é bem verdade que, sem essa pesquisa e sem a possibilidade de mergulhar no universo gordo, talvez eu não tivesse formulado, com tanta clareza, a ideia de que tenho o direito de estar no mundo com meu corpo gordo, e isso é, de alguma maneira, um ato revolucionário.

Favret-Saad (2005, p. 161, grifos do autor), em seu artigo "Ser afetado", afirma que o pesquisador deixar afetar-se é um dispositivo: "Esse dispositivo pode, é claro, ser descrito e compreendido, mas somente por quem se permitir dele se aproximar, quer dizer, por quem tiver corrido o risco de 'participar' ou de ser afetado por ele: em caso algum ele pode ser 'observado'". É dessa maneira que apresento minha pesquisa, afetando e sendo afetada.

Contarei aqui a história da passagem de mulher gorda, lutando com muita raiva e ódio, para poder existir e ser aceita socialmente, à mulher pesquisadora, gorda, ativista, feminista, que entende que essa padronização é estrutural, causa muita tristeza e raiva, mas que, através do conhecimento, pôde mudar muita coisa, começando por mim mesma.

Suely Rolnik (2016), investigadora da relação entre subjetividade, política e cultura, sugere uma proposta de resistência pela micropolítica, com noções que auxiliam a compreensão do meu local e da importância do ativismo e da pesquisa nessa história toda. Ela explica:

> O poder do inconsciente colonial-capitalístico abarca a subjetividade da própria esquerda, já que ela nasce no interior da mesma cultura e dela forma parte ainda hoje. Sendo assim, esta tende a funcionar segundo uma micropolítica reativa e a estar desconectada da experiência do fora-do-sujeito, reduzindo-se assim à do sujeito. Com esta limitação, seu único recurso disponível para interpretar e avaliar o que acontece é o consumo e a mimetização de visões pré-estabelecidas (neste caso, visões de esquerda). E mais: por não alcançar a experiência do fora-do-sujeito – na qual nos compomos dos efeitos do mundo em nosso corpo e são estes efeitos que nos indicam o que deve ser criado para que a vida coletiva volte a fluir – a experiência subjetiva é vivida e entendida como sendo do âmbito do indivíduo. Se bem que esse tipo de interpretação é próprio da subjetividade antropo--falo-ego-logo-cêntrica em geral, em sua versão de esquerda isto a leva a considerar que a prática de decifração do mundo a partir de seus efeitos na subjetividade (prática de uma micropolítica ativa) é movida por interesses individualistas e, sendo assim, ela é burguesa e abominável. Com base nessa interpretação, se desqualifica e se rechaça a resistência no âmbito micropolítico. O mais paradoxal é que tal argumento justifica e reforça a desconexão com o saber-do-corpo, precisamente o que caracteriza a subjetividade burguesa com seu inconsciente colonial-capitalístico. Abandonar este modo de subjetivação passa por um "devir revolucionário", como dizia Deleuze. Tal devir é impulsionado pelas irrupções de afetos que nos chegam pelo saber-do-corpo

> e que nos forçam a reinventar a realidade – o que não tem nada a ver com "A" Revolução, com R maiúsculo, total e absoluta. A ideia de "Revolução" pertence a essa mesma lógica do inconsciente colonial-capitalístico, em sua versão de esquerda: com o bloqueio da experiência fora-do-sujeito, o mal-estar da desestabilização leva a subjetividade de esquerda a imaginar defensivamente um outro mundo, que substituirá o existente como um só bloco, mediante a tomada do poder do Estado. Um mundo idealizado e com eternidade garantida, porque nele estaríamos protegidos contra as turbulências inevitáveis da vida, que nos tiram da zona de conforto e nos exigem um trabalho constante de transformação, como condição para a própria preservação da vida. (ROLNIK, 2016).

É disso que estou falando: estou em constante transformação na vida e na pesquisa. Meu foco, como aponta Rolnik, é abandonar a subjetividade capitalística, para transcender o saber-do-corpo e impulsionar, mediante os afetos, a reinvenção da realidade.

A narrativa que apresento a seguir são minhas constantes transformações por meio do desconforto, dos afetos e dos saberes de meu corpo, subjetividades construídas junto à ideia de resistir e construir algo novo. Surgiu a necessidade, quando comecei a estudar o corpo gordo, de encontrar uma nova maneira de estar no mundo como era e não mais modificar meu corpo para ser aceita nele.

Em 2015, estava envolvida na elaboração de dissertação sobre mulheres trabalhadoras domésticas quando minha orientadora me disse: "Vamos escrever em primeira pessoa do singular, você vai narrar como tem percebido sua pesquisa". Essa fala foi um choque para mim, já que sou formada em filosofia, e, na minha formação, escrever em primeira pessoa do singular era proibido, impossível e anticientífico, uma farsa.

Apesar de, em um primeiro momento, ter sentido dificuldade e frio no estômago — porque, em minha concepção de pesquisa, isso não era "apropriado" —, lembrei-me de Paul Feyerabend, o qual tinha lido e estudado em Filosofia da Ciência e que tanto me encheu de esperanças por sua abordagem metodológica mais próxima de quem pesquisa.

A orientação "Escreva em primeira pessoa!" acabou por me levar ao encontro com minha escrita, pois, antes, escrever me parecia prazeroso apenas quando me sentia livre das cadeias e normas acadêmicas. Percebi que escrever em primeira pessoa é muito mais honesto com quem escreve e com quem lê, e isso é libertador.

Sendo assim, tive contato profundo com minhas reflexões através da observação, mas principalmente com a reestruturação do que vivi, vi e ouvi. Por intermédio da escrita, pude me reelaborar e me aprofundar em temas sempre presentes (e importantes), como o que é a construção do ser mulher e como eu me vejo nessa condição de gênero feminino, percebendo que talvez nunca tivesse surgido a oportunidade de internalizá-los a partir da reflexão científica cultural. Eis que, dessa experiência, abriu-se o entendimento que o auto-olhar pode ser fascinante.

Em minha pesquisa de mestrado, nas entrevistas/conversas com mulheres sobre o tema do corpo e do emagrecimento, a gordofobia foi uma constante no ato investigatório, possibilitando a minha identificação com as protagonistas de minhas descobertas quanto ao ser mulher; mas, além disso, com o meu próprio corpo, um corpo maior, periférico e dissidente desde que nasci, e pensar sobre ele na condição feminina surgiu como um grande desafio.

Imaginar uma pesquisa sobre o corpo gordo provocou em mim questionamentos sobre como tinha sido minha história pessoal, assim como me fez lidar com meu próprio corpo dissidente, comigo mesma e com as pessoas à minha volta: amigos, namorados, família, escola, enfim, a sociedade. Foi assim que decidi investir na construção da pesquisa em primeira pessoa e investigar o corpo gordo feminino a partir do meu corpo gordo de mulher.

Em uma mesa-redonda intitulada com o nome de um texto meu, "O corpo gordo como resistência", fui convidada a participar da maior feira plus size do mundo, a Pop Plus, em São Paulo, on-line, em dezembro de 2018. Sem pensar muito num primeiro momento, me identifiquei como pesquisadora ativista.

Na mesma época, participamos do Encontro Nacional de Consumo, no Rio de Janeiro, e as coordenadoras do Grupo de Temática "Consumo, gênero e sexualidade: práticas de consumo e produção da diferença" também apontaram para essa importância, de narrar a trajetória de mulher gorda, pesquisadora e ativista, não sei se nessa sequência, mas nesses locais de mirada.

Essa identificação me fez pensar muito sobre ser ativista e pesquisar esse tema, ao mesmo tempo que escrevia em primeira pessoa, e toda essa história não poderia ficar de fora da construção de minha investigação.

Pensei muito nestes posicionamentos: desde quando sou ativista? O que é ser ativista? Depois de muito pensar e conversar com algumas ativistas com mais experiência que eu, cheguei à conclusão de que meu ativismo não existe apenas no momento presente só porque estou estudando a temática, pelo contrário: eu sempre fui ativista e explicarei o porquê.

Quando olho para trás, vejo que fui uma criança, adolescente e adulta que lutou contra o amoldar-se para ser aceita e querida pelos outros, o que me remete à resistência feminista e gorda. Definitivamente, resistir à padronização de corpos, beleza, comportamentos e feminilidade nasceu comigo.

Nunca fui um bebê magro, uma criança magra, uma adolescente magra, uma adulta magra, sempre fui "gordinha" e "gorda" na visão dos outros, e eu também me enxergava como tal. Mas, hoje, olho minhas fotografias e não me acho gorda. Tentei fazer um exercício de lembrar os momentos de algumas fotografias, quando percebi que em todas eu estava me achando gorda e precisava emagrecer, e, em poucas vezes, estava me achando magra. Nessas situações, estava fazendo algum esforço para me sentir magra, como deixar de comer, tomar remédio, fazer muitos exercícios.

E foi a partir da resistência em ser gorda que comecei a engordar, deixar meu corpo ser o que ele era realmente, perceber que ele aumentava e que junto com ele vinha cada vez mais forte a gordofobia com que eu sempre sofri. Quanto maior meu corpo, mais gordofobia eu sentia.

Sofri muitas vezes com a imposição da beleza e do corpo perfeito nas sociedades em que vivi: já fiz dietas, chorei me olhando no espelho, tive vergonha de usar biquíni, fui humilhada ou servi de piada para algum grupo, fiquei insegura. Muitas outras situações constrangedoras aconteceram comigo. Emagreci, engordei, emagreci de novo e engordei muito mais com o passar dos anos.

Apesar disso, sempre tive uma força interna de resistência, a qual conheci ainda na infância, quando não me identificava com as princesas dos contos de fadas. Eu não nasci para ser princesa! Isso sempre foi uma realidade! É por isso que, quando entendi formalmente o que era ser ativista por uma causa, me identifiquei automaticamente e entendi o pertencimento, mesmo que sem nomenclaturas, desde sempre como feminista e ativista contra a gordofobia, até mesmo quando não sabia muito bem que força era essa que emergia pela luta de se ter o corpo que não é o valorizado socialmente.

Ao contrário das princesas que eram perseguidas, sofridas e terminavam salvas pelo príncipe, preferi, em muitas leituras, ser a bruxa alquimista que descobria poções e me autocritiquei por acreditar no que os contos de fadas diziam sobre as bruxas. A meu ver, essas mulheres não eram nem boas nem más, porém carregavam muita raiva por conta de como eram tratadas e entendidas pela sociedade em que viviam, e eu também carreguei sempre muita raiva por ser tratada como gorda.

Posso perceber meu corpo como propriedade? Acredito que é o que eu quero, tê-lo como meu, e não mais como o que os outros querem dele.

Assim, minha história é de resistência e de feminismo gordo, mas só pude elaborá-la criticamente, dentro e fora de mim, quando me deparei na universidade e, a partir daí, estive imersa em leituras, vivências feministas e participações em coletivos contra a gordofobia, alguns anos antes do doutorado.

Junto a todos esses acontecimentos, e para dar sentido à experiência que relatarei, em 2014, fiz uma cirurgia de hérnia umbilical que não foi bem-sucedida; a hérnia reapareceu — e maior ainda. Todas as vezes que ia ao médico em Cuiabá, a primeira conversa, mesmo antes dos exames, era que eu deveria fazer cirurgia bariátrica.

No ano seguinte, fui a um médico gastroenterologista, indicado por uma amiga, e fiquei muito assustada quando ele me disse que eu era uma pessoa doente, apenas pelo IMC (Índice de Massa Corporal), um cálculo matemático da proporção entre altura e peso na balança. Saí de lá horrivelmente assustada com a fala: "Você é uma obesa mórbida e precisa emagrecer 50 quilos, senão vai morrer".

Essa experiência causou uma mistura de pânico, tristeza e medo; senti necessidade de mudar aquela situação a qualquer custo, já que, segundo o especialista, eu estava muito doente e iria morrer se não tomasse algumas atitudes.

Com o desespero que disparou em mim, o médico me convenceu a me consultar com ele uma vez por mês, procurar um tratamento com nutricionista, psicólogo, fazer exercícios físicos e começar um regime urgentemente. Logo em seguida, me ofereceu um grupo de profissionais de sua confiança, pelo qual eu pagaria uma mensalidade altíssima, porque assim teria êxito num programa de emagrecimento.

Eu não tinha como pagar aquele valor apresentado, então ele tentou negociar. Sugeri que usaria meu plano de saúde para os profissionais. Ele me disse que tudo bem, porém que gostaria de receber um laudo de cada profissional a cada mês sobre minha saúde.

Mandou-me fazer uma bateria de exames. Todos estavam bons, eu não tinha nenhum problema. Quando o questionei sobre como poderia estar doente se não tinha nenhum problema de saúde, o médico me respondeu que era preventivo, que eu ainda não tinha, mas iria ter.

Nos três primeiros meses, emagreci 15 quilos, consultei uma nutricionista e ela montou um plano de alimentação. Todo mês, ela me pesava, elogiava, dizia que eu estava conseguindo emagrecer;

a psicóloga conversou bastante comigo sobre minha infância e me perguntou se eu queria fazer a cirurgia bariátrica, porque era esse o laudo que o médico esperava, e eu sempre respondia que não sabia. Na última sessão, ela me disse: "Vou te dar alta, você não quer fazer a cirurgia, e esse médico está te pressionando". Eu já fazia hidroginástica, então continuei com meus exercícios duas vezes por semana.

No quarto mês, eu não consegui emagrecer mais que 200 gramas. Como sempre, eu emagreço muito no começo e depois estaciono, mesmo fazendo os mesmos esforços. O médico sugeriu que eu tomasse sibutramina e, quando reduzisse mais uns 20 quilos, faríamos a bariátrica. Eu aceitei, apesar de explicar para ele que minha experiência com remédios para emagrecer não tinham sido boas, pois era alcoólatra e dependente química em recuperação. O médico insistiu para que eu a tomasse pelo menos por uns cinco meses.

Comprei o remédio com receita, o farmacêutico me entregou cinco caixas do medicamento, e eu pensei "para que tantos comprimidos se tomaria dois por dia?". Mandei mensagem para a secretária do médico perguntando, e ela me explicou que era porque agora eu só iria me consultar de três em três meses. Aquilo ali era um perigo para uma adicta, pois poderia tomar vários de uma só vez. Escondi as outras caixas, li a bula e não fiquei contente com aquele posicionamento do médico, mas comecei a tomá-la. Era verdade, de fato eu não tinha fome nenhuma, mas já na segunda semana comecei a ficar muito irritada e meu coração batia acelerado, algumas vezes muito acelerado. Eu ficava com a boca seca, tinha insônia e chorava por qualquer coisa.

O médico não perguntou, mas eu já estava na menopausa. Fui pesquisar na internet, nos blogs e nas páginas que estava começando a seguir e, um dos canais, Alexandrismos, da ativista body positive Alexandra Gurgel, tinha acabado de lançar um vídeo com outra influencer sobre a experiência delas com dietas e remédios. Os depoimentos eram parecidos e negativos a respeito do uso da sibutramina, da bariátrica etc. Aquele vídeo de 32 minutos me deixou muito pensativa. Comecei a pesquisar várias ativistas que tinham passado pela mesma experiência e, na maioria das vezes, os resultados eram desastrosos.

Conversando com meu companheiro sobre toda essa situação, ele me lembrou de que eu tinha ido ao médico por causa da hérnia no umbigo e que aquela imposição para emagrecer estava me fazendo muito mal. Eu parei com os remédios, nunca mais voltei àquele médico e aquela sensação angustiante de tristeza e culpabilidade passou. Senti um alivio inexplicável.

Esse trauma ficou gravado no meu corpo, na minha mente e na minha alma. Fiquei sem ir a médicos por uns dois anos, por medo, por raiva e porque não queria mais lidar com todo aquele sentimento diante da gordofobia médica que se apresentava toda vez que entrava num consultório. "Você vai ter que fazer a bariátrica, não tem nenhum problema de saúde, vamos prevenir, você vai morrer, você é obesa mórbida, você é uma bomba-relógio."

Assim que comecei a seguir vários canais em português e em língua espanhola, tanto da América Latina como da Espanha, vi que muitos movimentos ativistas discutiam a temática do corpo gordo não necessariamente como doente. O foco estava na autoaceitação e no empoderamento. Foi libertador. Comecei a acompanhar coletivos de mulheres gordas que aceitavam seu próprio corpo e, mais que isso, se sentiam lindas e saudáveis, mesmo que o mundo todo considerasse seus corpos gordos feios e doentes.

Na internet, encontrei nutricionistas, médicos e psicólogos que também tinham essa visão sem estigmas do corpo gordo. Comecei a procurar pesquisas científicas que não tratavam o corpo gordo como os médicos vinham tratando meu corpo nos últimos tempos. Existiam grupos de estudos que denunciavam a patologização desses corpos em algumas universidades no mundo.

Nessa busca por conhecer mais e me aceitar como gorda, li um livro importantíssimo para minha formação e para meu posicionamento como ativista gorda, *La cerda punk: ensayos desde un feminismo gordo, lésbico, antikapitalista & antiespecista*, da Constanza

Alvares Castillo, de um ponto de vista anarquista, em Valparaíso, no Chile (CASTILLO, 2014).

Essa leitura foi revolucionária. Aqui no Brasil eram poucos os canais e as pessoas que já discutiam a temática de um ponto de vista crítico e em primeira pessoa. Havia modelos plus size que, em sua maioria, continuavam apoiando o padrão de beleza imposto socialmente. Apesar de introduzir a representatividade do corpo gordo, este ainda era um corpo estilizado e padronizado, socialmente aceito.

Encontrar o livro chileno foi um impulso para entender meu direito de ter um corpo gordo, assim como o feminismo gordo e o posicionamento capitalístico focado nas indústrias milionárias da beleza e do corpo magro. Na verdade, foi um alívio para que identificasse pessoas que já pensavam como eu e faziam desse pensamento resistência e ativismo; a identificação foi automática.

Dessa maneira, achei interessante montar uma página no Facebook em que pudesse arquivar e divulgar material sobre essa discussão e que, além de ter à disposição leituras e reflexões, também pudesse ser usada na minha pesquisa, para conhecer esse universo e divulgá-lo para outras pessoas que, como eu, estavam interessadas no tema.

Num primeiro momento, a página se chamou "Gorda Linda". Esse nome tem muita significação no meu processo dentro do ativismo, pois teve uma influência direta no que eu consumia nas redes sobre o corpo gordo como ativismo: um movimento focado na autoestima, no empoderamento e na aceitação do próprio corpo. Essa observação é interessante e importante, porque entendi que o corpo gordo é e pode ser um corpo belo, se assim se quiser.

Porém, com o tempo e com o aprofundamento na pesquisa a respeito da discussão sobre o belo — que, de alguma maneira, sempre fez parte de minhas reflexões —, percebi que a beleza não era mais para meu ativismo/pesquisa o centro da discussão, e então mudei o nome da página para "Estudos sobre o Corpo Gordo Feminino".

A página foi tirada do ar em janeiro de 2019, alegando-se que havia denúncias de fotos com mulheres nuas. Abri, então, um perfil pessoal no Instagram, que contava com cerca de 13,2 mil seguidores em 2022. Tenho sofrido ataques, em média, de 2 mil a 3 mil perfis e/ou robôs, com discursos de ódio contra a página no Facebook. Mesmo eu avisando à plataforma, nenhuma atitude jamais foi tomada, muito pelo contrário, sempre acabam bloqueando a página e o meu perfil pessoal, que está ligado a ela.

O conteúdo da página acabou por ser um pouco diferente do conteúdo do Instagram, já que no Facebook procuro postar artigos, teses, monografias, notícias sobre pesquisa, arte ativista gorda, divulgação de trabalhos de ativistas e pesquisadores sobre o corpo gordo feminino. Já no Instagram há mais imagens e artes com frases de leituras que realizo; acho interessante colocá-las para provocar as seguidoras a ler e pesquisar o tema. Algumas frases ativistas questionam o discurso vigente de corpo gordo doente. Ao mesmo tempo, tenho descoberto um universo de ilustradores gordos que focam essa temática e também apoio e republico esses trabalhos.

Importante essa autorreflexão sobre as transformações por que a página vem passando nos meus quatro anos de doutorado. Interessante porque muitas mulheres gordas começam a se aceitar primeiro, a amar seu corpo gordo, para depois participarem do ativismo contra a gordofobia de diversas maneiras, ou não. Existem outras mulheres que ficam nessa questão da beleza, da moda, do empoderamento, e está tudo bem também.

Nada contra o empoderamento e a autoaceitação, isso salva vidas. Entretanto veremos mais adiante que o ativismo gordo no Brasil está dividido, basicamente, em dois grupos: há quem defenda a autoestima como centro do movimento e há um grupo que entende que a autoestima não tem nada a ver com o ativismo gordo. Existe uma discussão atual sobre as diferenças entre o body positive, movimento que conta com muitos seguidores, o ativismo gordo e o feminismo gordo.

Além desse material servir como arquivo, tem me impulsionado no conhecimento de novos temas dentro das discussões e vertentes do ativismo em outros lugares, como nos Estados Unidos, na Europa, na América Latina etc.

Fui convidada por uma fotógrafa profissional a participar do projeto "O corpo em que habito" para um ensaio com mulheres nuas na natureza, na cidade onde moro, Chapada dos Guimarães (MS). Num primeiro momento, fiquei receosa, porque já imaginei que meu corpo seria o maior; mas, conversando com a fotógrafa e pensando melhor, acabei participando. Meu corpo gordo tinha que estar naquele espaço, entre outros corpos femininos, representando gordas como eu. A experiência foi fantástica, empoderadora, e o resultado me mostrou uma Malu segura, que conhece seu próprio corpo gordo, um corpo que carrega histórias, humilhações, dores e traumas, mas que está bem, alegre e não tem mais vergonha de aparecer.

Observando essas discussões em grupos e conversando individualmente com algumas pessoas que se autodenominavam ativistas, comecei a escrever textos e a postá-los nas redes de "Estudos do Corpo Gordo Feminino". A partir desse trabalho, no começo de 2018, fui convidada pelo coletivo "Todas Fridas", então com 2,5 milhões de seguidores, a ser colaboradora e a escrever sobre o tema do corpo gordo feminino. Hoje, escrevo sobre diversos temas entre feminismo e política, mas a maioria dos meus textos continua abordando a gordofobia.

Escrever para o coletivo tem sido importante, porque acabei conhecendo muitas ativistas e pude divulgar minha pesquisa e minha página, além de introduzir essa discussão no coletivo feminista, que, como veremos, ainda são poucos (ou quase nenhum) os coletivos que se autodenominam como feminismo gordo.

Quando sentei para escrever o livro, tive muita dificuldade para separar os textos para o ativismo dos textos para a pesquisa, pois eles são parecidos, distanciando-se apenas pelo tom e pelo estilo.

Também me atrapalhei nas anotações e nos fichamentos porque sempre que terminava um livro e/ou descobria algo que considerava importante, corria para o computador e mandava um texto para o coletivo. Sendo assim, na hora de escrever, com orientação de minha orientadora, tive que ter muito cuidado para não me autoplagiar e reproduzir os conteúdos já publicados no blog e na página na internet.

Seguindo esse caminho de escrever, conhecer, observar e conversar, uma pesquisadora da palhaçaria feminina com mulheres gordas me adicionou num grupo fechado no Facebook, importante no movimento gordo, que se denomina Baleia, com 5 mil membros, fundado por alguns youtubers e influencers que pertencem ao movimento body positive.

Dentro desses espaços, conheci mais de perto a discussão da gordofobia relacionada à acessibilidade, ao preconceito médico e familiar, à autoestima, à moda e ao sexo. O universo gordo foi me mostrando que a questão vai muito além da aceitação, posto que se relaciona diretamente aos direitos humanos, à vida com dignidade e ao respeito, como qualquer outro ser humano.

Assim, comecei a me identificar como ativista e pesquisadora e a reconhecer que o ativismo me salvou de situações de não aceitação, tristeza e medo do meu próprio corpo, mas principalmente de como a sociedade o entendia.

Em 2018, com uma argumentação mais sólida do que aquela da época de minha primeira experiência devastadora com a gordofobia médica e toda essa temática, minha hérnia começou a me incomodar e a doer muito. Conversei com meu companheiro e decidimos ir direto ao hospital, economizando-nos do trauma de consultórios médicos focados no discurso de que eu tinha que emagrecer, fazer bariátrica etc.

Depois da decisão, na mesma semana, tive uma dor horrível e fomos ao pronto atendimento. Lá fizeram inúmeros exames e descobriram que eu tinha uma pedra na vesícula também. Eles me internaram e anunciaram que quem iria me atender era um médico especialista em obesidade.

Fiquei internada por uma semana no hospital ao lado de mulheres que estavam ali para fazer a cirurgia bariátrica; outras estavam retornando para cirurgias reparadoras. A maioria estava internada ali a fim de emagrecer.

Fizeram muitos exames, e o médico veio conversar comigo dois dias depois da internação. Ele se apresentou e disse que era gastroenterologista, especialista em cirurgia bariátrica, e que eu precisava fazer a cirurgia porque era obesa e tinha muitas comorbidades decorrentes do meu peso.

Num primeiro momento, comecei a discutir com o médico, já que meus exames estavam bons. Queria saber que comorbidades eram aquelas. Mas depois percebi que, em vez de bater de frente com um preconceito institucionalizado na área da saúde, era melhor lidar de outra forma com toda aquela pressão. Disse a ele que faria a bariátrica depois de resolver minhas dores.

Todos os dias ele me passava muitos exames e dizia: "Você é um risco cirúrgico, temos que saber se está tudo bem". Nenhum exame acusou qualquer problema, mas ele continuava insistindo na bariátrica. Como concordava com ele, o tratamento e a estadia no hospital foram amenizados.

Para aproveitar o tempo naquele lugar, surgiu a ideia de fazer uma pesquisa de campo com o médico, com a equipe, com as mulheres que estavam aguardando para fazer a cirurgia e com as que já tinham passado por ela. Ressignifiquei minha internação conversando com algumas delas, e as observações e narrativas serão contadas mais adiante no livro.

Essa experiência foi um divisor de águas para minha vida e para minha pesquisa, porque pude ver de perto, com olhar crítico, o que a cirurgia bariátrica significa nos hospitais e como os médicos estão se tornando vendedores especializados em construção de corpos que se encaixem num padrão pautado pelo IMC.

Mesmo quando não se tem qualquer problema de saúde, a cirurgia é indicada como preventiva e, na maioria das conversas dentro do hospital, a estética sempre estava à frente da saúde, entre argumentos disfarçados de preocupação com o próprio bem-estar.

No mesmo ano, fundei um grupo de pesquisadoras dos Estudos do Corpo Gordo no Brasil. Montamos um grupo de aproximadamente 30 mulheres que pesquisam o corpo gordo tanto nas universidades como de modo independente, de áreas distintas e enfoques diversos. Conheci a maior feira do mundo no universo plus size, que acontece na Avenida Paulista, no Club Homs, em São Paulo, quatro vezes ao ano. Fui convidada a participar de uma roda de conversa com outras pesquisadoras sobre o tema e, a partir desse encontro, começamos a nos organizar e a montar um grupo de pesquisa, denominado "Estudos Transdisciplinares do Corpo Gordo no Brasil". Somos pesquisadoras do Brasil todo e nos reunimos mensalmente em encontros on-line e em eventos. Propomos minicursos, seminários etc. Com algumas parcerias, idealizei um projeto de ativismo, o "Lute como uma gorda", com o objetivo de provocar reflexões sobre o corpo gordo em nossa sociedade atual, com rodas de conversa, workshops, bate-papos, palestras. Montei uma cartilha pedagógica sobre gordofobia, informando como podemos evitar a estigmatização do corpo gordo e o que é o ativismo. Esse material, como ferramenta de construção de conhecimento sobre o tema, é entregue nos eventos de que participo.

Fiz meu primeiro ensaio fotográfico solo para o projeto "Lute como uma gorda". Nunca havia feito nada parecido. Imaginava que seriam horas de maquiagem e preparação, mas não foi nada disso. Conversei com a fotógrafa Juliana Queiroz e disse que gostaria de fazer um ensaio como sou, sem maquiagem e sem muito glamour, e ela disse que seria do jeito que eu me sentisse à vontade. O dia do ensaio e o resultado das fotos me mostraram que eu poderia ter um olhar diferenciado sobre mim, respeitando minha história e luta, porque tudo que estava acontecendo na minha vida era de se admirar. Minha alegria e autoconfiança transbordam nas fotos.

Em Cuiabá, temos o coletivo Gordas Xômanas, formado por 12 mulheres gordas. Hoje, de modo ativo, somos cinco. Continuamente nos apoiamos, nos encontramos, nos ouvimos e nos falamos em encontros periódicos, como uma rede de apoio, estudo e afeto.

O coletivo participou de um ensaio fotográfico denominado "Corpos em Festa", com a ideia de mostrar mulheres gordas ocupando espaços que lhe são negados socialmente e comemorando essa ocupação. Nosso último ensaio fotográfico, "Lobeiras do cerrado", projeto da fotógrafa Juliana Queiroz, que propõe fotografia autoral de corpos femininos nus no Cerrado, mostrando suas forças e seu contato com a natureza, aconteceu dentro do Parque Nacional da Chapada dos Guimarães em fevereiro de 2020. Agora estávamos sem roupa, éramos em menor número, porque muitas estavam trabalhando, viajando e porque estar nua e se ver nua é um processo, e nem sempre estamos preparadas para nos olhar como somos.

Nesse ensaio, pude perceber como é libertador e ao mesmo tempo difícil entender que nosso corpo não tem que estar dentro dos padrões estabelecidos pelo que se entende por belo socialmente; ele existe, pulsa e resiste.

Tem sido nessa trajetória que venho aprendendo a respeitar meu corpo como ele é, principalmente entendendo com criticidade essa imposição devastadora de ter um corpo que não é o meu, o corpo magro, e entendendo com menos ódio e raiva o porquê de as pessoas cometerem a gordofobia e, sobretudo, que o conhecimento é poder e nem sempre ele está à disposição para quebrar barreiras e fazer dessa experiência que é a vida uma passagem mais alegre.

Depois de percorrer minha condição de pesquisadora e ativista em construção, gostaria de deixar registrado que não existe nada acabado nem fixo, estou numa constante reconstrução de conceitos e ideias, aberta a novos desafios. Cada dia é uma construção diferente. Ser ativista gorda feminista atualmente requer muito mais que pesquisa, é necessário criar uma rede de apoio na militância e nas pesquisas acadêmicas.

Com esse entendimento, começarei a apresentar minha pesquisa ativista, que tem como tema central o lugar social do corpo gordo feminino na sociedade contemporânea. A partir desse eixo temático, escolhi três subtemas para compor as análises dos depoimentos virtuais e presenciais: o cotidiano de uma mulher gorda, o consumo relacionado a esses corpos e os ativismos antigordofobia.

Serão duas partes para pensar como essa corporeidade está inserida em muitos contextos e pensamentos, colocando sempre, em primeiro lugar, o protagonismo da pesquisa, eu e mulheres gordas, como fio condutor da escrita.

A primeira parte, **A corpa gorda, o livro e sua autora**, tem como objetivo discutir os constrangimentos por que mulheres gordas passam em situações do dia a dia. Para tanto, recorri às teorias da sociologia do cotidiano, autoetnografia e netnografia para análise das narrativas que apareceram durante esses anos. Através da realização de um caderno de campo, em que anotei sistematicamente os constrangimentos vividos em minha vida cotidiana, além dos rememorados, entrevistei, durante quatro anos, 42 mulheres gordas, com o objetivo de saber como o seu peso e o formato de seu corpo agem na vida cotidiana. Em especial, perguntei sobre casos de conflitos vividos. Os dados construídos proporcionaram uma reflexão sobre a gordofobia que internalizamos desde a infância e os seus resultados durante toda uma vida.

A segunda parte, **O universo gordo feminino**, nos faz refletir sobre o ato de consumir, que comunica pertencimentos, vínculos, distanciamentos e subjetividades. Dois capitais altamente valorizados na cultura contemporânea e que, por vezes, são confundidos, também emergem daí: refiro-me ao consumo de beleza e saúde. Ambas as noções são utilizadas como instrumento de conformação dos corpos femininos. Para essa reflexão, realizei entrevistas com profissionais da saúde e com mulheres submetidas à cirurgia bariátrica, bem como em espera ou em pós-cirurgia bariátrica. Analisei a publicidade voltada para o emagrecimento e para a conquista da saúde e da beleza.

Essa parte também traz uma reflexão sobre a prática de consumo de mulheres gordas em uma sociedade lipofóbica, que apregoa a magreza como objetivo de vida. Através de depoimentos coletados em redes sociais como Facebook, blogs, Instagram, comentários nas redes, grupos abertos e fechados sobre a temática, foi possível perceber como o mercado recusa o gordo e, ao mesmo tempo, o transforma em público-alvo. Para essa reflexão, discuto especificamente a exclusão do mercado comum de moda e de espaços, o crescimento dos mercados do emagrecimento e a representatividade que não representa, discorrendo ainda sobre a associação entre classe social, consumo e gordura. Os depoimentos também revelam que a gordura deve ser evitada tanto por ser vista como potencialmente nociva à manutenção da saúde quanto por impedir a beleza e a saúde. O corpo gordo é visto como doente e monstruoso, sendo, apesar disso, alvo de consumo pornográfico, contrariando o padrão de beleza e demonstrando outra maneira de ser sensual/sexual que não seja a normatizada em nossa sociedade — do corpo padrão feminino fetichizado em filmes e publicidades na pornografia normativa.

Nessa parte ainda proponho uma reflexão sobre a contemporaneidade e sobre como novos sujeitos sociais passam a criar e a difundir novas formas de ativismo ligadas ao universo da cibercultura. Nesse contexto, assistimos à emergência de um movimento antigordofobia que, aliado ao movimento feminista, tem como meta a superação e a aceitação do corpo gordo como forma de resistência à padronização e à opressão dessas corporeidades com discursos e práticas médicas e estéticas.

Por meio da análise dos discursos de ativistas em blogs, redes sociais, grupos e páginas na internet, foi possível perceber as estratégias de empoderamento gordo feminino, que defendem os corpos dissidentes como nova forma de estar no mundo, ao mesmo tempo que denuncia opressões sofridas. Veremos nesse capítulo narrativas que mostram a discussão e as estratégias que levam mulheres reais, apesar dos constrangimentos gerados pela gordofobia, a gerir a própria vida. Complementando a primeira parte, que revela os constrangimentos de ser gorda, nela mostro a superação, os modos que mulheres encontram para se sentirem confortáveis no próprio corpo.

Minhas considerações finais, **E viveram (re)existindo para sempre...**, apresentam um alerta junto à reivindicação de como o corpo gordo deve ser entendido por outro viés, e não mais com tanto estigma e exclusão.

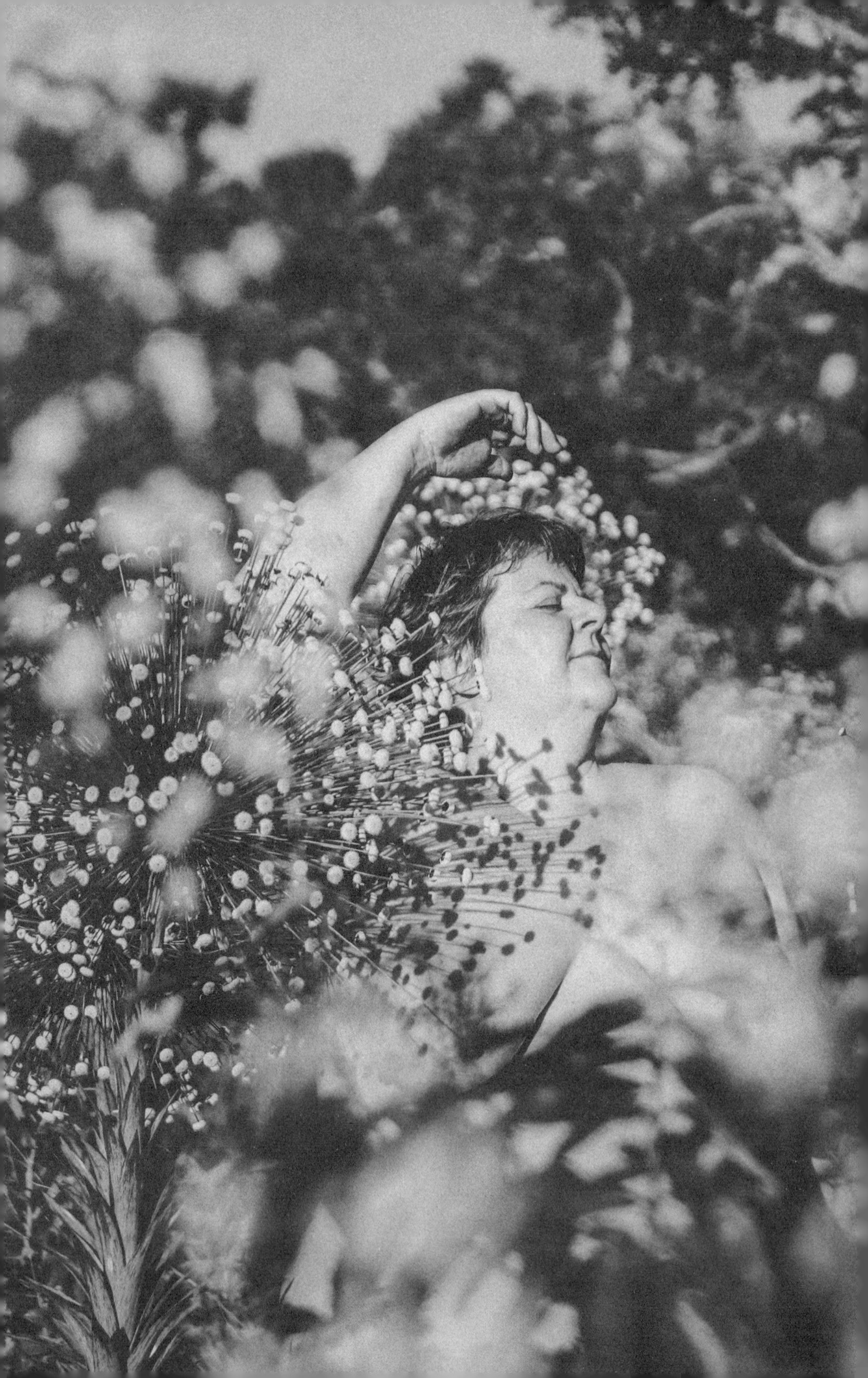

PARTE 2

O UNIVERSO GORDO FEMININO

CAPÍTULO 1

COTIDIANOS: A VIDA QUE NÃO É UM CONTO DE FADAS

> Culturalmente, as mulheres são criadas para serem fundamentalmente inseguras.
> *Lisa Ling* (2017)

O foco principal deste capítulo foi analisar os constrangimentos, as humilhações e as exclusões com que mulheres gordas como eu convivem em seu dia a dia, desde, em sua maioria, a primeira infância. A ideia não se restringiu a entender o cotidiano dessas mulheres, onde moram, vivem, suas idades e famílias, mas como o formato de seus corpos reverbera em suas vidas cotidianas e como elas reagem a essa discriminação. Vale ressaltar que

> [...] o cotidiano não é um objeto de estudo empiricamente delimitável, ao contrário de outros domínios do saber. O cotidiano é antes uma possibilidade metodológica de decifração do social. Daí o apelo a de perambularmos pela imensidão do isso aí. Os riscos (ou ganhos) de nos perdermos podem ser compensados (ou potenciados) convocando um olhar seletivo e sensibilizado, desde logo do ponto de vista teórico. Com uma dupla preocupação: a ver a sociedade a nível dos indivíduos e, ao mesmo tempo, a de ver como o social se traduz na vida deles. É com esse guia de orientação metodológica que podemos cartografar o social, com o objetivo de o melhor o interpretar. (PAIS; LACERDA; OLIVEIRA, 2017, p. 307).

A sociologia do cotidiano, segundo Machado Pais (2003, p. 17), é entendida por uma lógica da descoberta, que se afasta do preestabelecido. O interesse em nossa perspectiva de análise do cotidiano como gerador de conhecimento não buscou uma pesquisa programada por meio de itinerários, perguntas e hipóteses em que se pautar, muito pelo contrário, a ideia foi deixar que os depoimentos e as observações nos guiassem, seguindo nossas análises a partir das falas. Com base no que ia surgindo nos depoimentos e nas minhas lembranças, fiz a análise de rotinas de humilhações e exclusões em diversos espaços sociais e em quase toda a vida dessas mulheres.

Toda a história da humanidade é composta por padrões de comportamento em relação ao conceito de beleza. Mesmo que mutável, sempre esteve presente a concepção do que é ser aceito e admirado pelo grupo social a que se pertence, e isso não é uma novidade nem um fenômeno novo. No meu caso, desde a infância, também não foi diferente, porém uma coisa é sofrer essa pressão estética quando se tem traços dos estereótipos reproduzidos de mulher bela, e de maneira bem mais constrangedora e traumática acontece quando não se está encaixado nessa padronização.

Ser uma criança gorda é começar bem cedo a entender e a aprender o que acontece socialmente quando seu corpo não está em conformidade com a decisão social do que é estar saudável e bela:

> Meu lugar de fala sempre foi o da "gordinha" da sala, da rua, do grupo, da brincadeira e assim por diante. Lembro que com uns sete anos minha mãe me colocou no ballet e quando tive que colocar aquele collant rosa, saia rodada de véu, coque no cabelo. Me olhei no espelho, dentro da aula, junto a outras meninas e me senti muito mal; pior ainda foi quando tive que usar sapatilha de ponta, já que as coleguinhas riam porque eu não conseguia ficar na ponta e as que conseguiam riam e sussurravam que era porque eu era muito gorda e a ponta podia quebrar. A professora não fez absolutamente nada sobre aquele constrangimento e humilhação, era o preço que eu criança gorda deveria passar

por estar daquele tamanho. Eu merecia aquilo e é assim que a sociedade vem se comportando com pessoas gordas. (DEPOIMENTO DA AUTORA).

Somos castigadas por sermos gordas. Instituições sociais, escolas, hospitais, universidades penalizam pessoas maiores por não se encaixarem no padrão corporal da sociedade contemporânea. A estigmatização, a humilhação e a exclusão que sofri, inúmeras vezes, em casa, na escola, na rua, nas festinhas eram justificadas e apoiadas pela maioria dos adultos, como uma punição por eu ter aquele corpo; essas marcas, carrego desde então.

Toda uma violência contra uma criança, adolescente e depois adulta sempre foi justificada e aprovada pela estrutura da padronização do corpo magro como o "certo", "bom", "saudável" e "belo". Como eu não o detinha, poderia sofrer qualquer tipo de violação como castigo, porque a culpa era minha e eu merecia ser punida.

Como num entendimento de meritocracia social, a percepção constante foi de que a única opção era o corpo magro e de que as meninas saudáveis que se exercitavam eram inteligentes, alegres, decididas, belas.

Durante as observações participativas nas redes sociais, nos blogs, nos grupos, nas páginas do Facebook, em um hospital, na enfermaria com mulheres que já tinham realizado ou estavam no pré-cirúrgico da bariátrica, no coletivo feminista escrevendo sobre gordofobia, na participação de um coletivo feminista gordo e em um grupo de pesquisadoras pelo WhatsApp, essa narrativa de viver a gordofobia desde a infância repetiu-se muitas vezes e tem sido o alicerce de minha reflexão sobre o corpo gordo feminino nesta pesquisa.

Em meu caderno de campo, na agenda ou no celular, nos quais fazia minhas anotações, esse tipo de fala foi um dos que mais apareceu em minha pesquisa:

> Fui uma criança triste e solitária, não tinha amigas nem amigos, eu era a gorda do mundo que me odiava por eu ser gorda. [...] Uma vez a classe colocou bolo na minha cadeira e eu sentei

sem ver, me sujei, parecia que tinha feito cocô nas calças, as outras crianças gritavam: gorda suja! Gorda suja! Eu quase morri de tanta humilhação e sofrimento naquele dia. A professora me mandou para a diretoria como se eu fosse a culpada por ter passado por aquilo e a mulher que me atendeu, acho que era a diretora, chamou minha mãe e disse a ela que eu precisava emagrecer para ser aceita na sala, na minha frente, [...] minha mãe me deixou de castigo e me colocou num regime absurdo para uma menina de 9 anos; na época me culpei também [sic]. (DENISE, 32 anos, 2016).

Essa fala aconteceu numa conversa no aniversário de uma amiga em comum. Denise tem uma filha gorda, e estávamos falando sobre como o tratamento institucional escolar é cruel e violento com pessoas acima do peso. Sabíamos bem do que estávamos falando, conhecíamos de perto, já tínhamos passado por isso:

Minha filha chega chorando quase todos os dias, já mudei ela de escola duas vezes e percebi que não é a escola, é social o negócio, todo mundo odeia pessoas gordas, eu também sofro, e ela é saudável, forte. Já não sei o que vou fazer, eu não sou mais gorda porque fiz a bariátrica, mas ela ainda é um bebê de 8 anos. Regime e exercícios já tentei, ela emagrece um pouco, mas depois engorda, então a infância da minha filha não é uma infância alegre por causa do preconceito [sic]. (DENISE, 32 anos, 2016).

Há ainda o relato de uma seguidora que me mandou por inbox um pedido de ajuda:

Minha filha tem 4 anos e já quer fazer regime, ela chora, fica se olhando no espelho, me disse que as coleguinhas dão risada dela, e a professora não faz nada, teve apresentação na escola de dança no dia das mães e ela não quis apresentar porque disse que a roupa que ela usariam não ficava bonita nela, eu já não sei o que fazer, fui uma criança e adolescente gorda, também sofri essa pressão, mas nunca imaginei que com 4 anos isso po-

> deria acontecer. O que eu faço? Eu acho que acabo reproduzindo isso também em casa, porque eu sou focada nesse negócio de ter um corpo magro, malho, estou sempre de dietas porque tenho tendência, mas minha filhinha de 4 anos, estou desesperada, vi sua palestra na UFMT e comecei a entender um monte de coisa, você poderia me ajudar? [sic]. (SUZANA, 36 anos, 2019).

Nós mulheres gordas, em sua maioria, começamos a sofrer com a gordofobia na nossa infância. Essa narrativa é comum; algumas conseguem superar; outras, nem tanto. Há as que tiram a própria vida ou se escondem dentro de casa, às vezes em seus quartos, quando nem em sua casa é seguro estar.

Num grupo no Facebook, denominado "Bariátrica - Vencendo desafios - Realizando Sonhos", uma senhora de 66 anos, que disse ter sido modelo aos 18, me contou por inbox sua experiência:

> Gorda desde bebê é isso que sou e fui: GORDA, minha vida toda lutei contra a balança, família, médicos, namorados e homens, sempre eles, um inferno. Tive três filhas que também seguiram meu caminho, regimes, plásticas, cirurgias, sempre engordamos de novo. É como uma maldição, sempre engordamos, fiz duas cirurgias, mas a segunda com 50 anos me deixou com muitas sequelas, me deixou mais doente do que sempre fui, me deixou com ódio, rancor. Comecei a fazer terapia porque uma das minhas filhas me obrigou e percebi ali deitada no divã que minha vida foi superficial e inútil, sempre preocupada em agradar meus maridos, minha família, a sociedade, o espelho. Quebrei todos os meus espelhos, cheguei na velhice Gorda, de que adiantou tanto esforço, tanto dinheiro gasto com ficar magra, para quem? Eu nem sei quem sou de verdade, não tive esse foco na vida, sempre fui o que os outros escolheram pra mim, ser magra e bela [sic]. (BARIÁTRICA, 2017).

Minha obsessão pela magreza também existiu em momentos pontuais, geralmente impulsionados por algum comentário ou com-

> portamento de exclusão e julgamento do corpo gordo como ruim, doente, inapropriado. Foram muitos regimes, exercícios, contudo depois sempre engordava. Na adolescência, a preocupação com o corpo foi uma busca pela admiração social. Tomei remédios e fiz dietas malucas que me deixavam mais doente do que saudável, e sempre engordava depois. Meu objetivo final era ficar magra, receber elogios, me olhar no espelho e acreditar que tudo daria certo porque eu tinha conseguido emagrecer, não importando os métodos. Conseguia me manter magra por algum tempo, mas não aguentava me manter muito tempo em dietas e logo que abandonava voltava a engordar. Sempre que voltava a engordar me sentia muito mal comigo mesma e com os demais, como uma pessoa fracassada, suja, e que tudo começaria a dar errado porque eu não tinha sido forte o suficiente para me manter magra, muito sofrimento envolvido. Na fase adulta e apenas com 37 anos, quando fiquei grávida, parei de fumar e precisei ficar de repouso. Minha filha nasceu prematura por eu ter um mioma e faleceu com sete dias de vida. Fiquei ainda mais um ano esperando o mioma diminuir, com hemorragias horríveis, não podia fazer nada; acabei engordando mais ainda. (DEPOIMENTO DA AUTORA).

Toda essa história e o período de repouso me fizeram pensar bastante sobre quem eu estava sendo, como era, sobre o que é importante de verdade na vida e por qual razão um corpo gordo incomodava mais do que toda a tragédia por que eu estava passando, já que muitos comentários sobre meu peso eram disfarçados de preocupação com minha saúde e com meu bem-estar, mas poucos me perguntavam o que era perder uma filha e estar doente com um mioma dentro de meu útero e que causava hemorragias.

Engordei muito e sofri com infindáveis comentários, dicas e sugestões dissimulados de saúde e amor, sempre bem pontuados de que eu tinha sido gordinha, mas nunca obesa.

> Agora que sua filha morreu, aproveita e faça um regime sério, porque ficar gorda depois dessa tragédia com certeza vai fazer

> seu marido procurar outra, isso sempre acontece, você já não deu um filho pra ele e gorda ele não vai querer mais você [sic]. (JOANA, 26 anos, 2010).

Ou ainda, comentários como: "Seu rosto é tão lindo"; "Existem maneiras de superar essa sua dor e não é comendo"; "Vai numa cachoeira e sai dessa cama"; "Nossa, como você está gorda. Cuidado, pois você pode adoecer"; "Já está ficando obesa"; "Você sempre foi gordinha, mas obesa é desleixo".

> A palavra 'obesa' soava como um martelo, criando machucados em mim. Ouvida muitas vezes, foi como um despertar para algo muito sério e profundo que estava acontecendo na minha vida, além daquela tragédia. (DEPOIMENTO DA AUTORA).

Hoje, com mais conhecimento, percebo que a gordofobia aumenta dependendo do tamanho de seu corpo. Como antes dessa tragédia eu era gorda menor, a gordofobia também era menor. Ela acontecia; mas, depois de chegar aos 100 quilos, a gordofobia se tornou muito mais agressiva e frequente e, com 120 quilos, você já é considerada um monstro que não merece ser respeitado como qualquer outro ser humano.

A gordofobia passou a ser sentida e questionada mais uma vez, contudo já não era como antes. Apesar de sofrer e refletir sobre ser julgada, humilhada e agredida por ser gorda, ficava triste, pensava a respeito, mas não tinha ainda o preparo para investigar cientificamente o porquê de esse estigma ser tão forte e impulsionado socialmente.

Nas narrativas observadas nesses anos, o momento da maternidade e a relação com o corpo gordo é frequente e cruel. Mesmo que tudo tenha seguido um curso "normal", o filho esteja com saúde e a mãe também, é um momento de fragilidade e insegurança por parte da mulher e, ainda assim, o corpo é julgado e estigmatizado:

> Com cinco meses que o Nino tinha nascido, minha barriga ainda estava gigante e cheia de estrias, eram férias e fomos viajar para a praia. Chegando lá, ficamos hospedados numa casa de frente

> ao mar junto com toda minha família e amigos. Foi horrível, todos não disfarçavam a repulsa pelo meu corpo, e isso foi tão forte que comprei um maiô no segundo dia de praia e mesmo assim me olhava no espelho e chorava. Fui me abrir com minha irmã e ela me disse no final que eu tinha que me cuidar, que estava feio mesmo. Voltei antecipadamente pra casa e com oito meses cortei o leite e fiz uma plástica na barriga e depois outra nos seios. Eu sofri muito, mas hoje me sinto linda. Faço questão de mostrar minha barriga para as amigas [sic]. (VIVIANE, 29 anos, 2017).

Diferentemente do meu processo, Viviane escolheu modificar seu corpo para se sentir melhor. Le Breton (2003 p. 26) explica que o corpo é hoje um "desafio político importante – uma análise fundamental das sociedades contemporâneas":

> O corpo tornou-se a prótese de um eu eternamente em busca de uma encarnação provisória para garantir um vestígio significativo de si. Ou seja, inúmeras declinações de si pelo folhear diferencial do corpo, multiplicação de encenações sobre significar sua presença no mundo.

O corpo, no mundo contemporâneo, é entendido como figuração social, é a partir dele que juízos de valores são emitidos. Esse corpo deve ser arquitetado, construído, plasmando sua forma, encobrindo suas fragilidades e seu envelhecimento. Assim, nosso corpo é um investimento a ser edificado numa melhor aparência possível.

Uma observação importante nas falas das mulheres em puerpério é que recebem seus filhos para amamentação, cuidado e a própria recuperação da gravidez e do parto com uma preocupação enorme de voltar ao corpo anterior, de emagrecer.

> Com três dias em casa amamentando e muitas dores ainda, porque não foi parto normal, levei um corte de 12 pontos, fiquei 6 horas sentindo dor. Meu parto foi muito difícil e eu quase morri; mas, enfim em casa, exausta, com nenê chorando, muita dor ainda, minha mãe só falava que eu tinha que me cuidar

e emagrecer por causa da minha saúde e do meu marido. Eu entrei naquela onda e não conseguia relaxar com meu corpo, curtir aquele momento. Fiquei neurótica, olhava meu corpo no espelho e pensava que estrago aquela experiência tinha feito em mim e no meu corpo. Hoje com mais 2 filhos e 12 anos que se passaram dessa experiência horrível, penso que tipo de sentimento eu passava pra meu filho quando ia amamentar, pegar ele no colo, uma neurose de tristeza, com repúdio ao próprio corpo. Acho que isso deve acontecer com toda mulher, e acho que isso não é bom, não [sic]. (ROSE, 48 anos, 2017).

Alguns depoimentos falam desse momento de amamentar e passar segurança ao bebê recém-nascido pela amamentação, pelos primeiros carinhos e cuidados, e fiquei pensando que tipo de sensação que aquele corpo feminino, que sempre guardou e protegeu o feto, passaria para o bebê com tanta insegurança consigo mesmo. Desde que nascemos, somos amamentados ou abraçados por corpos inseguros com sua aparência, pensando ou buscando uma maneira de melhorá-lo, de transformá-lo, de contraí-lo, para que o termômetro social o aprove como um corpo bem-sucedido.

Cintas, dietas, exercícios, cremes, cirurgias, inúmeros procedimentos que se aproveitam dessa insegurança são transformados em produtos para que as mulheres modifiquem e melhorem seus corpos. Num momento tão especial, que é a chegada de um filho, em vez de a mulher curtir esse outro corpo que acaba de chegar, ela não consegue pensar além da busca pelo corpo padrão.

E não é só na maternidade que isso acontece: quando chegamos à escola, quando vamos à praia, quando crescemos, quando estudamos, quando brincamos de bonecas. As mulheres definitivamente gastam muito tempo e foco em ficar "belas" e serem aprovadas socialmente, enquanto os homens se preparam o tempo todo para serem corajosos, ousados e alegres.

É toda uma vida sofrendo gordofobia e sentindo-se culpada por isso. Consequentemente, as nossas histórias sempre são recheadas de fracassos e desistências, porque o foco de sobrevivência passa a ser o emagrecer, mutilar-se, esconder-se, sendo um verdadeiro vale-tudo para o alcance desse corpo único e válido socialmente.

A ESTIGMATIZAÇÃO DO CORPO GORDO

> A ideia que se tem de uma pessoa boa é uma pessoa magra, uma pessoa branca, uma pessoa do cabelo liso, são várias características para se denominar alguém de caráter, alguém que tenha inteligência, alguém que tenha competência. (JESSICA IPÓLITO, autora do blog Gorda e Sapatão, 2016).

Estigma é um conceito antigo. Os gregos criaram a palavra para marcar indivíduos que tinham sinais corpóreos, marcas que indicavam que aquela pessoa não era um sujeito igual aos outros, que era considerado perigoso, aquele que sofria a avaliação de diferente (GOFFMAN, 1975). Essas marcas eram feitas com fogo ou com cortes, como aviso de que aquela pessoa pertencia a um grupo marginalizado, fora da lei ou era escravo de alguém. Os sinais ressaltavam para toda a sociedade que a pessoa marcada não era digna de conviver normalmente com o resto das pessoas; ela era perigosa, imprópria, doente, traidora.

Historiadores apontam que, durante o período nazista, as pessoas consideradas impuras eram marcadas conforme seu grupo social: homossexuais, por exemplo, recebiam um triângulo cor-de-rosa em seus uniformes, judeus eram marcados com uma estrela de seis pontas e às vezes chegavam a desenhar com faca a estrela nas mãos dessas pessoas (LE GOFF, 1982, p. 28).

> [...] o estigma, portanto, é uma forma de controle social, no qual existe uma seleção de acordo com princípios morais, religiosos, institucionais, políticos, culturais e comerciais, padronizando o que é adequado ou não em nossa sociedade (JIMENEZ-JIMENEZ, 2018).

Assim, as pessoas que não se adaptam ao que está instituído socialmente são marcadas, estigmatizadas e excluídas do convívio e da obtenção de direitos. E esse processo é legitimado por discursos institucionais, por profissionais de saúde, pelo ensino e pelo governo em geral.

O conceito de estigma é investigado por Goffman (1975), que explica que existe uma divisão entre pessoas normais e estigmatizadas. Esse dualismo está presente em nossos cotidianos: de um lado, os normais; de outro, os anormais. Ou seja, todo sujeito que não se encaixar numa certa padronização será visto como fora do normal e, então, estigmatizado. O autor explica que o grupo considerado normal constrói hierarquias, propriedades e características dos estigmatizados, e essas preconcepções elaboradas são transformadas em "expectativas normativas, em exigências apresentadas de modo rigoroso" (GOFFMAN, 1975, p. 12).

A estigmatização não se reduz a um simples olhar crítico a uma pessoa: ela é um processo de interações que desmerecem um indivíduo e tendem a transformar a vítima em culpado. O processo supõe igualmente a injustiça das críticas (discriminação) e, sobretudo, que o indivíduo, que é a vítima, aceite e interiorize a desvalorização. "O obeso sofre de estigmatização nas sociedades contemporâneas." (POULAIN, 2013, p. 117).

Pensemos nas escolas, nos hospitais, no trabalho, na família e nas religiões, isto é: os indivíduos devem ser aceitos e considerados "normais" no grupo social; se não for assim, surgirão instrumentalizações para inserir o sujeito ao estado normatizado, considerado pelo grupo. E, se isso não ocorrer, surgirá o estigma e a exclusão do sistema.

Em vez de incluir o sujeito e entender que não existem apenas duas categorias, o corpo social acaba entendendo aquela pessoa, aquele corpo, como ruim, inferiorizado, digno de humilhações e exclusões. Esse tipo de comportamento é o que Goffman (1975, p. 12) considera como estigma: "[...] a sociedade estabelece os meios de categorizar as pessoas e o total de atributos considerados como comuns e naturais para os membros de cada uma dessas categorias". Desse modo, sob a justificativa de não ser normal, acredita-se que tal corpo merece um tratamento marginal:

> [...] para expressar o fenômeno de redução de um indivíduo a um alvo característico da estigmatização. Este se encontrará, assim, reduzido à característica "desviante", que se torna assim que as pessoas obesas são, na maioria das vezes, caracterizadas pelo seu peso e não por seus outros atributos sociais. Elas são caracterizadas como "gordas". O estatuto de "gordo" ou de "gorda" prevalece sobre todas as outras qualidades do indivíduo. O estigmatizado se fecha em um círculo vicioso quando acha normal o julgamento feito pelos outros e acaba por aceitá-lo. Segue-se então uma depreciação pessoal, que ocasiona uma alteração da autoimagem e faz com que o indivíduo considere como legítimos os tratamentos discriminatórios que sofre e os preconceitos dos quais é vitima. (POULAIN, 2013, p. 116).

O estigma é um controle social, nessa seletividade do que é bom ou ruim, de acordo com convicções de cunho político, institucional, religioso, moral e também comercial, criando um protótipo do que é permitido ou não na sociedade.

Alguns estigmas podem ser disfarçados, mas o tamanho do corpo e a cor da pele são evidentes — apesar de já ter ouvido histórias sobre ocultação de gordura pelas roupas ou por manipulações fotográficas, assim como a evitação do sol, o alisamento de cabelo e os filtros nas fotografias de pessoas negras:

> Encolhe a barriga, não use listras, de biquíni vai aparecer todas as suas banhas, usa esse blusão que disfarça suas banhas, tira foto de vertical e em pé nunca sentada, usa photoshop para tirar a papada. Eu sempre pensei assim na minha vida, que a gordura podia ser disfarçada e nunca mostrada. (DEPOIMENTO DA AUTORA).

Em uma análise sobre a história da beleza no Brasil, Denise Sant'Anna (2014) demonstra que as mulheres, a partir de 1930, com mais ênfase, acreditavam valer a pena o investimento e o sofrimento para serem bonitas e desejadas; caso contrário, não conseguiriam marido:

> O ar imperativo dos anúncios de remédios tendeu a se misturar com certo paternalismo bem-humorado, menos austero e mais breve em suas ameaças. Ou seja, no lugar de sugerir que seria preciso se embelezar e se curar porque, caso contrário, a mulher não arrumaria marido e estaria condenada à tristeza, os anúncios reforçavam as vantagens dos produtos. Afirmavam que valia a pena cuidar do corpo porque beleza rimava com felicidade e saúde. (SANT'ANNA, 2014b, p. 83).

Dessa maneira, os corpos estão sempre sendo classificados com aprovação ou reprovação pelo termômetro social, o qual define como nossos corpos devem ser, e, para a conquista desse protótipo, aparecem inúmeros produtos. As empresas se aproveitam do medo que existe na sociedade de não ser estigmatizado socialmente pelos demais, e os sujeitos considerados dentro do protótipo se sentem no direito de idealizar atributos e hierarquizar o outro corpo. Essas preconcepções acabam se transformando em "expectativas normativas, em exigências apresentadas de modo rigoroso" (GOFFMAN, 1975, p. 12).

A descrição da estigmatização da obesidade foi desenvolvida nos Estados Unidos por Werner Cahnman (1968) e Natalie Allon (1981). Da simples compra de uma passagem de avião ou de uma entrada para o cinema até a força do olhar estético sobre ele, o obeso é desvalorizado, marginalizado, banido da sociedade. O obeso sofre de estigmatização na sociedade contemporânea (POULAIN, 2013, p. 117).

Seguindo esse raciocínio, Foucault (1997), no que cabe aos corpos dóceis, explica a normatização das aparências físicas, as mensagens disciplinadoras que definem o modelo a ser conquistado e que aparecem nas instituições do mercado. Esse discurso vai ao encontro da busca e do sonho de ser belo em lojas de roupas, cosméticos, academias, cirurgias reparadoras. "A disciplina aumenta as forças do corpo (em termos econômicos de utilidade) e diminui essas mesmas forças, em termos políticos de obediência." (FOUCAULT, 1997, p. 119).

> Desde que me lembro, aprendi a ser linda e desejável, feminina, meiga. Com 11 anos minha mãe já me colocava em curso para modelo, como sentar, como falar, como andar, como se vestir, e eu acreditava que aquilo era normal, apesar de me sentir muito oprimida. Com 17 anos já estava no Japão fazendo desfiles e morando com mais 7 meninas, que também foram preparadas para serem ícones de beleza. [...] Para tudo tem regra, comer, vestir, sentar, falar, dormir, namorar; enfim, é uma prisão com justificativa de sucesso e muita grana envolvida, somos mercadorias, disfarçadas de beleza. Com 22 anos tive problemas sérios como a anorexia e tive que voltar para o Brasil. Desenvolvi vários problemas emocionais e alimentares, sempre tive tendência para engordar, ser magra não é meu natural, estando aqui engordei muito e agora tenho pensado muito sobre esse tema. O que fizeram comigo eu não desejo para ninguém [sic]. (JULIA, 27 anos, 2017).

Podemos ser mães, empresárias, estudantes, o que quisermos, desde que tenhamos o corpo magro e todo um condicionamento de como manter nossos corpos dóceis, tornando essa a nossa prioridade. Assim como todo menino sonha em ser um Neymar, um jogador de futebol renomado, as meninas querem (ou devem querer) ser uma Gisele Bündchen, uma modelo de sucesso. O estigma que observamos nos corpos que não seguem esse padrão é cruel, e ninguém, desde sempre, quer passar por essa humilhação e exclusão.

O estigma da gordura é uma forma de condicionar as pessoas a nunca engordarem ou seguirem gordas; pois, dessa maneira, seríamos pessoas que fracassaram como indivíduos sociais.

FALTA ACESSIBILIDADE PARA O CORPO GORDO

> Por isso, a obesidade, nas sociedades ocidentais, deve ser considerada como uma verdadeira desvantagem social. (POULAIN, 2013, p. 120).

A gordofobia também é uma estigmatização porque ela exclui as pessoas gordas do direito de ir e vir, do direito sobre os próprios corpos, de estar em espaços públicos e/ou privados. É importante ressaltar que o gordo não é o único excluído, outros tantos corpos são negados. Muitas vezes, essa exclusão é difícil de ser identificada porque está disfarçada de uma preocupação com a saúde, e esse discurso funciona como coerção para o corpo gordo ser menor e poder se encaixar socialmente.

Essa pressão gordofóbica é difícil de ser superada por corpos que são maltratados, invadidos e humilhados desde a infância. Como vimos, são corpos e mentes em sofrimento, que muitas vezes não conseguem mais lidar com toda essa discriminação e ainda são culpabilizados, o que, consequentemente, seria digno de punição:

> Eu me cortei duas vezes, tomei remédios e quase morri, fiquei internada e amarrada em casa porque me batia e me cortava, foi muito ruim, sofri muito. O que desencadeou toda essa dor em mim foi uma piadinha na faculdade, porque caí na escada em frente a um grupo de colegas que riam e diziam que eu parecia gelatina caindo. Aquilo acabou comigo. Mesmo fazendo terapia há muitos anos e mais magra seis quilos, não adiantou para lidar com aquela situação, foi a cereja em cima do bolo de bosta que a sociedade apoiada pela minha mãe, que sempre teve vergonha de mim. [...] hoje tenho tentado sobreviver no ativismo, mas ainda não estou legal; moro sozinha e me distanciei das pessoas que me humilhavam, estou tentando construir uma vida mais digna para mim [sic]. (DIANA, 27 anos, 2016).

> Tenho 25 anos e minha mãe diz que parece que eu tenho 50 anos, ela sempre fez isso, me humilhou com a idade, me chama de hipopótama e preguiçosa, me chama de gorda; desde que eu me lembro, ela me maltrata. [...] Um dia estava conversando com meu pai, que quase nunca participou da minha vida, que minha mãe me maltratava. Ele chamou ela pra conversar e ela se justificou dizendo que fazia isso para eu emagrecer, sair da cama,

> que eu envergonhava ela, que minhas irmãs não eram assim. [...] Meu pai ficou a favor dela e disse que pagava minha bariátrica. Eu fiz e tive problemas no coração na mesa de cirurgia. Estou com um marca-passo, 42 quilos mais magra e continuo sendo excluida por elas, triste e sozinha. Eu quero morrer, não tenho vontade de viver. Já tentei algumas vezes me matar tomando todos os remédios da minha mãe de uma vez só, não morri, fizeram uma lavagem estomacal em mim e melhorei. Minha psicóloga apoiou meu emagrecimento e me disse que eu ia ser mais alegre se fosse magra; hoje ela me disse que se arrependeu de ter me dado esse conselho. Eu gosto dela, mas acho que ela é gordofóbica também [sic]. (HELENA, 25 anos, 2019).

Para entender a falta de acessibilidade do corpo gordo, primeiro temos de esclarecer que existe uma confusão generalizada sobre a estigmatização desse corpo. É preciso entender a diferença entre pressão estética e gordofobia, que não são a mesma coisa, e confundir isso leva à banalização desse estigma.

A pressão estética é uma forma de opressão que todo mundo sofre, magros, gordos, loiros, altos, negros, baixos, na medida que existe uma imposição sobre todos os corpos para acompanharem, buscarem e conquistarem o corpo padrão aceito socialmente, ou seja, o corpo magro, malhado etc. Como é muito difícil o alcance dessa padronização, como já dissemos, o descontentamento com o próprio corpo é geral. Mas uma mulher que não consegue emagrecer três quilos e se sente mal por isso não sofre de gordofobia. Não entrar na calça de numeração 38 também não desperta a gordofobia.

A gordofobia vai muito além dessa opressão, pois é uma discriminação que leva à exclusão social:

> Eu fui internada num hospital porque estava com hemorragia e não tinham aparelhos, nem macas para que eu realizasse os exames. As enfermeiras riam de mim, o médico me disse que ninguém tinha mandado eu comer tanto, que deveria ter pensado que isso ia acontecer. Gente! Eu fiz a merda de ir sozinha,

> eles acabaram comigo até minha prima chegar e fazer o maior barraco naquela merda. Ai me mandaram para um haras perto aqui da minha cidade porque não tinha aparelho pra mim, eu não fui de vergonha. Entramos com processo pela discriminação, mas eu não consigo parar de pensar nisso, e chorar. Eu sou um monstro e é assim que a sociedade me vê. Me ajudem, gurias, eu estou pensando em suicídio. (JULIA, 34 anos, 2018).

Assim, corpos que estão na categoria de "normais" acabam por estigmatizar e excluir os corpos entendidos como aberrações. Às vezes, o comportamento frente a uma gorda é de que esse tipo de corpo, o gordo, pode "contagiar" outros corpos com sua gordura.

> Sempre, sempre, SEMPRE que alguém senta do meu lado, assim que possível, decide sentar em outro assento, pois o espaço é pouco para as duas pessoas. Ou, quando não existe essa possibilidade, as pessoas simplesmente começam a me esmagar no banco. O que eu pensava antes sobre isso era que a culpa era minha, afinal eu não estava cabendo ali no banco do buzão. Mas teve um dia que eu comecei a pensar que, na verdade, os bancos é que são pequenos! Não sei em outras cidades, mas em São Paulo, em geral, o tamanho dos bancos não comporta o tamanho das pessoas, mesmo que não sejam gordas. Se for lotação, ou nos novos vagões do metrô, piorou: cada vez menores [sic]. (FLAVIA, 30 anos, 2018).

Ser uma pessoa gorda em nossa sociedade é perder direitos, direitos até bastante corriqueiros para quem os tem e, por isso, muitas vezes, passam até despercebidos, como sentar numa cadeira confortável no restaurante, ser tratada com dignidade e humanidade pela equipe médica, usar os transportes públicos com confiança e comodidade. A gordofobia tira todos esses direitos do indivíduo gordo e o culpa por isso.

No Mapa da Obesidade, criado pela Associação Brasileira para o Estudo da Obesidade e da Síndrome Metabólica (ABESO), a Organização Mundial da Saúde (OMS) apresenta dados sobre o crescimento da obesidade e do sobrepeso no país. A projeção indicada pela OMS para 2025 é de que "cerca de 2,3 bilhões de adultos estejam com sobrepeso; e mais de 700 milhões, obesos". (MAPA..., 2017).

Segundo a Organização Mundial da Saúde (OMS),

> [...] a obesidade e o sobrepeso quase triplicaram desde 1975. Em 2016, mais de 1,9 bilhão de adultos, com 18 anos ou mais, apresentavam excesso de peso. Destes, mais de 650 milhões eram obesos. No Brasil, dados da Pesquisa de Vigilância de Fatores de Risco e Proteção para Doenças crônicas por Inquérito Telefônico (Vigitel), de 2017, trouxeram que quase 1 em cada 5 brasileiros (18,9%) estão obesos e que mais da metade da população das capitais brasileiras (54,0%) estão com excesso de peso. (OBESIDADE..., 2018).

O Ministério da Saúde anuncia que pesquisas realizadas pela OMS indicam que "53% da população brasileira estão com excesso de peso" (GANDRA, 2019). Segundo pesquisas apresentadas pela British Broadcasting Corporation (BBC), o Brasil é considerado um dos países com mais obesos no mundo. Em relação às mulheres, as mais afetadas, ocupamos o 5º lugar no ranking. O mundo tem cada vez mais pessoas consideradas obesas, e esse número, não obstante todo o aparato institucionalizado da saúde, só vem crescendo.

Mesmo diante dessa realidade, e apesar de algumas conquistas ainda insuficientes, os espaços e bens públicos e privados estão cada vez menores. Quando existem espaços maiores, ou roupas maiores, os preços são bem altos, garantindo o acesso apenas de uma população privilegiada.

A gordofobia é tão profunda que, quando se discute a acessibilidade para essa quantidade de pessoas, acaba acontecendo uma grande confusão entre acessibilidade (e, portanto, dignidade) e apologia à obesidade.

Não é perceptível uma preocupação com a acessibilidade para essa fatia, mais da metade dos habitantes do mundo, e a falta de acesso à população gorda mundial é perigosa porque pode matar:

> São inúmeros casos de pessoas gordas que morrem com doenças fatais, por não serem diagnosticadas a tempo no consultório médico. Já que, um gordo quando entra no médico para reclamar de qualquer dor ou sintoma que sente, automaticamente é diagnosticado como obeso e deve urgentemente emagrecer. (JIMENEZ-JIMENEZ, 2018f).

Assim, a doença, que pode ser fatal, se agrava, não sendo diagnosticada a tempo e levando o indivíduo a óbito:

> Minha irmã morreu de câncer nos ovários. Ela foi algumas vezes em médicos com reclamações de dores na região, sangramento exagerado na menstruação, mas os médicos sempre falavam que era para ela emagrecer. Quando ela descobriu o câncer já era tarde. Ela morreu pela gordofobia institucionalizada na medicina no Brasil e isso me levou a pesquisar mais sobre o assunto e virar ativista; eu não queria acabar como ela [sic]. (JULIA, 40 anos, 2017).

São inúmeros os casos de pessoas gordas que morrem de doenças fatais, por não serem diagnosticadas a tempo (WALKER, 2017 *apud* JIMENEZ-JIMENEZ, 2018f). Um gordo, quando entra em um consultório médico para reclamar de qualquer dor ou sintoma, automaticamente é diagnosticado como obeso e a recomendação é sempre emagrecer:

> No dia mais alegre da minha vida, entrei na sala de parto e ouvi o médico e sua equipe me chamarem de hipopótama, que logo nasceria um filhote de banha, estava anestesiada, mas ouvia as falas da equipe médica, o que me deixou muito insegura e com medo. Depois do parto, e graças a Deus deu tudo certo, no quarto com meu marido e mãe, quando o médico passou na sala como de praxe, eu falei para ele o que tinha acontecido e que tinha ouvido, ele negou e disse que a anestesia deixava as pessoas assim meio birutas. Eu e minha família ficamos supernervosas, fomos falar na administração do hospital e o diretor

> da obstetrícia que nos atendeu nos pediu desculpa e terminou a conversa dizendo que uma mulher de 140 quilos deveria fazer a cirurgia bariátrica e que aquele parto ter saído bem era um milagre. Gente, no dia mais importante da minha vida eu tive que lidar com essa tal de gordofobia [sic]. (CATIA, 32 anos, 2017).

Essas negligências médicas, inclusive, são as raízes do ativismo gordo que nasceu nos Estados Unidos, vinculado ao movimento hippie e feminista, no final dos anos 1970 e início dos anos 1980, conhecido como Fat Underground, depois do falecimento da cantora Cass Elliot, considerada uma morte ocasionada por negligência médica (DEAN; BUSS, 1975).

A associação de uma pessoa gorda a uma pessoa doente é considerada uma manifestação gordofóbica, porque existem pessoas magras doentes também. Segundo o discurso médico vigente, pode ser que a pessoa obesa desenvolva algumas complicações e doenças pelo excesso de peso e, por isso, já é considerada doente assim que adentra o espaço médico. Sabe-se, porém, que qualquer pessoa sedentária que se alimenta mal, dorme mal ou que vive em regimes restritivos (ou não) pode desenvolver alguma complicação ou doença, já que basta estar vivo para ficar doente.

A gordofobia, então, acontece quando o corpo gordo é diagnosticado como doente, mesmo quando não se fez nenhum exame para detectar algum problema de saúde (JIMENEZ-JIMENEZ, 2018f). É uma discriminação muito mais profunda do que parece, sem uma análise crítica sobre esses corpos, já que desencadeia situações constrangedoras e humilhantes e principalmente elimina direitos sociais daqueles que são considerados incapazes pela sociedade:

> Ser gorda é ser humilhada e excluída todos os dias. Quando pesava 130 quilos não saía de casa porque todos ficam te olhando e julgando, olham com ar de desprezo, de nojo. Em qualquer lugar que você entre isso vai acontecer, no ônibus, na escola, no shopping, restaurante, estacionamento, ônibus, praças e parques, é sempre a mesma coisa. Você vira o centro da malhação

humana. Agora peso 90 quilos, fiz duas bariátricas e já fui magra, mas fiquei mexida com toda essa exclusão que sofri, era magra, mas desenvolvi fobia social, aqui no grupo que percebi que muitas pessoas gordas, mesmo depois do emagrecimento, desenvolvem essas coisas, fobia social, medo de sair de casa. Isso é tão horrível, preciso viver, ser livre, me ajudem, meninas [sic]. (GORDA, 2017).

Sempre que penso na falta de acessibilidade do meu corpo gordo penso nas malditas cadeiras de plástico que viraram uma escolha comum por aqui. Os bares, restaurantes, shows, festas de aniversários, nas escolas, tudo tem cadeira de plástico, que, além de na maioria das vezes serem pequenas, também são frágeis. (DEPOIMENTO DA AUTORA).

Minhas reflexões sobre esse tema permeiam minha experiência com elas, e as tais das cadeiras de plástico, geralmente brancas, fazem parte delas. Aconteceu de um dia estar assistindo a um programa de TV, e uma mulher dava seu testemunho, muito emocionada, sobre como tinha emagrecido 30 quilos depois de quebrar uma cadeira de plástico numa festa de encontro dos amigos da faculdade, após 15 anos da formatura. Comecei a prestar atenção em como essa fala da cadeira de plástico que quebra e impulsiona mulheres a emagrecer era recorrente.

Esses discursos são muito importantes por dois motivos: demonstram como acontece a gordofobia e como nossa sociedade não está preparada para lidar com o corpo gordo e o culpa por isso, trocando, assim, a responsabilidade social de atender as demandas da população, como espaço, por culpabilização de quem está gordo e não se encaixa nas coisas que não foram feitas para encaixá-los.

O primeiro motivo é a própria cadeira, já que as pessoas falam sobre quebrar a cadeira de plástico como se fossem cadeiras de madeira maciça, fortes e, de tão gordas e pesadas, acabaram quebrando algo que é inquebrável.

Pesquisei a respeito dessas cadeiras e, como ocorre com tudo no nosso país, não existe uma fiscalização sobre o quanto elas aguentam de peso. Um amigo, por exemplo, que pesa 70 quilos e mede 1,75 metro, me contou numa conversa que também tem dificuldade em sentar numa cadeira dessa, e não é considerado gordo pelo IMC. O que quero dizer com isso é que a cadeira de plástico é muito frágil para qualquer um, como indicam pesquisas do INMETRO:

> Os resultados dos ensaios evidenciam que há problemas quanto à qualidade das Cadeiras Plásticas encontradas no mercado nacional é de não estarem de acordo com os requisitos da Norma. Das 12 (doze) marcas analisadas, apenas 3 (três) foram consideradas adequadas para uso residencial e para uso não residencial. (CADEIRAS..., 2012).

Em um depoimento, um dono de bar, que usou cadeiras de plástico por muito tempo, revela que já respondeu um processo por um acidente com esse tipo de cadeira:

> Eu tenho o bar há 12 anos e sempre usei cadeira de plástico porque é barato e prático. Sempre aconteceram acidentes com essas cadeiras porque elas não aguentam o peso que diz que aguentam e tem muita fábrica que não passa por testes, fora que com o uso elas vão rachando, ficam mais moles e a gente nem sempre tem tempo de ficar olhando isso. Os dois acidentes que aconteceram mais graves aqui no bar foi de uma adolescente que estava com os pais que caiu e machucou a cabeça e no último, que fez eu tirar as cadeiras de plástico e substituir por de madeira, a moça caiu e quebrou o braço. Ela me processou e ganhou. [...] ela não era gorda, não, mas a cadeira não aguentou ela, não sei por quê. As pessoas sentam nas cadeiras de plástico como se estivessem no sofá de casa, aí já viu, né!? [sic]. (JOÃO, dono de bar, 2018).

Como vimos, as cadeiras de plástico não são confiáveis e causam acidentes a qualquer pessoa, não só as gordas, mas é claro que, como somos mais pesados, estamos mais suscetíveis a esse tipo de acontecimento. As cadeiras devem, contudo, aguentar todo tipo de pessoa e isso é uma responsabilidade social, não individual, já que são espaços públicos. O Estado deveria fiscalizar e exigir que as cadeiras aguentassem todos os pesos, sem que ninguém corresse qualquer risco.

Outro motivo que quero expor é que as pessoas que são magras e acompanham os gordos, ou funcionários e proprietários desses estabelecimentos, não entendem quando apontamos que não cabemos nessas cadeiras, nesses espaços; o corpo gordo é sempre culpabilizado por isso.

Para alguns pesquisadores, existe uma moral associada ao corpo gordo, que justifica socialmente a não acessibilidade desse corpo em espaços sociais e privados, visto que são indivíduos considerados menos atraentes fisicamente, o que acaba limitando muito suas relações sociais, afetivas, sexuais e emocionais (CARR, FRIEDMAN, 2005; LIPOVETSKY, 2016; MATTOS, 2012; POULAIN, 2013). Em muitos depoimentos, isso denuncia o estigma associado à moral:

> Sair para almoçar fora com minha família pra mim é um pesadelo, geralmente as cadeiras são pequenas e frágeis, os espaços entre as mesas são minúsculos, o banheiro eu não entro, é muito constrangimento. Mas o pior são os olhares de reprovação de minha própria família, fico muito mal. Toda a sociedade, inclusive minha família, me culpa por eu ser gorda e depois querem falar que tenho que emagrecer, fazer alguma coisa, que estou doente. Tentei me suicidar duas vezes, a última fiquei internada dois meses no hospital e depois fiz a bariátrica, sofri tanto, tenho vários problemas de saúde que antes não tinha, antes eu era gorda, agora sou gorda e doente [sic]. (BALEIA, 2017).

O mundo é planejado para os magros, basta ser gordo para experimentar o quanto os espaços e as coisas são construídos de tamanhos cada vez menores; as roupas são pequenas, as cadeiras e assentos são frágeis e estreitos. As pessoas gordas que aparecem nas mídias sempre são tidas como coitadas que devem diminuir de tamanho, doentes, preguiçosas ou engraçadas e desajeitadas.

É verdade que nós pessoas gordas estamos em situação de vulnerabilidade, e a maioria da população não tem nenhum conhecimento de que temos direito a assentos e auxílios especiais, e isso é um problema muito grande. As pessoas maiores, frequentemente, se sentem desconfortáveis ao solicitar assistência, pois quase sempre sofrem constrangimento público:

> Um dia estava numa festa na casa de uma amiga, e vários homens estavam vendo o jogo na televisão, colocaram uma televisão gigante no meio da festa, não tinha como não participar daquilo. Acabou o jogo e começou o Faustão e aquelas dançarinas magras e gostosas rebolando, as pessoas começaram a comentar sobre os corpos perfeitos das dançarinas e eu fui ficando mal, os homens olhavam pra mim, as mulheres, as crianças. Fui me sentindo muito constrangida, olhei ao meu redor e só tinha eu de gorda na festa. Fiquei tão mal que me deu pela primeira vez síndrome do pânico, desmaiei, fui parar no Pronto Socorro, ouvia de longe os homens falando, essa gorda é muito pesada e outras coisas que me fizeram querer morrer. Depois disso, tomo remédios controlados e fiquei 3 anos sem sair de casa praticamente, tenho pavor social [sic]. (GORDA, 2016).

Muitas dessas mulheres não se sentem livres para exigir seus direitos. Isso acontece porque a maioria das pessoas se incomoda com o espaço (físico, social e simbólico) que as pessoas gordas ocupam, e esse incômodo é manifestado de diversas maneiras: com olhares de reprovação ou repulsa, reclamações em tom alto publicamente, de como o gordo tem que emagrecer para conquistar direitos, já que geralmente a culpa de o sujeito estar gordo é dele mesmo, por não ter evitado o aumento corporal adquirido.

Haja vista o que foi mencionado, posso afirmar que a gordofobia é um preconceito estrutural e institucionalizado, porque transpassa todas as áreas da vida no cotidiano social, posto que as pessoas gordas não conseguem trabalho, roupas, cadeiras, carreiras, assistência médica mesmo quando têm condições financeiras. Esse corpo é excluído estrutural e institucionalmente na sociedade contemporânea.

O que acaba acontecendo é a negação de sua humanidade, porque todos os direitos humanos começam a ser negados institucionalmente a esse corpo. A ideologia vigente é que o corpo gordo não é humano e, por isso, não tem o direito de ser tratado como todos os outros sujeitos. Isso vem se atualizando nos discursos de defesa da saúde, do bem-estar e da felicidade:

> [...] as instituições penetram o interior do indivíduo, seu consciente, ou melhor, seu inconsciente. Tais instituições são formas de relações humanas autonomizadas, reificadas, que se tornam relativamente independentes dos indivíduos. (ADORNO, 1982, p. 112).

Outro ponto a ser pensado é a socialização construída sobre o corpo gordo, nesse processo de formação de sujeitos, em que

> [...] internalizamos modos de agir e pensar herdados da tradição. A desconstrução é o processo de questionamento desses valores e crenças herdados e a mudança a partir da revisão dos mesmos. As instituições, que deveriam fazer cumprir os ideais humanistas, terminam por perpetuar a opressão. (NIGRI, 2017).

Dessa maneira, a gordofobia está enraizada na formação social brasileira e mundial e dificilmente é percebida pelos sujeitos. É importante notar que ela não é um estigma focalizado apenas na mulher, contudo a força da gordofobia em nossa sociedade é sutil, mas muito profunda e habitual no sistema patriarcal, numa sociedade disciplinar e capitalista, em que a mulher é tratada como um humano inferior ao homem.

A PREOCUPAÇÃO COM A SAÚDE: TODA GORDA ESTÁ DOENTE

> O poder produz saber, [...] não há relação de poder sem constituição correlata de um campo de saber, nem saber que não

suponha e não constitua ao mesmo tempo relações de poder. (FOUCAULT, 1999, p. 31).

O filósofo Michel Foucault se interessou por relações entre saberes e poderes. Em suas análises, o discurso médico é recorrente, trazendo algumas observações sobre como são constituídas a formatação do poder e como esse discurso se desenvolve historicamente na medicina e na concepção social como verdade absoluta.

O autor nos alerta que, historicamente, a medicina, num primeiro momento, detete sua atenção em entender as doenças e as suas correlações com o corpo humano. Essa concepção se modificou com o passar do tempo, tendo como foco a vigilância, o controle e a estigmatização através de alguns grupos considerados doentes.

Foucault (1979) apresenta como exemplo a hanseníase e como a medicina se comportou com os doentes, internando e exilando essas pessoas, proibindo qualquer contato destas com o meio. Além disso, as casas onde os doentes viviam eram queimadas, como forma de erradicar tudo que estivesse ligado a esse mal.

O que esse filósofo demonstra é que o conhecimento médico, tido como saber incontestável, acaba por legitimar discursos que nem sempre são verdades inquestionáveis, porque ainda estão em construção, ou simplesmente não são verdadeiros. Para Foucault, todo conhecimento é proveniente de interesses, contextos e relações de poder, não existindo saberes isentos.

> Podemos pensar, portanto na relação entre medicina e capitalismo, algumas doenças e suas curas são pesquisadas e outras não. Qual seria o crivo da escolha entre pesquisar a cura de umas e não de outras? O lucro que a doença pode alcançar? Impérios farmacêuticos e laboratoriais, cirurgias etc. se constroem a partir dessas escolhas. (JIMENEZ-JIMENEZ, 2018e).

É importante entender que a maioria dos discursos de poder institucionalizados em nossa sociedade capitalista está formatado para a venda de produtos, com a consequente obtenção de lucros.

Na área da saúde, podemos entender melhor como a estigmatização do corpo gordo é reproduzida na concepção do que é um corpo doente dentro dos hospitais e consultórios e todo o discurso construído a partir desse ponto de vista sobre a relação do corpo gordo com a doença.

O corpo que está fora do que é entendido socialmente como normal será, portanto, colocado à parte, excluído, já que não corresponde aos atributos e estereótipos considerados naturais, comuns e saudáveis pelo discurso que normatiza o que é belo e feio, atrativo e repulsivo, saudável e doente.

Todo gordo vivenciará diariamente o preconceito nas relações socioafetivas. Esses contatos estão carregados de estigma, que acaba repetindo, por todos os dias de sua vida, espaços e discursos, que toda pessoa gorda é desleixada, preguiçosa, suja, má, fracassada e, dependendo do espaço e da situação, como no caso das cadeiras de plástico, é culpada por não caber dentro do que não foi feito para um corpo pesado.

O sujeito gordo é estigmatizado por sua dimensão corporal, sendo considerado doente e anormal, porque um cálculo, o Índice de Massa Corpórea (IMC), criado pelo matemático Adolphe Quetelet (1832), mostra um número maior do que é estabelecido como saudável (PICH, 2013).

Por consequência, toda vez que esse discurso de poder, como aponta Foucault, fizer os cálculos e o paciente não estiver dentro desse índice, poderá ser considerado doente, mesmo que o indivíduo esteja bem e sem nenhum problema em seus exames, pois se relaciona esse cálculo matemático com a saúde do corpo.

Em suas formações, os profissionais da saúde aprendem a prescrever normas e juízos de valor sobre o corpo que não se encaixa nesse cálculo, levando para a vida profissional, nos consultórios e hospitais, a concepção de que o corpo gordo é doente, mesmo que seus exames não indiquem isso. E a pessoa gorda não pode falar sobre si, porque já se preconcebe que seu corpo está doente. Por serem estigmatizados, como afirma Goffman (1975), os corpos gordos se tornam públicos, e existe, portanto, a justificativa para opinar e julgá-los, principalmente se se tratar de um profissional da saúde.

Tenho acompanhado a morte de muitas mulheres gordas, que chegam ao consultório com um problema de saúde e o foco da consulta passa a ser o corpo gordo que possuem, o que gera uma negligência acerca de suas queixas:

> Minha irmã morreu de câncer porque a médica não deu atenção às suas dores nas pernas, ela já diagnosticou que era pelo peso. Minha irmã fez regime, exercícios durante um ano, e sempre sentindo muita dor. Um dia ela não conseguiu levantar, foi internada e descobrimos que ela tinha um tumor ósseo, câncer, e já era tarde demais. Operaram ela, mas já tinha se espalhado. Foi muito triste! Meu pai colocou a médica no pau, mas ela se defendeu usando a doença obesidade como diagnosticada primeiro e acabou ganhando. Ou seja, a justiça também é gordofóbica. Meu Deus, esse estigma está muito institucionalizado [sic]. (JOANA, 36 anos, 2017).

Como mencionei acima, passei por essa situação muitas vezes dentro de hospitais e consultórios médicos, e a justificativa desses profissionais é de que, mesmo que o corpo gordo não tenha nenhum exame mostrando alguma morbidez, ela vai aparecer, já que "o corpo gordo é como uma bomba-relógio prestes a explodir" (MÉDICO, consultório, 2017).

Como vimos, a estigmatização é reproduzida pelos discursos de poder, como na ciência e na medicina, que estão inseridas no sistema capitalista. É comum encontrarmos no mercado produtos que prometem o emagrecimento, não cumprem com a promessa e ainda culpam o usuário quando não logram o prometido. Em vez de descobrirem, ouvirem e estudarem o que essas pessoas têm a dizer sobre seus corpos, ou como se sentem, já se tem um pré--diagnóstico: emagreça.

No livro *Sociologia da obesidade*, Jean Pierre Poulain (2013) explica que o problema da "obesidade" tem muito mais a ver com a moral sobre o corpo gordo do que com a saúde, e essa relação acaba passando pela reprodução do estigma do corpo gordo na sociedade atual.

Para o autor, apesar de encontrarmos inúmeros estudos mostrando que existem diversos tipos de "obesidade" e suas causas, como problemas hormonais, problemas genéticos, bactérias, entre outros, o que acaba acontecendo é uma hipervalorização moral que recai como culpa para as pessoas gordas. Infelizmente, ainda se tem a ideia de que só é gordo quem busca ser gordo, por ser incompetente para lidar com alimentação, exercícios físicos etc. (POULAIN, 2013).

As pessoas consideradas gordas ainda são associadas a comedores compulsivos, que só comem frituras e fast food, são preguiçosas, ficam deitadas vendo televisão o dia todo. Essa concepção nos mostra como essa ideia está carregada de um discurso moralista do que se entende por um corpo gordo.

Assim sendo, existe uma urgência em entender os mecanismos dos estigmas construídos sobre o corpo gordo como parte da formação de profissionais da saúde. Entender a gordofobia significa salvar vidas e valorizar o acesso de todo cidadão à saúde, dentro da constitucionalidade, em que todos somos iguais, sem análises moralistas, pois essa maneira de enxergar os corpos não ajuda nenhum corpo a buscar por saúde:

> Eu nunca vou no médico, tenho uma dor que aparece as vezes no estômago, toda vez que ia me falavam que era porque estava muito gorda, fui enrolando, odiava como era tratada e ainda odeio, mas agora descobri com uma hemorragia que tenho, uma doença causada por não ter me tratado a tempo e que nada tem a ver com eu ser gorda, é uma bactéria que peguei no estômago [sic]. (BALEIA, 2018).

O discurso médico parece não estar preparado para entender e tratar as pessoas gordas com humanidade, falta dignidade e respeito. Existe uma necessidade dentro dessa discussão sobre a formação dos profissionais de saúde em relação ao corpo gordo, extremamente preconceituosa e estigmatizadora.

A falta de acessibilidade, no que cabe ao controle do próprio corpo, também é uma discussão a ser levantada, já que se é imposto socialmente qual e como o corpo de todos os cidadãos deve ser, pesar, estar e agir.

COMER EM PÚBLICO: CONSUMO VIGIADO

> As pessoas ficaram confusas sobre a comida, mas, ao mesmo tempo, havia todas essas crenças sobre o que a comida faz para você. Quando as pessoas eram entrevistadas, percebi que eram todas iguais: o problema com a comida moderna é que você não sabe o que está comendo. Agora, se você é o que você come, e não sabe o que está comendo, então o que vai acontecer a você? Comecei a pensar nas pessoas gordas, em qual seria a percepção delas sobre elas mesmas, qual seria a percepção da sociedade sobre elas? Estava claro que existia um estigma e as pessoas estavam tentando se livrar daquele estigma. (FISCHLER *apud* GOLDEMBERG, 2012, p. 230).

O ato de comer, de alimentar-se e de escolher o que se põe no prato, na mesa, na geladeira e na panela é uma ação cotidiana que todos, independentemente da cultura, experimentam diariamente por diversas vezes ao dia, exceto os que passam fome (por escolha ou não).

Assim sendo, comer é uma ação universal e faz parte da sobrevivência humana. Essa ação extrapola a necessidade do corpo, pois comer envolve muitos significados simbólicos no que diz respeito à escolha, ao preparo, ao tempo, ao risco, à insegurança, ao gosto etc. O alimento pode delimitar fronteiras, demonstrar desigualdades.

Segundo Fischler (1990), é pela boca que o mundo nos penetra. Para o autor, comer é um processo que pode gerar medo ou insegurança, já que é através da introdução do alimento dentro da boca que as qualidades dadas aos alimentos alcançam nosso íntimo, invadem nosso interior, de acordo com nossa concepção de mundo.

As escolhas e considerações das pessoas sobre o que é bom (ou não) para ser comido também passam por uma lógica simbólica. Sahlins (1976) explica que os alimentos tidos como "próprios para comer" são construídos culturalmente por "qualidades" inseridas posteriormente ao produto. Assim, "[...] na realidade, o sistema produtivo em conjunto com o esquema simbólico de comestibilidade é o que coordena o que é comestível ou não, e sua posição em determinado sistema alimentar" (COLLAÇO, 2013, p. 172).

A atribuição do status simbólico ao ato de comer, como apontado por DaMatta (2001, p. 56), "[...] define não só aquilo que é ingerido, mas também aquele que ingere":

> O homem civilizado come não somente (e menos) por fome, para satisfazer uma necessidade elementar do corpo, mas também (e sobretudo) para transformar essa ocasião em um momento de sociabilidade, em um ato carregado de forte conteúdo social e de grande poder de comunicação. (FLANDRIN; MONTANARIP, 1998, p. 108).

Assim, o alimentar-se não está ligado só às escolhas mas também a encontros, comemorações, festas, conversas. O comer vai muito além da sobrevivência; nossa relação com a comida também é afetiva. Segundo o antropólogo Sidney Mintz (2001), desde muito pequenos associamos a comida a momentos importantes em nossa construção social, pois os hábitos alimentares são veículos de emoções profundas. Já que o comer e a comida são centrais na formação social do sujeito, a rotina do comer vai sendo construída por significados, afetos e sensações guardadas na memória afetiva de quem se alimenta.

Mulheres gordas, nas pesquisas, narraram que essa construção afetiva, desde crianças, com a comida e com o comer nem sempre foi saudável ou positiva. Muitas vezes, a relação foi construída ao longo da vida como algo negativo, proibido e constrangedor.

O ato de comer, simples para a maioria, pode se transformar em problemas sérios para as pessoas gordas. A memória afetiva quase sempre é negativa, de medo e sofrimento:

> Desde pequena como escondida, porque as pessoas sempre me julgaram. Minha mãe e minhas irmãs sempre dizem o que devo colocar no prato, quais alimentos e quantidade. Comparam meu prato com as pessoas mais magras; tenho muitas memórias ruins na hora de comer. Uma delas foi com 8 anos de idade. Minha mãe convidou uma amiguinha do prédio, filha de uma amiga dela que parecia uma Barbie de verdade, para ir brincar lá em casa. Quando a menina chegou, eu já estremeci; ela era linda, magra e perfeita, e eu era gorda, feia. Olhar aquela menina me fazia muito mal, eu me odiava por ser quem eu era. Mas brincamos umas 2 horas e chegou a hora do almoço, minha pior hora da vida, sentar-se à mesa com minha família, e pior com essa Barbie esquelética que deveria comer duas gotas de arroz, duas de feijão o dia todo. Fui suando frio. Sentamos e minha mãe a serviu primeiro, perguntou o que ela queria comer e, como previa, ela quase não comeu nada e minha mãe dizia o tempo todo de como ela comia pouco, porque era só o necessário. Eu, para variar, sai da mesa com fome e mal. Mais tarde, essa mesma menina me contou na escola que comia pouco na frente das pessoas e depois comia escondido e vomitava no banheiro; ela teve problemas sérios de saúde com isso de vomitar [sic]. (SUZANA, 22 anos, 2016).

Muitos depoimentos seguem nessa construção aflitiva com a comida e com a percepção do momento de refeição ser uma hora ruim e constrangedora. O consumo alimentar dessas pessoas é controlado por outros, que acreditam entender do assunto e podem piorar ainda mais a condição de estigmatizado da pessoa gorda com a comida:

> Não vou comer fora já faz muito tempo, não dá. Além das cadeiras não serem feitas pra gente, nem o banheiro, e às vezes os espaços entre as mesas que temos que passar. Todos olham com caras esquisitas para meu prato. Minha última vez foi um almoço com a escola que trabalho, estávamos em 12 pessoas e era

> self-service, nos servimos e na hora de pesar o rapaz da balança, que parecia ser o dono, com cara de constrangimento me disse: Você não come salada? Todos os meus companheiros de trabalho começaram a falar sobre minha alimentação durante o almoço todo. Saí da mesa e fui chorar no banheiro. Quando voltei as pessoas estavam caladas em silêncio, foi horrível. Depois, meu coordenador me chamou e disse que eu poderia mudar aquela situação se quisesse, deveria mudar meu tipo de alimentação, criar hábitos saudáveis, eu fiquei muito mal com aquilo. Mas o pior é que, quando chegamos ao restaurante, ele mesmo disse, em tom de piada, salada eu como em casa ou quando estou de regime [sic]. (BIA, 32 anos, 2018).

Em 2018, fui a um curso com professores da escola onde trabalho. Saímos às 7 horas da cidade em que moro em direção à capital, um percurso que leva, mais ou menos, uma hora e meia.

Logo na entrada da van, encontrei dificuldade. Os assentos eram muito pequenos e eu tive que sentar sozinha em dois bancos, ninguém sentou ao meu lado nem na ida nem na volta. Havia corpos maiores também, que se espremiam nos bancos ou estavam sozinhos na fileira de dois assentos.

> Chegamos à escola onde faríamos o curso e as cadeiras das salas também eram pequenas. Fui pedir ao responsável uma cadeira maior e os outros professores ficaram constrangidos com meu pedido. Algo interessante, já que estamos falando de educadores e poder sentar confortavelmente numa cadeira é falar sobre acessibilidade. Contudo, quando a pessoa responsável disse que ia buscar uma cadeira maior, mais três pessoas se pronunciaram que também queriam. (DEPOIMENTO DA AUTORA).

Existe um julgamento sobre a necessidade de as pessoas gordas caberem nas coisas que não são feitas para nós. Nossa acessibilidade é moralizada, como se nós devêssemos caber nas coisas e não as coisas devessem ser feitas para que todos os corpos coubessem nelas. Portanto, quando o corpo gordo se posiciona a respeito de merecer um lugar mais espaçoso, causa constrangimento geral.

Definitivamente, a sociedade não está preparada para lidar com corpos maiores. Mesmo que esses corpos sejam a maioria, são invisibilizados, porque continuam se escondendo, por medo da falta de aceitação e de respeito com nosso corpo.

Foi na hora do almoço, quando decidiram ir ao shopping, que aconteceu o momento mais interessante do dia. Na praça de alimentação éramos cinco pessoas gordas. Sentamos na mesma mesa, quando uma das gordas, sabendo de minha pesquisa, anunciou como nosso consumo alimentar é vigiado:

> Eu não gosto de comer fora nem em festa, todo mundo fica olhando com cara de reprovação. Adoro comer coisa diferente na rua, mas não dá, prefiro pedir pra levar, ou melhor, prefiro que meus filhos comprem e levem. Minha relação com a comida nunca foi boa socialmente, parece que todo mundo está me condenando por comer o que estou comento [sic]. (VERA, 46 anos, 2018).

Diante desse depoimento, todas as demais começaram a se identificar e a contar como era comer em público, desde a infância, por serem gordas:

> Meu pai colocava cadeado na geladeira, acusava eu e minhas irmãs de comedoras compulsivas, que a comida acabava muito rápido e que os alimentos que eram para serem apreciados moderadamente acabavam rapidamente. O detalhe é que ele também era gordo e comia bastante [sic]. (LUIZA, 45 anos, 2018).

Ou ainda:

> [...] minha mãe sempre conversava comigo antes das festas e comemorações em família que a gente ia. Ela me dizia que eu tinha que comer só o que ela me desse, que não podia aceitar nada de comer. Imagina eu, criança, em festas infantis cheias de doces e gulosemas, sem poder comer, era um inferno; comia

escondido, levava pra casa, chorava, vomitava, depois comia de novo [sic]. (FLAVIA, 38 anos, 2018).

A respeito da relação com a comida:

Eu tenho medo de comer, a verdade é essa. Tenho alguns transtornos em relação à comida, minha filha fala isso. Fiz nutrição pra me livrar disso e fiquei pior ainda. Eu não consigo sentir prazer na hora de comer, fico em paranoia sempre contando os nutrientes, calorias, e no final como de ansiedade, às vezes nem como. Quando falo isso pra meu marido, que quase não como, ele me diz que sou mentirosa, que isso não existe, todo gordo é porque come [sic]. (NEIA, 42 anos, 2018).

No meu caso, minha relação com a comida sempre foi uma relação de prazer, mas vigiada e punida por isso:

Existe uma cena que eu nunca esqueço, quando devia ter uns 10 anos. Era muito sapeca, brincava na rua, vivia esfolada de cair do muro, da bicicleta; então quando minha mãe chamava, ou marcava o horário que tinha que entrar para comer, eu sempre chegava esbaforida, suada, toda suja e com muita fome. Às vezes dava tempo de tomar banho e depois sentar à mesa, às vezes não, já que meu pai tinha que ser o último a sentar para comer e então a comida deveria ser servida por minha mãe. Ele odiava esperar e isso foi uma pressão psicológica muito forte para gente. Mas então cheguei em cima da hora, quase todos estavam na mesa, sentei e olhei, e o que tinha para comer era estrogonofe com batata e arroz. Eu amava essa comida e fiquei ansiosa por comer. Minha irmã maior ainda não tinha sentado à mesa e todos estavam aflitos porque ele ia começar a gritar se ela não chegasse logo, e foi isso que aconteceu. Eu, na minha inocência infantil, disse: "Estou com fome, posso começar a comer?". Meu pai num ato violento enfiou a mão na panela e colocou em meu prato, e repetindo palavras como: sua desesperada, gorda, faminta etc., etc. Não lembro o desfecho, mas acho que comi assim mesmo (risos). Sempre me lembro disso. Não me lembro de ninguém na mesa, só eu e ele, ele enfiando a mão numa caçarola de louça e jogando o estrogonofe em meu prato, foi horrível. (DEPOIMENTO DA AUTORA).

Infelizmente, essa cena faz parte da minha construção social com o comer, e percebi isso quando comecei a estudar alimentação, gordofobia e consumo vigiado do que o gordo come. Engraçado não ter me atentado para essa passagem com a comida antes de pesquisar o outro e voltar-me para minha experiência.

> Aceitação social é um fato difícil para pessoas acima do peso, consideradas espécies de abjeções, especialmente para as mulheres, normalmente as primeiras a apresentarem problemas com a alimentação, como anorexia e bulimia. A gordura medicalizada produz suas patologias e é comum sua associação a problemas de ordem psicológica como a depressão e a ansiedade, pilares de um conjunto de imagens em torno do problema de ser gordo, uma vez que essa situação não depende só da vontade de melhorar, pois outros aspectos se reúnem para contribuir no fracasso de dietas, regimes e tratamentos para perder peso. (COLLAÇO, 2014, p. 108).

Como vimos, existe um controle do que esse corpo estigmatizado come e coloca no prato. Ou seja, o corpo gordo é vigiado por todos os lados por um olhar discriminatório apoiado socialmente, o qual, por meio do julgamento, contribui para a repreensão do corpo maior, provocando, através da exclusão, a vontade do sujeito em modificar, a qualquer custo, seu corpo, para ser menor, isto é, magro.

Entender o corpo gordo como domínio público é importante para entender a "alma moderna", que Foucault (1997) considera como a ação do poder punitivo.

A sociedade disciplinar de controle desenvolve um conjunto de técnicas diversas de vigilância e domesticação aos corpos que não seguirem os padrões estipulados socialmente.

É disso que estou falando: o corpo gordo é resultante de uma produção de individualidade, já que quebra a padronização do corpo saudável, o magro. Dessa maneira, a hierarquização de corpos, saberes e condutas deve ser vigiada. Quando esses corpos, saberes e condutas não são aprovados socialmente, devem ser punidos.

> A imagem é forte e oferece um ponto de vista. A obesidade encontra um eco na sociedade; há vontade de crer nela, de cultivar o medo dessa epidemia. Aliás, a obesidade tem certamente um efeito sobre a expectativa de vida na escala individual. (POULAIN, 2013, p. 227).

Essa estratégia consiste em reprimir e punir as ilegalidades em função do regular, isto é, aquilo que não é considerado "normal" pelo corpo social. Ou seja,

> [...] não punir menos, mas punir melhor; punir talvez com uma severidade atenuada, mas para punir com mais universalidade e necessidade; inserir mais profundamente no corpo social o poder de punir. (FOUCAULT, 1997, p. 70).

Comer em público, para uma pessoa gorda, é desconfortável e passa por essa punição de que se está gorda pelo que come e, portanto, merece ser vigiada e punida.

AS ROUPAS QUE NÃO CABEM NESSE CORPO

> A gente saiu do querer esconder para o extremo oposto. Tinha uma época em que a moda plus size era muito caricata. Ou era muito pin-up ou muito roqueira. Agora a gente já tem mais nuances, encontra minimalismo, vibes urbanas... Agora a gente já pode ter escolhas. (DURANT *apud* RIBEIRO, 2018).

É lugar-comum encontrar em canais de internet, televisão e revistas especialistas em moda dando dicas para afinar os corpos com as escolhas do que usar para disfarçar o corpo gordo: roupas mais escuras, listras verticais, cintas etc. Sugestões de especialistas, focadas no que se pode ou não usar para valorizar partes consideradas mais "belas" e esconder partes do corpo que são consideradas "feias", geralmente relacionadas à gordura, à barriga, aos braços gordos etc.

Esse tipo de sugestão vem sendo criticada por uma nova geração de profissionais da moda que levantam a bandeira da diversidade, por uma moda mais acessível, sendo também comum perceber marcas que colocaram como tema central de suas campanhas o corpo diverso da mulher brasileira. Recentemente, algumas campanhas têm valorizado corpos até então representados de forma pejorativa. Essa incorporação se deve, em muito, à luta política encabeçada por mulheres que se rebelam contra as condições impostas. Apesar dessa presença nos meios de comunicação, percebemos que imagens de pessoas gordas felizes, bem-sucedidas e contentes com seus corpos são muito difíceis de encontrar.

Essa questão da representatividade da mulher gorda pelo mercado da moda tem sido tema recorrente e crescente entre ativistas que se manifestam na web. O debate sobre que corpo é representado pelas mídias revelou-se mais complexo do que um mero antagonismo de posição.

Lojas com roupas de tamanho maior sempre existiram, contudo lojas especializadas — a denominação dessa moda como plus size, desfiles, feiras e canais focados nesse corpo são uma novidade — vêm crescendo e se expandindo no mundo.

Essa oferta, entretanto, em sua maioria, está em centros urbanos e não é barata, principalmente quando falamos em numeração acima de 54. Pela internet, encontramos algumas marcas, mas geralmente são empresas pequenas que acabam encarecendo o produto por questões de escala.

Existem inúmeras lojas que se autodenominam plus size; mas, quando você pede uma numeração acima do tamanho 50, elas não têm. É como se, a partir dessa numeração, a marca não quisesse que gordas maiores saíssem nas ruas com seus modelos. Isso mesmo, maior de 50 não precisa usar a etiqueta.

Marcas que se intitulam moda maior, mas que restringem a numeração das roupas que oferecem: isso é gordofobia também.

> Eu uso 54 de calça e tenho dificuldade em achar calça jeans boa nessa numeração. Sempre recebo pelo Instagram publicidade de marcas plus size, fico toda empolgada e, quando vou no perfil, entro no site e olho lá até o 50. Poxa, isso é muita gordofobia. Se você está se propondo a suprir esse mercado faça até o 60 pelo menos, é a mesma coisa que você ir em qualquer loja normal, pedir o número 44 e eles falarem que não fabricam esse número. Não é a loja que escolhe até a numeração, é o público que tem que definir isso [sic]. (SANDRA, 22 anos, 2017).

> Fui na inauguração de uma loja aqui em São Paulo porque recebi o convite em casa falando moda maior, plus size, essas baboseiras e eu, inocente, como sempre caio, fui lá claro ver as roupitchas bafos que tinha. Gente, adivinha o que aconteceu? A maior numeração da loja era 48 kkkkkkk. Juro, 48 nem é tamanho maior, venhamos e convenhamos. Falei com a gerente lá, a dona, e dei bafão. Sabe o que a dona me falou? Minha filha, roupa acima de 48 é roupa especializada pra obesos. Eu que uso 54 quase avancei naquela fdp, as pessoas querem vender roupa plus size até o 48 [sic]? (FRANCISCA, 24 anos, 2017).

Vale lembrar que há marcas preocupadas com essa numeração maior, mas que ainda, em sua maioria, são para um público com maior poder aquisitivo. Para quem não pode gastar com roupas, a coisa fica ainda pior, e, quando há numeração grande, o gosto fica em segundo plano, pois quase nunca os modelos, tecidos e cores agradam. Entende-se que a gorda deve ser castigada, e por isso ela é humilhada por usar uma numeração acima do 50 em lojas que se dizem para mulheres maiores: "Não tem roupa que te sirva, faz um regime", "Essa marca não tem roupa para pessoas como você", "Você precisa enxugar um pouco, senão vai ter que ficar em casa", "Menina, nem o 50 cabe em você, precisa ir ao médico".

Depoimentos mostram a dificuldade que existe para pessoas gordas caberem nas roupas: "Comprar roupa pra mim é uma dificuldade terrível, faço em costureira, mas nunca ficam boas, eu nunca acho roupa legal no meu tamanho, é um inferno [sic]" (GIA, 2017). Ou ainda: "Fui ver um moletom pra mim e perguntei para a vendedora se tinha do meu tamanho, ela me trouxe um 48 que nem na minha perna entrava e insistia para eu ir provar, que vergonha! [sic]" (RAQUEL, 25 anos, 2018). "A vendedora me disse que eu nunca ia achar uma roupa bonita porque eu precisava é de emagrecer [sic]." (FLAVIA, 33 anos, 2019).

Veja que, nesses casos, a vergonha é da pessoa gorda e não de quem humilha e comete gordofobia. A vítima é castigada e se envergonha por ser como é. Além de não terem roupas que caibam, ainda precisam enfrentar o tratamento gordofóbico e despreparado das vendedoras, pois não há um cuidado e uma profissionalização ligados à humanização do atendimento a essas mulheres que, por encontrarem referências na moda maior, procurarão a marca e/ou a loja:

> Pesquisando o corpo gordo feminino, comecei a encontrar várias lojas on-line, a maioria muito caras, com roupas bem legais na minha numeração 58-60. Acompanho até ter promoção e, se meu dinheiro der, compro em 10 vezes no cartão. Fiquei seguindo durante meses uma loja de roupas fitness para gordas, quase um sonho, estilo bem legal, coloridas, e essa marca estava dentro das feiras mais famosas do ativismo. Pois bem, ia viajar para um lugar que chove muito e estava em promoção uma jaqueta corta vento na loja. Decidi comprar a jaqueta e um legging grosso e, assim que fiz o pedido e paguei, recebi um atendimento personalizado pelo WhatsApp. Fiquei muito feliz com esse tratamento, expliquei à vendedora que ia viajar, se chegaria a tempo, ela me garantiu que sim. Chegou, e a jaqueta era preta e não a colorida que eu tinha feito o pedido. Fiquei muito brava, porque criei muita expectativa na jaqueta. Nunca mais, depois de engordar 20 quilos, tinha encontrado uma jaqueta assim. Fiquei mais brava ainda, porque sabia que não daria tempo, pela

viagem. Liguei lá e a moça que me atendeu pelo WhatsApp me disse que tinha sido um erro delas e que eu devolvesse a roupa pelo correio, e só quando chegasse lá ela poderia mandar a outra cor. Eu fiquei histérica e disse que elas tinham que confiar em mim, já que elas tinham errado. Enfim, foi um rolo gigante, falta de preparo, acabei falando com a dona, que também não resolvia minha questão, e, como estava nervosa e explicando a ela que uma loja que atende corpos gordos que carregam traumas nessa relação deveria ter muito cuidado com esse tipo de problema, no meio da conversa a dona me lança: "Nós não temos culpa que você como gorda tenha várias frustrações". Eu não acreditei no que estava ouvindo, não sabia como agir. Falei pra ela que, pelo amor das deusas, se preparassem para nos atender e que estava gravando aquela conversa. Foi horrível, chorei bastante e devolvi aquela compra. A gente acha que está num espaço protegido porque se denomina gordas e ativistas, mas não é bem assim, não [sic]. (DEPOIMENTO DA AUTORA).

Em Cuiabá, tive uma experiência interessante com uma empresária da moda que, com quatro lojas na cidade, começou a sentir a necessidade de aumentar sua grade de numeração. A proprietária contou-me que vinha encontrando duas dificuldades na abertura desse mercado na cidade: primeiro, não achava roupas que valessem a pena revender com numeração maior que 52; depois, sentia uma falta de preparo de suas vendedoras para lidar com as mulheres gordas.

Fui convidada a fazer uma assessoria para essa empreendedora e, depois de uma roda de conversa com as funcionárias, cerca de 20 vendedoras, levantei a discussão da gordofobia junto ao coletivo "Gordas Xômanas". Algumas participantes do coletivo eram clientes dessa rede de lojas.

O debate foi muito rico porque, antes de expor o que era a gordofobia e toda a problemática que esses corpos carregam em suas trajetórias quando entram numa loja de roupas femininas, cada vendedora falou sobre como era sua relação com as mulheres maiores, e se notou, de modo geral, uma dificuldade em tratar aquele corpo como qualquer outro:

> Elas têm dificuldades com o espelho, se autodepreciam, às vezes ficam irritadas, querem tampar tudo. Às vezes a roupa até ficou legal, mas elas mesmo se depreciam, se acham feias, não ousam, nem se valorizam, tem que ter muita paciência [sic]. (PATRICIA, 32 anos, 2019).

Ou ainda:

> Eu fico sem graça, não sei, acho que elas não gostam muito de opinião e são desconfiadas com nossas opiniões e montagem de looks. Foi uma moça lá na loja do shopping e eu falei para ela vestir uma calça linda amarela, porque ela era nova, mas só escolhia roupa de pessoas mais velhas, sóbrias e escuras. Ela disse que queria uma roupa para ir num casamento de dia, então ofereci uma calça linda que chegou na loja, amarela de amarrar na cintura, e ficou linda nela, mas ela não acreditou em mim e não levou. Acabou levando um vestido preto de senhora, bonito, mas não era para a idade dela [sic]. (JUSSARA, 22 anos, 2019).

> Tive uma experiência horrível com plus size, foi uma mulher lá com o marido e o filho pequeno e experimentou várias roupas. Ela escolheu um vestido lindo, vestiu, e, quando saiu para me perguntar, o marido dela, um grosso, começou a detonar ela, falar que estava horrível, que era muito decotado, que ela não podia usar aquele tipo de roupa. Tudo que ela vestia ele falava que estava feio e que ela tinha que emagrecer, na nossa frente. Ela foi ficando irritada, nervosa, quase chorou na nossa frente, eu até saí de perto [sic]. (MARIA, 27 anos, 2019).

> Eu sou a campeã de vendas para plus size, porque eu também sou plus size (risos). Acho que elas entram na loja e já me procuram. Eu tenho meu grupo de clientes no WhatsApp e vou pos-

tando foto de tudo que chega e elas vêm, me indicam, mandam amigas, famílias. Eu detono vendendo para esse público, tanto que a gerente já sabe, entrou gordinha sou eu que vou lá. Mas quando vou montar um look pra mim, sou um fiasco, não gosto de nada no meu corpo, acho lindo nas clientes e em mim não. Mas isso tá mudando um pouco, porque tem vindo mulher mais gorda que eu aqui e elas acabam me ensinando que todo corpo pode ser bonito se a gente vê ele assim [sic]. (DÓRIA, 37 anos, 2019).

Tem vindo muita mulher aqui procurar roupas plus size, a cidade não tem lojas para elas, elas vêm com muita vontade de comprar, mas o problema é que não temos números maiores que 54 e, quando tem alguma coisa, já entra e sai, então elas têm reclamado, mas estamos criando um cadherninho com os números delas e seus contatos para assim que chega a gente já avisa. A ideia da dona é ir aumentando aos poucos, porque mercado tem. (JULIA, 34 anos, 2019).

Essas narrativas são importantes porque demonstram como esses corpos são traumatizados nesses espaços de escolher, vestir, provar e escolher roupas que nos caibam e nas quais nos sintamos à vontade.

Ainda demonstram como os profissionais que começam a entrar nesse mercado não sabem nem estão preparados para lidar com essas pessoas, que há muito pouco tempo têm encontrado roupas que as vestem. É, portanto, uma novidade para o consumidor e para o mercado.

Pesquisando algumas marcas na internet que tinham números acima do 54, percebi que quase todas as pessoas responsáveis pela marca têm uma relação íntima com o corpo gordo e, automaticamente, preocupam-se em criar roupas com cortes e cores diversas, que caibam numa pessoa gorda, ou seja, são gordas fazendo roupas para gordas. Geralmente, as proprietárias dessas marcas têm essa preocupação em vestir o corpo maior, sem preconceito, julgamentos.

Os uniformes escolares e de trabalho também são um problema, já que nunca são produzidas numerações maiores, e isso causa constrangimento, o valor aumenta e o modelo nunca fica igual:

> Meu uniforme da escola nunca coube desde que eu me lembro. Minha mãe pedia pra minha vó fazer e nunca ficava igual, o azul sempre era diferente, a camiseta virava um vestido e minha vó cortava. Eu tinha muita vergonha e as crianças riam de mim, me sentia estranha. Um dia, na sala de aula, uma menina disse para a professora: por que o uniforme dela é diferente e feio? A professora olhou para a sala e disse: porque ela come muito. Todos riam [sic]. (TANIA, 52 anos, 2017).

Festas, comemorações como Natal e formaturas podem se tornar um grande problema para a pessoa gorda. Se já é difícil encontrar uma blusinha ou roupa do dia a dia, imagine roupas para ocasiões especiais:

> Não fiz minha festa de 15 anos porque era gorda. Minha irmã teve; ela era uma princesa, eu não. Fiquei anos sofrendo com isso. Quando falei para meu pai sobre isso, ele quis fazer uma festa para os meus 18 anos. Eu continuava gorda e prometi para ele que ia emagrecer para entrar num vestido de princesa. Tomei remédio, fui à academia e quase não comia, emagreci 20 quilos em três meses. Fui internada uma semana antes da festa. Estava tão mal que fiquei muito fraca, meu coração quase para, tive problemas no pulmão, intestino e no coração. Nunca mais fui saudável, tenho muitos transtornos alimentares consequentes dessa época [sic]. (MARINA, 28 anos, 2016).

Não entrar nas roupas numa sociedade na qual a vestimenta significa o modo de estar no mundo pode ser considerado uma questão de falta de acessibilidade e respeito.

> A moda traz com ela uma imagem de soberba leveza: uma leveza frívola que é celebrada com brilho nos desfiles e fotos das

> revistas de moda. Mesmo assim, na dimensão da vida individual e das interações sociais, é de uma leveza paradoxal que se trata, uma vez que a moda deu espaço a comportamentos pesados de sentido social, carregados de pretensões, de obrigações e de rivalidades estatuárias. O desperdício honorável, a corrida pela distinção, a comparação provocante, o desejo, a inveja: por trás da futilidade da moda desencadeiam-se paixões humanas, ansiedades individuais e enfrentamentos simbólicos de classe. (LIPOVETSKY, 2016, p. 167).

Muitas narrativas estão de acordo com o fato de haver poucas roupas a escolher e a dificuldade de escolher, porque não se identificaram; quanto menos favorecidas economicamente, mais essa realidade se potencializa. As cores também aparecem nessa discussão, pois quase sempre são roupas escuras, sem vida e sóbrias. "Metade das minhas roupas é preta e cinza, eu queria laranja, azul claro, amarelo, mas parece que cores não são para nossos corpos [sic]." (VOZ DAS GORDAS, 2017).

> [...] quanto mais as ordens do vestir se enfraquecem, mais se exibe a potência das normas do corpo magro e jovem: quanto mais autonomia individual ganha, mais se intensificam as novas servidões do culto ao corpo, as "tiranias" do neo narcisismo. O recuo das restrições da honorabilidade social por meio da roupa tem como contrapartida um culto inquieto, obsessivo e sempre insatisfeito do corpo, marcado pelo desejo anti-idade, antipeso, antirrugas, por um trabalho de vigilância, de prevenção, de correção de si mesmo compartilhado pelos dois sexos; no entanto mais sistematicamente interiorizado e praticado por mulheres. (LIPOVETSKY, 2016, p. 169)

Os relatos abordam a vontade de perder peso para entrar na calça jeans, no vestido do casamento, na minissaia de verão.

> Perdi 12 quilos porque eu tinha que entrar naquela calça que eu amo, e consegui. Depois engordei de novo, mas tenho fé que

volto a usar ela. Estou no número 52 e a calça é 44, mas esse ano faço uma bariátrica se Deus quiser [sic]. (JULIA, 36 anos, 2016).

Alguns depoimentos contam que muitas roupas que não couberam nos provadores de lojas foram compradas por vergonha da vendedora, que afirmava que não poderia não entrar: "Vai entrar, sim, experimenta"; "Esse tecido estica"; "Experimenta, às vezes entra".

> Ontem fiz uma limpa no meu guarda-roupa, prometi pra minha psicóloga que ia fazer um bazar com todas as roupas que me relembram muitos momentos tristes, gente, nem eu sabia que tinha tanta coisa guardada, chorei horrores! Calças, sutiãs, blusas, vestidos, um por um fui lembrando dos tratamentos humilhantes que recebia das vendedoras e comprava por vergonha, culpa, que horror se sentir assim, voltava pra casa mal, chorando, deprimida e ainda gastava dinheiro. Achei um casaco lindo que paguei em 12 vezes de tão caro, e levei por me sentir culpada, além de humilhada pela vendedora, eu estava no shopping com mais duas amigas e encontramos uns gatchenhos pra gente se divertir, aí minhas amigas "magras" sem noção decidiram entrar numa loja maravilhosa mas para magras, óbvio, os carinhas entraram junto e eu já comecei a suar frio, porque sabia que alguma coisa ia acontecer, aí uma dela viu um casaco vermelho, a coisa mais linda, e começaram a falar que ia ficar lindo pra mim porque eu era loira e meu tom de pele, e isso e aquilo, vocês acreditam que eu sabia que aquele casaco não ia caber em mim, mas eu, com vergonha e para acabar com aquela tortura, pedi pra vendedora que eu ia levar, enrolei o povo e já fui pagando pra me livrar daquilo, nunca entrou nos meus braços e era EXG, foi uma experiência que nunca saiu da minha mente. (SENSUALIDADE PLUS, 2017).

A pouca oferta de roupas para gordas no Brasil se concentra em lojas on-line, o que dificulta ainda mais a compra. Eu tenho comprado roupas de que gosto em tamanho grande, 56/58, pela internet, correndo o risco de não ficar legal, como já aconteceu algumas vezes, já que para cada marca a numeração muda de corte e nunca é padrão. Uma coisa que tem dado certo é pedir as medidas de cada peça e comparar com as do meu corpo, assim não corro o risco de comprar algo que não encaixe. Fazia muito tempo que não encontrava roupas de que eu gostasse; mas tenho conversado com algumas amigas gordas e, como essa experiência é nova para nós, temos comprado, apesar do preço, e pagamos em várias vezes no cartão. Usar uma roupa de que se gosta e em que se sente confortável passa a ser um objetivo quando se é gorda.

OS RELACIONAMENTOS DE UMA PESSOA GORDA

> Nunca tive um relacionamento saudável e atribuo isso ao fato de ser uma mulher gorda. O sonho de passear de mãos dadas com alguém na direção do pôr do sol foi substituído pela foto – sozinha – na mesma direção, seguida do texto empoderador que diz: podemos ser tudo o que quisermos. E é verdade. Mas e se quisermos ser amadas? Daí fica mais difícil, porque existe um impedimento social. (BALBINO, 2020)

Em uma sociedade lipofóbica, ser gordo é ser desvalorizado, desaprovado e excluído socialmente.

> [...] o que devia nos livrar do peso das obrigações sociais criou o fardo ainda mais pesado dos fracassos repetidos e da solidão. Vivemos menos a insuportável leveza do ser do que o peso da solidão do ser. A vitória da revolução da leveza é em meios-tons e seu balanço, ambíguo: se a leveza-mobilidade ganhou, o mesmo não ocorre com a leveza interior. (LIPOVETSKY, 2016, p. 248).

Ser gordo é afastar de perto de você as pessoas, a família, os amigos; e os relacionamentos podem ser relações de sofrimento, tristeza e culpa. Nesse sentido, a aparência de uma pessoa gorda pode provocar no outro repulsa, já que, embutido no corpo maior, está um valor moral negativo.

> [...] o corpo se tornou o lugar da identidade pessoal, sentir vergonha do próprio corpo seria sentir vergonha de si mesmo [...] mais do que as identidades sociais, mais caras ou personagens adotadas, mais até do que as ideias e convicções, frágeis e manipuladas, o corpo é a própria realidade da pessoa, portanto, já não existe mais vida privada que não suponha o corpo. (PROST, 1987, p. 105).

Como observamos em vários espaços sociais, tanto os públicos como os privados, esses corpos não são aceitos e tratados como os demais. Nas academias e nos esportes em geral, essas pessoas são ridicularizadas, os aparelhos e as roupas preparadas para as atividades não contemplam esses corpos.

Nas escolas e universidades, isso também acontece; nas famílias e em qualquer espaço que você observe, esse corpo não é levado em consideração. Essa falta de acesso reafirma esse estigma:

> A sociedade contemporânea, portanto, impõe aos indivíduos uma pressão cultural para emagrecer, gerando um pavor doentio de engordar (lipofobia). O controle do corpo se transformou em um símbolo de própria felicidade. [...] A identidade do sujeito se aprisiona exclusivamente na identidade corporal. (MATTOS, 2012, p. 28-29).

A repulsa é tão grande que acaba interferindo nas relações que a pessoa gorda precisa ter. Sendo gordo,

> [...] um atributo que o torna (o estranho) diferente dos outros que se encontram numa categoria em que pudesse ser incluído, sendo, até, de uma espécie menos desejável – num caso extremo, uma pessoa completamente má, perigosa ou fraca. Assim, deixamos de considerá-lo criatura comum e total, reduzindo-o a uma pessoa estragada e diminuída. Tal característica é um estigma, especialmente quando o seu efeito de descrédito é muito

grande – algumas vezes ele também é considerado um defeito, uma fraqueza, uma desvantagem. (GOFFMAN, 1975, p. 12).

Ninguém quer ser reconhecido como próximo de uma pessoa percebida com atributos repulsivos. Dessa maneira, a maioria das mulheres gordas com quem conversei conta que, geralmente, os relacionamentos são carregados de exclusão e prejulgamentos difíceis de lidar, levando esse corpo ao isolamento e à solidão.

Acabamos encontrando mecanismos para sobreviver a essa concepção estigmatizadora sobre nosso corpo socialmente. Algumas são as engraçadas da turma; outras, as inteligentes, as amigas dos meninos, a brava que bate em todo mundo.

Desde a infância, encontramos mecanismos para sermos aceitas dentro de nossos grupos:

> Eu sempre fui a amiga de todo mundo na escola, na rua, no inglês, sempre ajudava todo mundo, nas relações, nas tarefas, com o lanche, sempre servi aos desejos dos outros, a vontade dos outros, para me aceitarem, me respeitarem e não zoarem, mas eu nem sabia quem eu era realmente [sic]. (SOU GORDA MESMO, 2016).

Ou ainda:

> Eu me olhava no espelho e gostava de mim, me achava linda, mas depois todo mundo dizia que era horrível, minha mãe, minha família, meus professores, meus médicos. Eu era errada, eu era doente. Em casa trancava meu quarto e me batia, dava murros contra meu corpo, tentei me matar muitas vezes, duas quase consegui. Eu não deveria ter nascido, sempre fui uma aberração. Mas na frente das pessoas era engraçada, fazia todos rirem de mim antes que eles começassem a falar de mim [sic]. (BRUNA, 32 anos, 2015).

Podemos compreender que as aparências físicas estão diretamente ligadas à confiança e à autoestima das pessoas e existe uma moral associada ao corpo gordo, entendido como desviante pelo excesso, que viola as regras e normas, as leis corporais sociais em relação à saúde e ao corpo magro padrão.

Os corpos maiores existem sempre como dissidentes, marcas negativas de caráter duvidoso, e, mesmo com o aumento estatístico desses corpos na sociedade, Carr e Friedmann (2005) apontam que os gordos ainda são alvos de humilhações e depreciações.

> Eu fiquei saindo com ele seis meses. A gente transava, se amava, toda sexta ele me ligava pra gente marcar alguma coisa, mas sempre me pegava em casa. Íamos comer algo e depois motel, nunca fomos dançar, ou na casa dele ou na minha, com amigos. Era sempre isso, eu e ele, comida e sexo. Depois de um tempo, ele me disse que ia viajar e fui num bar badalado lá na Vila Madalena. Adivinha quem eu encontro com os amigos? Ele! Ele fingiu que não me viu e, quando cheguei perto dele e dos amigos, ele me humilhou, me chamou de gorda, gritou comigo como se eu estivesse perseguindo ele. Os amigos riam. Estava com uma amiga e ela o defendeu, porque que eu não tinha que ter exposto ele daquela maneira. Exposto por quê? [sic]. (KATIA, 27 anos, 2016).

Bourdieu (2007) explica que o corpo é entendido de duas maneiras, isto é, ele é aquilo que parece ser, mas também é um corpo social que depende das mediações dos outros. O autor denomina "representação subjetiva" do corpo a imagem que temos do próprio corpo, mas a "representação objetiva" é aquela imagem que os outros julgam e avaliam sobre o outro corpo.

Essa imagem é construída por padrões e discursos, dependendo do que se entende por saudável e belo naquele momento histórico culturalmente, e assim será a avaliação pública. Nesse momento, o corpo gordo é considerado um corpo que não deve existir e qualquer método, ação ou procedimento deve acontecer para evitá-lo ou eliminá-lo socialmente. As pessoas têm pavor de ficarem gordas, e as que já estão precisam emagrecer rapidamente.

Fiz uma pesquisa numa escola de classe média, com 320 alunos do ensino médio, com idade entre 14 e 17 anos, as respostas eram anônimas e depositadas em uma urna. A pergunta era: O que você tem mais medo que aconteça em sua vida? Respostas: A. Seus pais morrem; B. Sua família fique pobre; C. Você fique gordo(a). Adivinha a que ganhou com 96%? Ser gordo hoje é a última coisa que alguém pode querer, já que ser gordo é sinônimo, no nosso imaginário, de ter fracassado como pessoa.

> Eu estava lá bem tranquila no Tinder, conversei com um cara e ele me chamou pra sair. Faz tempos que não estou bem e não saía, aceitei. Hoje, chegando no encontro, ele disse que ia no banheiro, não voltou mais e me bloqueou. Estou indo embora, estou aqui no metrô. Eu sabia que não deveria ter aceitado, mais uma vez que não ouvi minha intuição. Eu estou destruída, vontade de sumir [sic]. (MINAS GORDAS, 2019).

> Estou bem mal essa semana, a pessoa que eu considerava minha melhor amiga há 7 anos, foi numa festa e não me chamou porque tem vergonha de mim. Eu fiquei sabendo que ela tinha ido e não me chamou, aí fui falar com ela e ela me disse na minha cara que não me chamou porque eu estou muito gorda e todo mundo fica rindo de mim e fazendo comentários e ela não se sente bem do meu lado, que eu precisava emagrecer, que eu sou uma pessoa boa, não mereço ser gorda [sic]. (BALEIA, 2018).

> Minha irmã é bem padrãozinho, magra, fitness e nunca quer sair comigo, não traz ninguém aqui em casa, não gosta que eu conheça as amigas dela. Que ela é gordofóbica já sabia, mas ontem discutimos porque minha mãe mandou ela lavar o banheiro e ela disse que eu não faço nada, sendo que é ela que não faz, ela ficou nervosa e começou a me chamar de gorda, que eu era a vergonha da família, que meu apelido no prédio é rosca entalada de barril, ela falou um monte de coisas que machucam, que tem vergonha de mim, que eu sou nojenta, feia, que não me

> toco e emagreço, eu não consigo para de chorar, fui falar com minha mãe e pai e eles acham que ela está certa porque eu tenho que emagrecer. Gente, isso não é vida, eu quero me matar [sic]. (JULIA, 23 anos, 2018).

Assim são as narrativas de relacionamento das mulheres gordas que entrevistei: de abandonos, desprezos, vergonhas e humilhações por que esse corpo passa socialmente. Quando busca relacionamentos amorosos, familiares e afetivos, acaba por ser traumático, por conta da repulsa social pelo corpo gordo.

Apesar disso, algumas mulheres gordas começaram a se conhecer via internet e têm construído redes de apoio, amizade, relacionamento. Mais adiante, falarei dessa teia de empoderamento.

CAPÍTULO 2

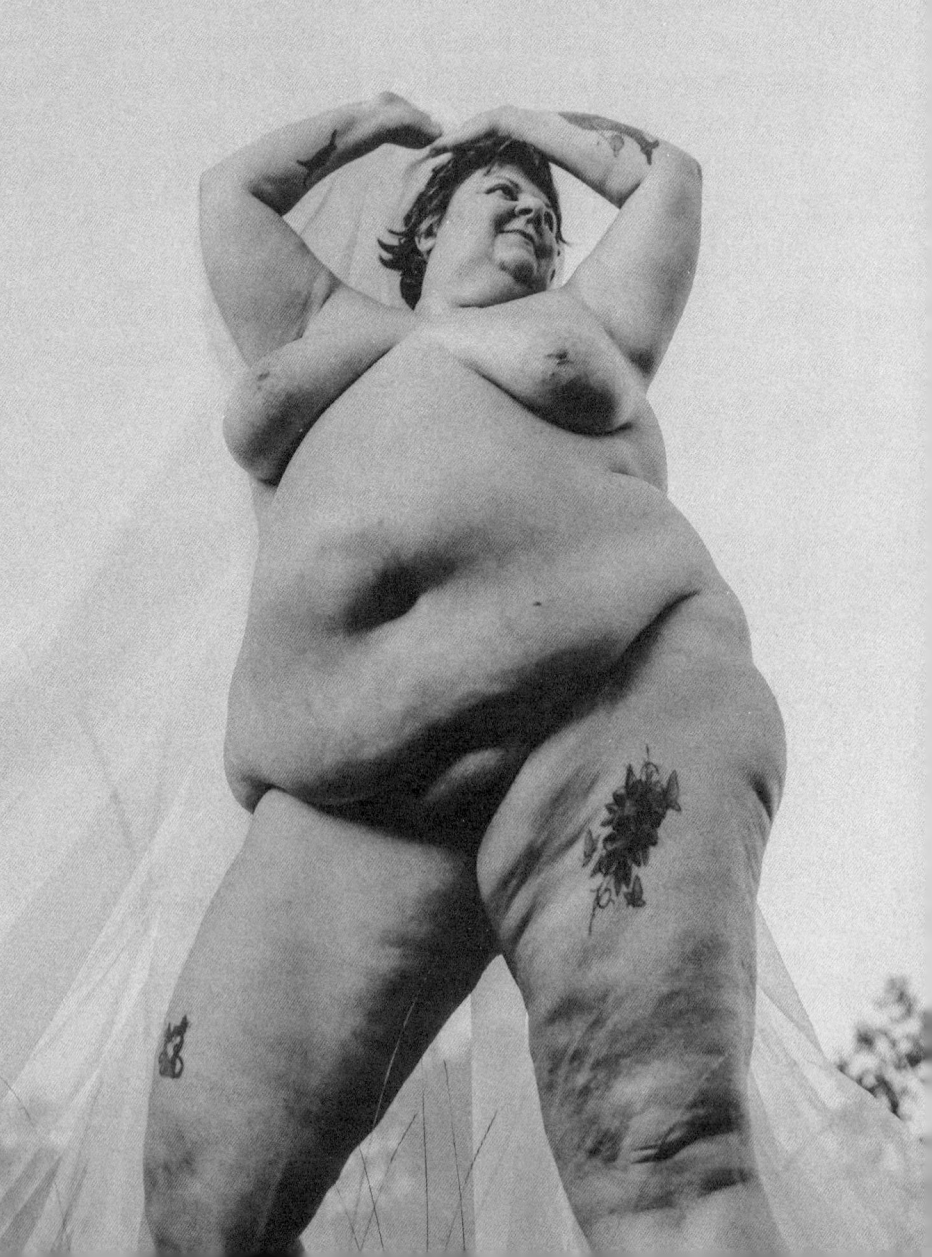

CONSUMOS: ESPELHO, ESPELHO MEU, EXISTE MULHER GORDA, BELA, SAUDÁVEL E QUE COMPRA COMO EU?

> A boa aparência física se tornou o maior produto do mercado de "autoajuda". [...] Nessa sociedade lipofóbica, Novaes e Vilhena (2003) afirmam que a gordura se tornou um paradigma da feiura, criando processos de exclusão social para aqueles que não se enquadram. O corpo gordo torna-se o corpo feio e passa a ser desvalorizado, perdendo espaço para o corpo sarado. (MATTOS, 2012, p. 30).

O corpo é a primeira imagem que se manifesta, revelando nosso status social. Imagem corporal e status social sempre estiveram relacionados, mesmo que, ao longo do tempo, o que significa ser belo se transforme nas diferentes culturas. Sempre existiu um padrão de beleza a ser seguido e aceito por todos, em todas as sociedades. Ser considerado belo pelos demais, portanto, é um atributo considerado positivo.

O mesmo vale para a saúde; então beleza e saúde acabam sendo percebidas, em nossa sociedade, como sinônimas, sem sê-lo. A pessoa que não se encaixa nos padrões, assim, passa a ser considerada feia e, consequentemente, doente (e vice-versa). E o sujeito passa a ser inferiorizado socialmente.

Uma das propostas deste capítulo é desvendar as relações entre consumidoras e mercado, saúde e beleza, doença e feiura, demonstrando como a saúde, no mundo contemporâneo, aparece relacionada intrinsecamente à estética. O mercado da beleza assume, nesse contexto, um papel fundamental no impulsionamento do consumo para ser ou manter-se magra, bela e saudável.

Este capítulo também propõe uma reflexão sobre a relação do consumo de mulheres gordas na sociedade contemporânea, levando em consideração estudos do consumo, que entendem essa ação como comportamento que comunica pertencimentos, vínculos, distanciamentos e subjetividades.

Imersa em uma sociedade lipofóbica, que busca a magreza como objetivo de vida, procuro desvendar, por meio de mulheres gordas em seus cotidianos, quais consumos aparecem dentro dessa quebra, ou não, da padronização de beleza que exalta o corpo magro como objetivo de felicidade.

Essa ideia e as relações estigmatizadoras entre o corpo gordo e a doença são construídas dentro de um processo de entendimento, culpabilizando o próprio dono do corpo, já que a saúde, hoje, é entendida como responsabilidade individual, e não uma fatalidade ou uma consequência genética.

A doença é entendida, no contexto atual, como consequência de algum comportamento e/ou hábito reiterado pelo doente que o levou a estar doente, nesse caso, aos excessos e às faltas: excesso de caloria, excesso de comida ruim, falta de exercício, falta de cuidado consigo, falta de noção.

Assim, os gordos e as gordas são culpabilizados pelos seus corpos e entram em um processo de insatisfação, exclusão e tristeza. Tais sentimentos são reforçados pelas mídias, pelo discurso médico e reiterados socialmente nos espaços que os excluem, encurralando os gordos a buscarem uma mudança significativa de seu tamanho corporal.

Quase a totalidade das ouvidas e entrevistadas sempre escolheu emagrecer, impulsionadas pela insatisfação do estigma, e não por problemas de saúde realmente, apesar de essas escolhas se apoiarem no discurso da saúde, seguindo a ideia majoritária do gordo doente. Numa conversa mais íntima e profunda, de mulher gorda para mulher gorda, a questão estética aparece ligada à saúde:

> Eu não aguentava mais ser gorda, é muita pressão, tristeza. Não tem roupa, ninguém te quer, ninguém quer ser sua amiga, não conseguia emprego, não cabia nas cadeiras da faculdade, minha saúde era boa? Como que alguém nessa situação tem saúde, bem-estar? Eu me tornei uma pessoa depressiva, com síndrome de pânico social, por isso decidi emagrecer a qualquer custo. Já tinha tentado de tudo e fiz a cirurgia. Dizer que eu estava com algum problema de saúde no meu corpo não foi, mas na minha mente estava para morrer. O preconceito mata mais que a obesidade. (LUIZA, 27 anos, 2017).

Existe todo um mercado que favorece e promete ações milagrosas para eliminar a gordura e ter saúde; esse comércio oferta produtos bem diversificados, porém todos abonam a ideia do emagrecimento ligado à saúde, mas que, na maioria das vezes, não cumprem com o prometido e ainda estimulam a culpabilização dos consumidores como responsáveis por não terem emagrecido, como mais um fracasso:

> Eu fiquei viciada em regime, produtos para emagrecer, te juro, comprava de um tudo. Eu fiz todos os regimes, dietas, chás, shakes que saiam na mídia. Pra você ver o nível de loucura, eu fui viajar com uma amiga para Miami e, chegando lá, ao invés de ir curtir a viagem, conheci um médico que tinha um programa de emagrecimento, com remédios e exercícios. Eu adiei minha volta e fiz os 15 dias do programa e deixei minha amiga sozinha, eu estava desesperada. E o pior foi que emagreci 12 quilos. Depois de dois meses comecei a engordar e dupliquei meu peso, eles prometem o que não conseguem cumprir; manter o corpo magro é muito mais difícil que emagrecer. (LORENA, 32 anos, 2018).

O mercado da beleza propõe saúde, academias, cirurgias, cremes, massagens, dietas, suplementos, sopas, literatura, comprimidos, influencers, chás etc. São verdadeiras promessas para alcançar um corpo mais belo, magro e, principalmente, "saudável". O que se vende é a conquista de ter um corpo magro e, de preferência, malhado, saudável, jovem e, portanto, belo.

Vende-se estética como saúde, promete-se resultados inalcançáveis, e os consumidores são essencialmente mulheres. Não digo aqui, de forma alguma, que somos inocentes, bobas ou marionetes nas mãos dessas grandes empresas, contudo existem discursos de poder — do médico, do Estado e das mídias — que apoiam essa ideia como verdadeira e única:

> Ser gorda é estar doente, isso foi meu médico que falou, não sou eu que estou falando, não. Não importa como, mas eu tenho que estar magra, minha cabeça é assim, me peso todas as semanas na sexta-feira e na segunda, se engordar alguma coisa, já entro num regime, pesquiso na net algum produto pra me ajudar. (HERICA, 27 anos, 2017).

Dessa maneira, mulheres que são estigmatizadas o tempo todo, excluídas e julgadas como inadequadas por esse discurso de poder, acabam por ceder a tanta pressão e começam a buscar incansavelmente métodos que façam seu corpo diminuir. Como esses métodos são quase sempre ineficazes, ocorre um círculo vicioso de consumo, expectativas, baixa autoestima, tristeza. O mercado da beleza tem construído impérios com as indústrias de dietas, cosméticos, cirurgias, tornando a medicina da beleza uma das mais lucrativas no mundo. As consumidoras não são necessariamente obesas, mas querem emagrecer ainda mais ou manter o peso diante do pânico de engordar.

Mulheres com corpos maiores do que os corpos considerados desejáveis alimentam o mercado do emagrecimento, que tem crescido tanto quanto a anunciação midiática sensacionalista de que as taxas de sobrepeso e obesidade crescem a passos largos no mundo:

> Eu mesma já acreditei que, estando magra, poderia ser mais feliz, porque as pessoas me aceitariam mais, porque caberia nas roupas, e, portanto, seria mais saudável. Hoje é interessante porque, a partir daquela minha ideia de magreza, saúde e beleza,

> posso perceber que esse discurso não se sustenta com a prática, já que vale tudo para emagrecer, ficar sem comer, tomar remédios, se exercitar até a exaustão, enfim, buscamos saúde através de ações pouco saudáveis, eis um paradoxo. Minha última paranoia para emagrecer, como contei acima, me fez tomar remédios que me deixaram com insônia, palpitações, jejum, boca seca, triste, dietas restritivas. Isso é ser saudável? (DEPOIMENTO DA AUTORA).

Ou ainda:

> Eu sempre fui gorda e sempre tentei emagrecer. Comecei a sair com um homem e me apaixonei. Descobri que ele era casado e na discussão ele me humilhou porque eu era gorda, fiquei muito mal com isso, me culpabilizei e fui num endocrinologista pedir para emagrecer. Comecei a tomar remédio que tira a fome e acelera o metabolismo, emagreci em seis meses 20 quilos, fiquei linda; mas um dia fui parar no pronto-socorro com problemas no coração. O remédio me deu disritmia no batimento cardíaco, fui afastada do trabalho. Hoje sou aposentada, tomo vários remédios, não posso fazer nada que exija muito esforço, voltei a morar com minha mãe. Às vezes fico pensando por que me deixei levar por aquele médico que nunca me fez um exame, quase morri. Minha vida é limitada; fui ser saudável e fiquei doente. (ROSI, 52 anos, 2017).

O consumo para obter o corpo saudável passa necessariamente pela conquista da felicidade com um corpo magro e belo. A ideia de beleza é vendida como mercadoria, como se dependesse de uma compra, em especial para quem não teve a sorte de ter nascido belo. Todavia, o que observei nesta pesquisa foi que o posicionamento socioeconômico de algumas mulheres favorece o consumo (ou não) dessa ideia e a compra (ou não) dos produtos a ela vinculados.

Apesar de existirem nichos para todas as classes, tipos e estratos sociais, produtos à base de diamante e produtos à base de água de arroz são vendidos quase como instrumentos milagrosos para que um corpo diminua e encontre saúde e uma vida mais feliz. O que quero dizer é que todas querem emagrecer, independentemente de seu poder aquisitivo; porém, conforme a realidade de cada uma, adquire-se o que é possível:

> [...] "E realmente não tem, porque as roupas raramente são disponibilizadas em tamanhos grandes e, quando são, escondem o corpo, como se fosse algo do que se envergonhar", conta a psicóloga Paula Gonzaga, que foi gorda a maior parte da sua vida. [...] "A mulher gorda, assim como a mulher negra (o que me contempla duplamente), ocupa um lugar de desvalorização dentro do sistema sexista. É como se ser gorda, ser negra, lhe tornasse menos mulher", completa. Ela conta que uma vez, na escola, organizaram um passeio para um parque aquático e uma colega a aconselhou a não ir. "Tudo para que eu não me se sentisse exposta, porque usaria biquíni". (RIBEIRO, 2016).

A representatividade é uma necessidade, e o mercado entende e se aproveita dessa procura para criar impérios que usam o marketing de representatividade, sem fazê-lo como as próprias gordas gostariam. Nessa discussão, temos também a exclusão de mulheres menos favorecidas economicamente na compra de alguns produtos e, de encontro a essa omissão, aparece a mulher periférica, talvez menos preocupada e mais criativa, para se encaixar no corpo e nos modos de se vestir das mulheres com maior poder aquisitivo:

> O consumo é um processo social profundamente elusivo e ambíguo. Elusivo porque, embora seja um pré-requisito para a reprodução física e social de qualquer sociedade humana, só se toma conhecimento de sua existência quando é classificado pelos padrões ocidentais, como supérfluo, ostentatório ou conspícuo. [...] Ambíguo porque, por vezes, é entendido como uso e manipulação e/ou como experiência; em outras, como compra, em outras ainda como exaustão, esgotamento e realização. Significados positivos e negativos entrelaçam-se em nossa forma

cotidiana de falar sobre como nos apropriamos, utilizamos e usufruímos do universo a nossa volta. (BARBOSA; CAMPBELL, 2006, p. 21).

O consumo pode ser entendido por "[...] valores socialmente utilizados para expressar categorias e princípios, cultivar ideias, fixar e sustentar estilos de vida, enfrentar mudanças ou criar permanências" (DOUGLAS; ISHERWOOD, 2013, p. 8). A compra de bens como prática pode ser desvendada e conhecida por meio de finalidades, comunicando ações sociais. Assim, o consumo, nesta pesquisa, é entendido como mediação e comunicação entre consumidores e bens, dando sentido à abundância de acontecimentos, escolhas e histórias de vida dessas mulheres gordas. Destaca-se que:

> O ato de comprar e a distribuição das compras pela casa são recursos que podem ser usados para pensar o corpo, a instável ordem social e as interações incertas com os participantes da cena social. Nesse âmbito, uma análise dos bens como conjuntos de significados coerentes e intencionais possibilita afirmar a hierarquia de valores de quem os escolheu. A análise estrutural procura um padrão total do consumo como comunicação, o que faz com o que o significado de cada bem só apareça em relação ao "todo". Assim, os bens são neutros, mas seus usos são sociais e, portanto, podem ser usados como pontes ou cercas. (DOUGLAS; ISHERWOOD, 2013, p. 106, grifo do autor).

Consequentemente, entendo consumo como prática social e simbólica, que poderá nos dar pistas para compreender o que essas mulheres entendem ou comunicam com o consumo. O que quero pontuar é que os consumos simbólico e material enunciarão ações e deixarão rastros para algumas apropriações e promoções de comportamentos, ideais, estilos de vida e discursos normativos sobre corpo, estética, felicidade, formatando consumos interditados e outros consentidos. Ao mesmo tempo que mulheres gordas alimentam mercados que crescem numa proporção gigantesca, elas são excluídas de outros nichos de consumo. Apresento aqui, como resultado da pesquisa, consumos interditados e consumos consentidos para essas mulheres consideradas fora do padrão.

CONSUMOS INTERDITADOS E CONSUMOS CONSENTIDOS

No mercado, os produtos especializados para pessoas gordas existem em menor número do que aqueles para as pessoas magras. As marcas que suprem esse vazio de oferta têm sua procura expandida, mas a oferta não acompanha a busca. Esse fenômeno acaba tornando o produto bem mais caro em relação ao que já existe no mercado para pessoas magras.

> Na maioria dos casos, pode-se perceber que, além da dificuldade de o mercado superar o preconceito de estar apoiando a "epidemia da obesidade", oferecendo produtos para esses corpos, a oferta ainda é insignificante, levando em consideração que 55,7% da população do país está acima do peso. (BRASILEIROS..., 2019).

Para uma roda de conversa sobre gordofobia que organizei, precisei buscar, no mercado de Cuiabá, cadeiras adequadas ao público esperado para o evento — pessoas gordas — e não as encontrei tão facilmente. Liguei para fábricas e distribuidoras, na busca por cadeiras maiores e resistentes. Pedi ajuda para amigos e alguns dos comentários sobre essa busca foram:

> Eu já pensei em produzir cadeiras para pessoas gordas aqui na fábrica, mas depois deixei para lá, talvez isso não fosse legal pra minha empresa, apoiar a obesidade, essas pessoas precisam emagrecer para caberem em cadeiras normais [sic]. (JOÃO, empresário, 2018).

> A maior cadeira que tenho aqui para aluguel é essa, mas acho difícil você conseguir cadeira pra gente que pesa mais de 100 quilos, essas pessoas nem saem de casa, estão doentes, não se mexem, não andam, você deveria pensar em outra coisa, isso aí

que você quer é muito esquisito, você vai apoiar essa gente ser assim, enorme e doente [sic]? (LUANA, vendedora, 2018).

[...] tentei ver com alguns amigos da minha área na saúde se alguém tinha cadeiras grandes e você não vai acreditar. Coloquei lá no grupo do WhatsApp e foi uma crítica enorme em cima de mim, primeiro com a palavra gorda, que eu estava sendo preconceituosa, que poderia usar obeso, que gordo é ofensivo e depois que eu estava apoiando eventos que vangloriam a obesidade e incentivam as pessoas a comerem muito e depois não acham cadeira, foi horrível saber que meus companheiros de profissão na saúde pensam assim do corpo gordo, amiga precisamos conversar [sic]. (LAURA, 33 anos, 2019).

Parece-me que a falta de produção de bens para os corpos gordos, em grande escala, está ligada muito mais a uma questão moral do que prática, ou de mercado propriamente dita. "Em função das consequências sociais negativas que ela provoca, a obesidade pode ser considerada, nas sociedades ocidentais desenvolvidas, como uma verdadeira deficiência social." (POULAIN, 2013, p. 18).

A obsessão pela magreza, em nossa sociedade, acaba influenciando o que a pessoa gorda acessa. Muitos produtos não existem para deixar claro aos consumidores que a marca não faz porque não apoia corpos maiores:

> A valorização dos atrativos femininos tradicionais dá lugar a uma "linha" estreita e sem cintura, a um corpo esbelto e reto. Ao passo que o imperativo é emagrecer a qualquer preço, a corpulência torna-se com mais frequência objeto de zombaria. É a época em que a duquesa de Windsor lança sua famosa sentença: "uma mulher nunca é rica demais, nem magra demais". (LIPOVETSKY, 2016, p. 91).

Restringem-se, então, marcas e produtos aos corpos que escapam desse padrão de saúde, construído midiática e cientificamente, punindo o corpo dissidente com a falta de acesso a certos bens.

> Quando eu era magra usava sempre a marca x, eu sou fã, sei que são caras, que não é qualquer uma que pode comprar, mas eu posso, então meu closet sempre teve muitas roupas dessa marca. Quando tive minha segunda filha, as roupas começaram a não caber mais, e eu as guardei para usar depois que fizesse um regime, tentei alguns anos não consegui. Um dia fui numa loja no shopping Morumbi, loja que sempre comprava, e falei com a gerente que a moda plus size estava crescendo, que será que eles não tinham vontade de atingir esse mercado, ela me olhou com uma cara de nojo e respondeu que a marca x não apoia a obesidade, apoia corpos com saúde, magros, belos e saudáveis, sai de lá muito mal, foi quando decidi operar e fazer a bariátrica [sic]. (BARIÁTRICA - Vencendo Desafios - Realizando Sonhos, 2018).

Não caber nos espaços, nas roupas, nos produtos e nos bens são formas de consentir com o discurso da obsessão pela magreza, justificado por saúde, e talvez exista um mercado muito maior por trás dessa falta de acessibilidade aos bens que os corpos gordos não encontram, já que não caber o tempo todo nessa sociedade faz com que a maioria desses corpos busque emagrecer a qualquer custo para se encaixar dentro dos bens oferecidos pelo mercado.

Desse modo, não entrar nos espaços, não caber nos bens, obriga o corpo a modificar seu tamanho, e essa obrigação pode ser vista como um dispositivo disciplinador, como mencionei anteriormente. Foucault (1999) chama a atenção para dispositivos que subjugam os corpos e os desejos dos indivíduos, estabelecendo padrões de normalidade e tratando clinicamente os que se desviam desses padrões; no caso, o tamanho do corpo aceitável e valorizado em nossa sociedade.

> Uma vez eu estava com amigos e a cadeira que estava sentada quebrou e eu cai e machuquei minha cabeça, dei seis pontos e passei muita vergonha, sangrou muito, mas eu só me preocupei com o constrangimento que tinha passado na frente de um barzinho que frequentava na época, fui para o hospital chorando, mas não era pela dor da queda e sim pela dor de ter quebrado a cadeira. O dono do barzinho me socorreu, mas me disse que aquilo era pelo meu tamanho que eu não cabia mais numa cadeira. [...] No hospital, o médico que me atendeu continuou com o discurso que eu tinha que diminuir de tamanho para parar de passar por aquilo, eu sofri muito durante seis meses querendo emagrecer, quando vi que sozinha não conseguia, fiz a bariátrica [sic]. (BARIÁTRICA - Vencendo Desafios - Realizando Sonhos, 2018).

A falta de acesso a alguns bens leva a indústria do emagrecimento — com produtos, técnicas e métodos — a se propagar por todo o planeta. Muitas marcas ainda carregam esse estigma para seus planos de marketing, não querendo associar sua identidade aos corpos gordos. Um exemplo disso foi o reposicionamento da marca Michelin, de pneus, que, nos anos 1950, tinha um mascote gordo que, nos anos 1990, tornou-se magro; a repulsa é tanta que até as latas de refrigerantes diminuíram e afinaram:

> A leveza costuma associar argumentos utilitários e estéticos: bom e belo, saudável e elegante, rápido e agradável, eficiente e moderno, competente e suave, prático e sublime, limpo e sedutor etc. A estética da leveza raramente aparece sem o seu discurso de marketing. (LIPOVETSKY, 2012, p. 17).

O depoimento a seguir confirma essa afirmação:

> Eu nunca tive uma calcinha decente na vida, NUNCA! Sempre usei calçola de velha, de vó, quando achava. Minha mãe mandava fazer e eram horríveis, tinha vergonha delas, por isso não usava. Eu lembro que há cinco anos eu ficava enrolada num lençol em casa e quando chegava visita eu entrava no quarto, eu

> não tinha roupa, não tinha calcinha nem sutiã, sair de casa nem pensar, só quando era obrigada. Hoje eu fiz um curso de costura e faço minhas roupas, uso o que gosto, mas ainda não consigo comprar em lojas, sempre são muito caras [sic]. (GLORIA, 32 anos, 2017).

Da mesma maneira que somos proibidas de consumir e interditadas a certos bens quando queremos ter aquilo que todos têm, com ou sem poder aquisitivo, existe outro mercado que nos é liberado e consentido, justificado exatamente por esse consumo em que não nos encaixamos: "Emagreça para caber nessa calça", "Faça um regime para entrar nessa cadeira", "Faça algo para poder usar esse vestido", "Só não emagrece quem não quer" etc.

> Engraçado! Por que eu não acho roupa legal colorida, fashion nas lojas na minha numeração para eu comprar, mas todo dia eu recebo um monte de publicidade nas minhas redes de produtos para emagrecer, tem de um tudo, cintas, chás, dietas, programas de exercícios. Como eles sabem que eu sou gorda maior [sic]? (VANDA, 36 anos, 2018).

Segundo Douglas e Isherwood (2013), o consumo é a análise central do mundo contemporâneo, já que detém importância ideológica e prática no mundo atual.

> O consumo é algo ativo e constante em nosso cotidiano e nele desempenha um papel central como estruturador de valores que constroem identidades, regulam relações sociais, definem mapas culturais. [...] Os bens são investidos de valores socialmente utilizados para expressar categorias e princípios, cultivar ideias, fixar e sustentar estilos de vida, enfrentar mudanças ou criar permanências. (ROCHA *apud* DOUGLAS, ISHERWOOD, 2013, p. 8-9).

Analisando o consumo consentido às mulheres gordas, posso observar o quanto "o mundo dos bens", apresentado pelos autores, mostra que, se o estigma da gordofobia é estrutural e institucionalizado, também está presente no que esses corpos dissidentes podem ou não consumir.

O mercado do emagrecimento cresce numa velocidade capitalística, justificando-se pelo discurso de que se deve consumir pelo bem dos corpos maiores, a fim de que eles se encaixem nos espaços, tanto públicos como privados, e nas mercadorias:

> Os produtos, as técnicas e os métodos de emagrecimento proliferam de maneira constante, constituindo mercados em plena expansão. Florescem géis redutores, adesivos e cremes que emagrecem, assim como as técnicas anticelulites: adesivos para diminuir, lipotomia e mesoterapia. Um pouco mais radical, as técnicas de lipoaspiração que se diversificam estão em plena expansão: lipoaspiração ultrassônica, lipoaspiração tumescente, vibrolipoaspiração, lipoaspiração a laser. (LIPOVETSKY, 2016, p. 96).

Os impérios do emagrecimento estão em ascensão, com muitas novidades que prometem milagres para ter um corpo magro, e, se estão em crescimento, mostram que existem consumidores para tais promessas.

> Todo dia aparece na minha timeline produtos para emagrecer. Eu sempre acabo comprando alguma coisa, tenho uma caixa enorme cheia desses produtos que prometem tudo, mas nunca resolvem o caso e me emagrecem realmente. Ano retrasado tomei umas pastilhas que falavam que era a bariátrica em cápsulas. Eu emagreci bastante mesmo, mas me deu uma úlcera no estômago e tive que ir ao médico, fazer um tratamento e engordei mais ainda. Minha filha odeia que eu faça isso, mas eu não consigo parar, compro e compro mesmo sabendo que não vai resolver. [...] Essa caixa fica escondida no meu guarda-roupa pra ela não ver. Ela me ameaçou de internar se eu continuasse comprando essas coisas. O dinheiro é meu, mas ela me controla. Esse ano vou fazer a bariátrica; isso ela aprovou porque meu

médico disse pra ela que eu preciso senão vou morrer [sic]. (RAQUEL, 46 anos, 2018).

Nessa perspectiva, há, conforme Marion Nestle (2007), um jogo de interesses das indústrias alimentícias:

> [...] eles introduzem produtos no mercado, que contribuem para aumentar a ingestão de alimentos e o consumo de energia (produtos snacking, com aumento do tamanho das porções), exagerando no marketing e na publicidade, ao mesmo tempo em que apoiam ações de intervenção junto à nutrição humana e à difusão de conselhos nutricionais pelas autoridades públicas. Enfim, para se livrarem de suas próprias responsabilidades, acentuam a responsabilidade individual dos consumidores. (NESTLE apud POULAIN, 2013, p. 190).

A pessoa gorda assume a responsabilidade de não se encaixar nos padrões de espaço e de corpos estabelecidos socialmente, reforçados pelas indústrias alimentícias, pelas mídias e pelos discursos normatizadores do saber.

Assim, a ideia do engordar causa pânico nas pessoas e vale tudo para não cair nesse aumento de peso. A intenção é sempre emagrecer, e os corpos gordos precisam ser menores para serem aceitos, ou, mais grave ainda, para não morrerem:

> Todo mundo consegue emagrecer, menos eu, minha mãe já fez algumas cirurgias, faz academia, sempre está em dieta e consegue ficar magra, eu não! Eu sou preguiçosa, sempre engordo o dobro, nunca consigo fazer regime mais de seis meses, minha médica me explicou que é para vida toda, mas eu não consigo, minha vida toda tentei, sou uma fracassada. Há 5 anos fiz a Bari e emagreci, mas comecei a comer doce e voltei a engordar, estou agora com 120 quilos e gorda de novo, por isso quero morrer, eu não mereço estar nesse mundo, minha mãe tem vergonha de mim e eu também tenho vergonha de mim [sic]. (GISELE, 36 anos, 2018).

Com esse discurso, culpabiliza-se o gordo por estar gordo, reforçando

> [...] a ideia de que é possível, fácil e sem consequências perder peso. Essa crença é sustentada pela comercialização de produtos ou de serviços baseados em conhecimentos científicos mais ou menos sólidos e duvidáveis. (POULAIN, 2013, p. 243).

Se por um lado aos corpos gordos é negado o acesso a produtos; por outro, aparecem inúmeros bens no mercado, que são exclusivamente para preencher essa necessidade e busca pelo emagrecimento de pessoas gordas na sociedade, bens que prometem o emagrecimento por conta da compra de produtos milagrosos que em nada tem relação com a busca no entendimento dos problemas desse corpo em sociedade; muito pelo contrário, causa ainda mais sofrimento e culpabilização.

PUBLICIDADE: A IDEIA DO CORPO PLUS SIZE

> Eu descobri essa área de modelos plus size quando eu tinha 15 anos e fui a Atlanta para um teste. Me disseram que eu era muito baixa e muito grande e que jamais conseguiria ser modelo. Mas eu sou persistente! (Tess Holliday, modelo plus size).

A nomenclatura dada pelos norte-americanos para modelos acima do padrão convencional dos manequins e tamanhos vendidos nas lojas de vestuário é plus size. Em inglês, significa "tamanho maior". Qualquer numeração acima do 44 se encaixa nesse gênero de roupas de tamanhos grandes, ou seja, maiores que o padrão estipulado socialmente. Essa nova nomenclatura, destinada aos tamanhos de roupa acima do habitual, é também uma maneira de incluir modelos maiores no mundo da moda.

O crescimento da população brasileira acima do peso ideal estipulado pelo IMC tem sido acompanhado pelo crescimento do mercado plus size, que movimenta produtores, lojistas, bem como cosméticos, marketing e diversos setores.

Os dois eventos mais importantes/expressivos de moda maior no país — o primeiro, já em sua 18ª edição em 2019, Fashion Weekend Plus Size —, em São Paulo, apresentam desfiles, marcas famosas, palestras de negócios e acontecem na área nobre da cidade. O FWPS é dirigido por Renata Poskus, considerada, no mercado, como uma das principais influenciadoras desse segmento. O evento tem tanto sucesso que tem sido replicado em diversas capitais do país.

O segundo evento, e não necessariamente menor em quantidade de público ou vendas, é o Pop Plus, a maior feira plus size do Brasil, idealizada e produzida por Flávia Durante, que acontece desde 2012, quatro vezes ao ano. A primeira edição contou com 9 expositores e, hoje, são mais de 90, com brechós de influencers, praça de alimentação, palestras com temas relacionados à temática do corpo gordo, apresentações artísticas de gordas e um público de 18 mil pessoas. A feira, que acontece tradicionalmente na Avenida Paulista, em um andar do Club Homs, chegou ao interior de São Paulo, em Campinas. Houve uma edição na periferia de São Paulo, com preços bem mais acessíveis às classes menos favorecidas.

Segundo o Sindicato da Moda (Sindivestuário) e a Associação Brasileira do Vestuário (Abravest), o mercado plus size vem crescendo pelo menos 6% ao ano e movimenta 4,5 bilhões de reais, e esse aumento poderá chegar, futuramente, a 10% (MODA..., 2015).

O segmento representa uma grande fatia do mercado e uma grande oportunidade de negócio, contudo exige (ou, pelo menos, deveria exigir) uma compreensão do público-alvo, entendendo suas necessidades, anseios, percepções e comportamentos. É imprescindível amadurecer e fomentar a ideia de apoio e representatividade desse corpo maior excluído e vulgarizado pela sociedade.

Observando imagens publicitárias relacionadas ao mercado plus size, nos últimos anos, vemos a tentativa de dar uma representatividade positiva à mulher gorda na sociedade contemporânea. Não obstante, dentro de uma visão mais crítica e atenta ao problema da gordofobia, podemos questionar qual mulher gorda está sendo realmente representada e qual está sendo excluída.

Falar de representatividade da mulher gorda dentro do mercado plus size tem gerado muitas polêmicas dentro do próprio universo gordo, já que é anunciada uma repetição da padronização feminina, porém disfarçada por um corpo com "curvas".

Observando essa discussão nas redes, muitas gordas explicam que se sentem mais excluídas que representadas. A fim de entender o que a mídia e a moda propõem como representação da mulher gorda no mercado e o que a mulher gorda real percebe com essas campanhas, aprofundo-me nas narrativas dessas mulheres gordas:

> Eu sou modelo gorda, não plus size, e por isso não acho trabalho, sou famosa, cinco anos de profissão, já trabalhei e trabalho com marcas famosas desse segmento, mas quando vou a agências de modelos plus size nunca me chamam. O último ocorrido foi um lançamento de quatro estilistas aqui em São Paulo, sendo dois, dizem que trabalham com moda acessível a outros corpos, fui num casting da seleção, me apresentei mostrei meu portfólio, sabe o que a atendente me disse quando liguei lá para saber? Olha! Nós adoramos você, seu trabalho, mas estamos pensando em corpos um pouco menores por causa dos cortes das roupas [sic]. (VAL, 28 anos, 2018).

> Eu odeio a palavra plus size, é tipo um apelido carinhoso para gordinhas de barriga chapada, brancas e ricas. Os preços dessas roupas são caríssimos, nem todo mundo tem acesso a usar uma roupa grande de qualidade. Além do que, pra moda plus size, veste numeração 48 e no máximo 50. Gente, nós, gordas maiores, somos muitas e não somos representadas nunca por essas marcas que ganham mercado pagando de que incluem corpos diversos e tudo mais, estou de saco cheio desse discurso que mais exclui que representa nossos corpos [sic]. (VOZ DAS GORDAS, 2018).

Nas últimas décadas, a ideia de representação social e as discussões sobre o conceito de representatividade surgem com força, acompanhando o processo das sociedades capitalistas e das indústrias mercadológicas, junto com a ampliação de publicidade e marketing. Entretanto, nos estudos de consumo, essa proposta de representar nichos antes invisibilizados pelo mercado começa a alcançar uma dimensão de estudos políticos e culturais nas discussões que permeiam a vida social e as suas representações simbólicas.

Eu sinto falta de mulheres gordas "de verdade" nas publicidades e no marketing das marcas que se autodenominam para mulheres maiores. Corpos verdadeiros, com celulites, barriga, coxas grossas, braços grandes, gordura, pele mole. O que infelizmente tenho visto, com raras exceções, são corpos padronizados, dentro daquilo que se pode permitir socialmente em ser gorda: sem barriga, com cintura fina, corpos firmes, altas, brancas.

Observando modelos plus size que aparecem nas mídias, percebe-se que a maioria dessas mulheres são aquelas que vestem do número 46/48 ao 50. Uma mulher gorda pode vestir tamanhos muito maiores do que os da maioria dessas modelos.

Existe uma padronização instituída pela moda — de maquiagens, cabelos, unhas, cores e, portanto, corpos —, com a qual o movimento gordo vem buscando romper.

O que quero apontar é que se tem uma ideia normatizada do que significa ser mulher e seus papéis sociais dentro da padronização de beleza. O que vestir, usar, passar, falar, andar, olhar, ser e como estar no mundo, tudo está constituído dentro desse entendimento do que é ser uma mulher sensual, feminina e bela.

Entender que o corpo é uma construção histórica, social e cultural abre portas para a proposta de focar os corpos gordos femininos, entendendo que o gênero, como explicado pela antropologia, é uma estruturação social constituída por meio de instituições e relações sociais — medicina, família, sexo, educação —, durante toda a vida, que determinam o que significa ser mulher (MALUF, 2001); (MAUSS, 1974); (GEERTZ, 1989).

Desse modo, para o corpo ser considerado socialmente belo e saudável, existem requisitos cada vez mais elaborados, além de uma corporação magra: como se comportar, quais bens comprar, como estar e ser dentro desse estereótipo social. A análise do discurso social proposta por Foucault (1996) mostra que o objetivo de construir ideias padronizadas de verdades a serem seguidas e inquestionáveis como "naturais" culmina numa construção naturalizada do papel feminino dentro da sociedade.

Parece que, para ser um corpo que representa algo, tem que ser um corpo que vende, e a ideia que se tem desse corpo-marketing é um corpo que acaba seguindo a normatização do que é ser belo. Mesmo que o contorno desse corpo seja maior, existe um limite.

Isto é naturalizado, apoiado pela ciência, por tradições, crenças e outras instituições, as quais constroem nossas referências de como é estar no mundo e elucidam como os sujeitos devem ser, edificando uma identidade de preceitos totalitários, entendidos como atemporais, impugnando a historicidade desses corpos com alegações como "Essa modelo plus size é igual a todas as mulheres maiores no Brasil".

> No discurso da mídia vimos em funcionamento uma das tecnologias de produção do corpo sexuado, o aparato da produção do corpo feminino útil e dócil dentro das normas heterossexuais, que instituem o binário inquestionável do sexo biológico no social, fazendo funcionar, no jogo da linguagem e da imagem, os mecanismos de assujeitamento à norma. Feminismo? Mais do que nunca necessário, pois lendo-se as revistas "femininas" percebe-se que as representações instrumentadoras das práticas sociais hierarquizadoras apenas modificaram os trajes que revestem os mesmos corpos definidos em sexo. (SWAIN, 2001, p. 80).

Esse poder institucionalizado aparece nos julgamentos sociais,

> [...] afinal, somos julgados, condenados, classificados, obrigados a desempenhar tarefas e destinados a certo modo de viver ou morrer em função dos discursos verdadeiros que trazem consigo efeitos específicos de poder. (FOUCAULT, 1987, p. 180).

Nas imagens de suposta representatividade da mulher gorda, o corpo é central, porque é a partir da sua capacidade de seduzir que os demais elementos do discurso se assimilam. Ou seja, só a partir da sedução o corpo pode ser valorizado.

Com o discurso de representatividade, o que vem ocorrendo, na realidade, é a reprodução de um corpo sexuado dócil feminino que serve para servir ao padrão masculino de sensualidade e feminilidade que é considerado belo; mas, por trás desse discurso, há o corpo como mercadoria, que vende a ideia de que a mulher gorda só pode ser bela e saudável se seguir as exigências do mundo contemporâneo.

Branca, sem barriga, bunda firme, jovem, coxas não muito grossas, alta e sensual, reafirmando a continuação do império da beleza e da indústria plus size, que representa apenas um nicho que pode comprar esse corpo. De forma dissimulada, reafirma-se a ditadura da beleza, já que:

> O mito da beleza não tem absolutamente nada a ver com as mulheres. Ele diz respeito às instituições masculinas e ao poder institucional dos homens. As qualidades que um determinado período considera belas nas mulheres são apenas símbolos do comportamento feminino que aquele período julga ser desejável. O mito da beleza na realidade sempre determina o comportamento, não a aparência. (WOLF, 1992, p. 16-17).

Nessa performance, aparece a domesticação da mulher, para controle e demonstração do que é naturalizado, de como seu corpo pode e deve ser modificado, porque todas as mulheres, sejam gordas ou não, segundo essa lógica, podem alcançar a beleza publicitária da modelo. Estou falando da venda da ideia de que você pode ser igualzinha àquela modelo plus size e, a partir da conquista desse padrão, mais uma vez, de corpo, poderá conquistar a felicidade, o casamento, a fama, a sedução:

> Até eu encontrar canais no youtubers sobre body positive olhava as modelos plus size na internet e me sentia pior ainda, elas não têm barriga, são ricas, famosas, geralmente moram em São

> Paulo, Rio de Janeiro, Nova York, são brancas, cabelos lisos, estudaram em bons colégios, fizeram faculdade, aquilo ali não me representa nunca na vida. De tanto fuçar já achei algumas modelos negras gordas, mas não chegam nem perto da fama das gordas padrão [sic]. (PODE ME CHAMAR DE GORDA, 2018).

Segundo Butler (2003), as identidades são construídas discursivamente pelas normas sociais, efeitos de instituições, práticas e discursos múltiplos e difusos:

> [...] um modelo performativo da identidade no qual nossas ações, repetidas incessantemente, constituem a identidade como se fosse algo natural; a essência é, assim, um efeito de performances repetidas que reatualizam discursos histórica e culturalmente específicos. (BUTLER, 2003, p. 9).

O corpo feminino considerado belo e sensual será construído pelo discurso e culminará numa certa performance social, de acordo com o que foi estipulado como ser aceito.

> Eu fiz a bariátrica porque me aceitava ser gorda desde que fosse como as modelos plus size, sem barriga, corpo violão, pele linda, cabelos tratados, unhas bem-feitas. Eu não tinha como manter tudo isso, mesmo trabalhando num salão de beleza. Esqueci de cuidar da minha saúde e foquei na beleza, confundia beleza com saúde, meu dinheiro nunca dava, e nunca chegava aos pés de uma Ju Romano. Depois de quatro anos tentando ser quem eu nunca serei, tentei me matar duas vezes e na última fiquei internada durante três meses porque me cortei e tomei remédios [sic]. (SUZANA, 32 anos, 2018).

Dessa maneira, vemos como estratégias do mercado que utilizam a mídia na rede representacional reafirmam o poder de sujeitar os corpos femininos aos discursos já estabelecidos de beleza.

> A mídia introduz continuamente elementos para que os membros de determinadas formas de vida articulem seus referentes

> culturais. Os significados dados pelos quadros de referências locais têm que ser continuamente negociados com aqueles referentes mediados, isto é, com novos padrões de identificação e novos conhecimentos dados por outras comunidades que não estão no contexto local compartilhado. (MAIA, 2000, p. 48).

Nessas performances construídas sobre o que é ser mulher, ter um corpo maior vai sendo fragmentado segundo graus de valorização e importância, como o tipo de cabelo, cor da pele, sedução, juventude, classe social, acabando por condensar a representação delimitadora de um gênero feminino, ligado a um sexo biológico considerado, desde "Adão e Eva", inferior, incapaz e sedutor.

O corpo faz parte de um emaranhado estrutural de supremacias que, como aponta Foucault (1987), impõem interdições, responsabilidades e repressões, determinando pensamentos e comportamentos, definindo, dessa maneira, mecanismos e modos de ser no entendimento de um corpo útil e vendável.

Infelizmente, a performance plus size de representatividade da mulher gorda, com a maioria das modelos do mundo da moda plus size, reafirma essa ideia padrão de que apenas um corpo é aceito e possível em nossa sociedade.

Assim, toda essa atenção e disposição para aplaudir campanhas que usam como marketing a inclusão e a diversidade reforçam a gordofobia, porque todas as mulheres que são maiores do que 50 e que não se encaixam nesses comportamentos, cabelos, rostos e nessas peles serão automaticamente estigmatizadas, já que não se enquadram nesses pré-requisitos da demonstração de diversidade no marketing.

COM QUE ROUPA A GORDA VAI?
REPRESENTATIVIDADE COMO PRODUTO

> Desde pequena eu ouço minha mãe falar que isso eu não posso usar, aquilo fica feio, marca, mostra minhas banhas, e sempre acabava usando preto e largo, uma coisa horrível. Se você olhar

> minhas fotos de adolescente, eu pareço um monstro dez vezes maior do que eu era por conta das roupas largas e tinha um visual deprê de depressiva, sempre preto. Isso foi muito ruim para minha autoestima, tenho até trauma. Hoje não, depois que entendi que esse é meu corpo e o único que tenho, comecei a seguir na net umas gordas babadeiras e mudei meu estilo. Uso colorido, roupa curta, biquíni, estou nem aí. Minha mãe nem sai mais comigo, mas acho bom; ela me sufoca e me deixa mal com seus comentários gordofóbicos [sic]. (CARLA, 33 anos, 2018).

Segundo Sant'Anna (2001), o corpo, na sociedade atual, só pode existir e ser aceito se estiver em processo de emagrecimento e aprimoramento. A autora também afirma que as identidades corpóreas não são exercidas, porque não existe lugar social para isso, já que o corpo deve sempre ser modificado, cortado, ajustado, talhado, a fim de que possa se encaixar no modelo de único corpo aceito socialmente, que é o corpo magro.

Seguindo esse raciocínio, os corpos gordos que, de alguma maneira, se rebelam contra o que existe e se colocam de outra forma no mundo, posicionando-se contra o estipulado, ou seja, o emagrecimento e a busca pelo corpo "sarado", provocam risos, ódios, repulsas e críticas.

Os corpos gordos geralmente estão, em sua maioria, encolhidos, com medo, vestidos de roupas escuras, largas e que os tampam o máximo possível:

> Tem gorda que não se toca, usa roupa colada, mostrando as banhas, são nojentas, ridículas, eu odeio ter que ficar olhando pra gente gorda, porque não se cuidam, são relaxadas e ainda querem achar bonito isso, deveriam ser obrigadas a fazerem uma cirurgia, academia, e comer direito, eu odeio gordo, tenho implicância mesmo, já xinguei gente gorda, já mandei uma funcionária embora porque ela era gorda e usava short, um absurdo, sem nenhum senso do ridículo, eu odeio gente gorda [sic]! (FACEBOOK, 2018).

Eu nunca usei um biquíni, maiô, top, calça colada, não dá; fui educada a esconder meu corpo gordo. Se você olhar meu guarda-roupa, quase não tenho roupa e as que tenho são pretas, marrons-escuras, largas e compridas. Quando me olho no espelho pareço ser bem mais velha e triste, mas é o preço que pago por não conseguir emagrecer. [...] eu compro roupas que eu gostaria de usar, tudo numeração 42, amo fazer isso e todo mês compro alguma coisa e guardo. Tenho uma mala enorme cheia de blusinhas, biquínis, shortinhos, tops pra o dia que eu conseguir emagrecer usar [sic]. (JANAINA, 26 anos, 2018).

Algumas mulheres desistem desse processo de sofrimento, encaram seus corpos como são e começam a usar, buscar e construir uma maneira de estar socialmente que não seja a preestabelecida. Eu sempre tive inveja das minas gordas da Baixada Fluminense, sempre! Elas sempre usaram roupas curtas, mostrando a barriga, shortinho mostrando a polpa, no ônibus, no mercado, nas festas, elas na sua maioria não escondem o corpo, muito pelo contrário se exibem e você percebe o orgulho na cara delas. São pobres em sua maioria, você vê que as roupas são customizadas, recriadas de tecido mais barato, mas, e daí? Elas são mais felizes que muita gorda dondoca que tem vergonha de colocar uma roupa que marque, eu tenho muita vergonha, mas, quando vou pra Baixada, volto mais solta [sic]. (VOZ DAS GORDAS, 2018).

Assistimos a mulheres gordas que começam a usar, nos espaços públicos, minissaias, cropped e também mostram as pernas, barrigas, coxas. Vão à praia de biquíni e se libertam, de alguma maneira, desse lugar de dor, sofrimento, humilhação e escárnio:

Eu uso shortinho, top, minissaia, estou nem aí, não. Aqui é muito calor e eu me sinto bem. Não é fácil encontrar roupas do meu tamanho, mas eu mando fazer numa costureira lá do meu bairro que a filha dela também é gorda e gosta de como eu ir de pouca roupa na rua [sic]. (LIZ, 23 anos, 2017).

Eu comecei a seguir algumas influencers gordas que mostram a barriga, usam roupa colada e achava elas lindas, mas não tinha coragem. Ai fui numa feira de roupas plus e comprei algumas das roupas nos brechós das influencers. Quando coloquei lá em casa me senti linda, agora uso direto, mesmo as pessoas me encarando, eu uso [sic]. (LUCIANA, 22 anos, 2018).

Nunca imaginei que ia mostrar meu bração, barriga, seios sem sutiã, nunca mesmo, mas eu precisei me libertar de todo aquele guarda-roupa medieval e ser eu mesma, usar o que gosto, como gosto. Adoro shortinho aparecendo a polpa, vou em baile funk aqui no Rio assim. Tem gente que ri, quer humilhar, mas também tem gente que respeita, elogia [sic]. (BETE, 21 anos, 2018).

Eu tinha muita vergonha da minha barriga, das minhas coxas, mas cansei de me mutilar e me odiar. Fui numa festa ano passado e conheci minha namorada atual lá. A gente começou a sair e ela me levava nas festas de gente gorda superdescoladas, com roupas transadas, mostrando tudo, e nem por isso eram feias, eram um poder. Eu tive vontade de mudar e aos poucos fui comprando uma coisinha aqui, outra ali; hoje estou mais libertada de tudo isso, devo isso a ela [sic]. (JANETE, 43 anos, 2019).

Toda essa imposição de beleza para alcançar o tão sonhado corpo magro e todo ódio depositado pelas pessoas que estão nessa corrida às pessoas que não estão começam a ser percebidos e debatidos, cada vez mais, por mulheres gordas que estão cansadas de buscar essa modificação corporal (que nem sempre é alcançada), e também por mulheres que não querem mais fazer parte desse movimento que machuca e humilha.

Entender que o ódio que os outros sentem por nosso corpo não é nossa culpa e que esse sentimento de exclusão se chama gordofobia é compreender que essa discriminação é uma

> [...] ideologia intolerante que inferioriza pessoas gordas e as torna objeto de ódio e escárnio. [...] A gordofobia cria um ambiente de hostilidade em relação às pessoas de corpo avantajado, promove um relacionamento patológico com a comida e o movimento (que, por meio da cultura da dieta, transforma-se em dieta e exercício), e deposita a carga do viés gordofóbico em indivíduos "incompatíveis". (TOVAR, 2018, p. 17, grifo do autor).

Apesar do sistema opressor, há um movimento de resistência desses corpos, que são levados a não mais viverem a culpabilização de não se encaixarem nos padrões:

> Eu abri essa loja porque eu parecia uma mulher de 100 anos me vestindo, tinha estudado moda, li sobre moda e acessibilidade, mas foi há 4 anos que isso começou a bombar nos eventos e espaços de moda. Eu queria me vestir melhor, odeio preto, fiquei com trauma. Hoje meu guarda-roupa só tem roupas coloridas. Um dia escutei uma influencer de moda falar que isso de roupa que emagrece era gordofobia e que todo corpo tem o direito de se vestir como quiser. Foi demais para minha maneira de querer estar no mundo. Hoje uso biquíni, sim; top, sim; minissaia e o que eu quiser. Minha loja foi desenhada para um público classe A, mas sei que algumas mulheres já estão costurando e desenhando roupas para o público B e C. Ter roupas que a gente gosta no guarda-roupa é uma maneira de ativismo, sim [sic]. (FLAVIANA, 42 anos, 2018).

É claro que o ativismo gordo vai muito além de estética e moda, da possibilidade de usar uma roupa em que a pessoa gorda se sinta linda e maravilhosa, mas não tem como negar que ele é transpassado por essa ação também.

> Eu posso dizer que só sou ativista hoje e defendo a causa gorda porque um dia eu vi outras mulheres que tinham um corpo parecido com o meu se aceitando, amando, frequentando lugares

antes proibidos para mim, usando roupas curtas, indo à praia de biquíni, namorando, transando, e sendo felizes. Com um ano e meio que estava seguindo essas mulheres na internet, depois de duas tentativas de suicídio, fui numa festa só de gente gorda e depois desse dia não sou mais a Duda doente, triste e infeliz. Tenho feito amizade com outras pessoas gordas, comprado roupas grandes, mas que eu gosto. Hoje me olho no espelho e digo pra mim mesma: Vai lá, Gorda poderosa, e arregaça o mundo! (risos) [sic]. (DUDA, 29 anos, 2019).

Como no movimento negro, que levanta essa discussão já há algum tempo, sabe-se e defende-se que a estética é política para esses corpos, porque se sentir bem e bonito no mundo em que sempre lhe foi negado esse sentimento é, de alguma maneira, revolucionário e, portanto, político:

> Eu sou gorda e preta, aprendi me aceitar gorda no feminismo negro. Lá a gente lê e conversa com outras mulheres sobre se empoderar, não abaixar a cabeça para ninguém, estudar, amar nossa cor, nosso corpo, nosso cabelo. Eu uso Black já faz tempo, uso roupa curta também, vou em festas da faculdade mostrando a barriga, as coxas, sem sutiã, e posso te garantir uma coisa: é revolucionário jogar na cara do povo o que eu sou: gorda, preta e poderosa [sic]. (CARLA, 27 anos, 2019).

Segundo Joice Berth (2018), para responder se estética é empoderamento, deve-se perceber o processo de dominação de grupos historicamente oprimidos, já que a padronização estética hierarquiza e cria o entendimento do que é aceito e do que não deve ser aceito, sendo, consequentemente, excluído, para manter e reafirmar o que é socialmente defendido. Assim, para a autora, nossa visão sobre nós mesmas e nossos corpos é influenciada, diretamente e de uma maneira extremamente agressiva e negativa, por essa padronização, que é estabelecida por quem sustenta esse discurso estigmatizador: a moda, a mídia, a política, a saúde.

> Parece-me inquestionável que sem o fortalecimento da autoestima não tenhamos força para iniciar sequer um processo lúcido de empoderamento. E autoestima, ao contrário do que prega a banalização conceitual do termo, não está ligado exatamente às considerações que fazemos acerca de nossas belezas estéticas. (BERTH, 2018, p. 93).

Poder usar uma roupa e se sentir bem e confiante é político e importante, porque isso acaba definindo como nos colocamos no mundo a partir da nossa postura, dos nossos desejos, das nossas falas e dos nossos enfrentamentos. Estar alegre com o próprio corpo, mesmo ele não sendo considerado belo socialmente, é subversivo.

> Ultimamente a representatividade abre um leque de exposição que não debate a problemática a fundo. O prêmio final é a exposição, o mostrar, o ser visto e cobiçado. E, além disso, comercializado. A mesma vem se metamorfoseando em um caráter unicamente visual que também acaba gerando uma capitalização dessa representatividade. Não existe extenso sobre o padrão de beleza, seus danos, o preconceito e discriminação com o corpo gordo que vem disfarçado com preocupação com a saúde. Existe algo que faça o corpo gordo ser consumível. Existe a preocupação com a saúde, saúde essa que não sabem definir. Mesmo que a doença do corpo magro nunca seja atribuída ao tamanho do mesmo e sim a outro sintoma. [...] Atualmente, a representatividade do corpo gordo toma um caráter de sensualidade e exposição em seu âmago. E não vai além, na maioria do tempo, como se fosse uma manobra para tornar o corpo maior que o padrão como desejável também, mas sem nenhuma estratégia de excluir o desejo da equação. A forma a qual o corpo desperta o desejo ainda é a moeda de valor oculta que se apresenta sob a forma de representatividade plena, pelo menos no caso do body positive. Ainda somos expostas como consumíveis, o movimento incentiva que nos coloquemos sob esse consumo. Vem em um crescente de corpos e exposições sem nenhum debate

> sobre as implicações. Querem que sejamos vistas, desejadas, fuckable. Não podemos dizer que o aumento da autoestima não importa. Claro que importa! Contudo não parece mais um combate ao padrão de beleza, e sim a tentativa ferrenha de fazer parte dele. (DIAS, 2017).

O corpo é socialmente entendido como meio de comunicação que indica, veicula e dissemina julgamentos sobre os indivíduos. Esse corpo pode representar sentimentos, conflitos, discursos, verdades e mentiras, pode ser estabelecido como um padrão a seguir e outro a nem pensar em conquistar.

O corpo tem sido veículo central de publicidade e marketing de produtos, isto é, o corpo passa a ser fundamental na construção de imagens comerciais, central na construção da ideia do que se quer vender.

Em geral, é conhecido que os corpos apresentados em comerciais e campanhas publicitárias, em sua maioria, ainda são de mulheres magras, brancas e sensualizadas.

Surge, a partir do final do século 20, de uma forma crescente, a diversidade na comunicação publicitária, como impulsionamento de práticas de consumo. Percebeu-se que a representação de outros corpos vende e estimula mulheres que antes não compravam aquele produto por acreditarem que não era para elas, e hoje são uma oportunidade de mercado:

> Eu gosto de comprar em loja que me sinto representada, tanto como gorda como negra, mas conversando com algumas amigas comecei a perceber que aquilo que nos mostram como representatividade às vezes nem é tão representativo como se vende, mas eu continuo comprando nessas lojas porque não tenho muita opção; pelo menos eles têm um pouco do que eu sou lá [sic]. (SUZANA, 24 anos, 2017).

Todavia, a representação do diferente na sociedade capitalística pode ser uma ilusão de inclusão, impulsionando, em algumas situações, um entendimento equivocado do diferente ou uma apropriação indevida e até deturpada dos corpos a que se propõe representar.

Muitas vezes, o que se observa é uma representação de mulheres gordas idealizadas, distante da realidade, uma leitura gordofóbica do próprio corpo gordo, que é representado, como já destaquei anteriormente, sem barriga e celulite, com pele branca e lisa, cabelos lisos, com mulheres altas:

> Recebi um convite pelo e-mail de um desfile plus size, com mulheres gordas, e fiquei super empolgada. Convidei uma amiga magra, porque não tenho amigas gordas, e fomos. Eu fui super empolgada, porque queria me ver representada ali, ver se tinham roupas pro meu corpo. Mas, infelizmente, foi um desastre. A mais gorda lá devia vestir 48, loiras e ricas, eu e minha amiga ficamos uns minutos e nos retiramos, as roupas supercaras. Eu respondi o e-mail bem desaforado, que gente mais mentirosa e hipócrita, colocar roupa plus size, isso não é gente gorda não [sic]. (ADRIANA, 27 anos, 2017).

Le Breton (2004, p. 7) explica que

> o corpo já não é uma versão irredutível de si, mas uma construção pessoal, um objeto transitório e manipulável, suscetível a variadas metamorfoses segundo os desejos do indivíduo.

Cria-se uma realidade construída simbolicamente, que pode igualar ou excluir corpos em nossa sociedade. Essa realidade tanto é transitória como modificada dentro dos interesses de cada época; a construção social da beleza é mercantil, ou seja, as imagens corporais criadas pela mídia têm como objetivo final a promoção de marcas e o lucro das empresas.

Siqueira e Faria (2007, p. 172) afirmam que esse corpo midiático é "[...] um espaço onde as representações a seu respeito são amplamente construídas e reproduzidas. [...] corpo é aparência física, e essa aparência tende a ser objeto de consumo que gera mais consumo".

O que quero levantar como reflexão é que o sistema capitalista se aproveita ao transformar a representatividade em produto, e não em construção do respeito à diversidade. Apesar disso, ultimamente alguns corpos gordos maiores começam a aparecer no mercado, em ações como feiras e marcas. Mesmo que muito tímida, a representação começa a existir.

A exemplo disso, vemos a funkeira MC Carol como modelo de algumas marcas, mulher gorda, negra e periférica. Ainda que as empresas lucrem com sua presença na representação da marca, muitas mulheres como ela jamais tinham visto alguém parecido nesses espaços de poder.

Hoje, a publicidade está carregada de conceito e conteúdo; identificação vende e a indústria midiática já entendeu isso. Num pequeno percurso pela internet ou por uma revista, vemos que existe mais de uma propaganda levantando uma bandeira de diversidade, mas que, na verdade, não representa o diferente como ele é de fato.

Existe uma representatividade comercial que tem atraído muitos seguidores e consumidores. Isso é percebido nos canais de influencers gordas que vendem moda, marcas e corpos gordos brancos como belos, mas não se aprofundam na discussão da gordofobia ou da exclusão dos gordos maiores na sociedade.

> Falar de patologização do corpo gordo, ou de acessibilidade não dá likes nem seguidores. Minhas seguidoras querem ver meu look, minhas viagens, eu dançando, indo a eventos famosos, elas querem glamour e se sentir junto comigo numa realidade mentirosa e irreal só de alegria, felicidade e glamour. Eu sei disso, sei que é importante fazer um ativismo, mas sobrevivo disso também, então invisto pesado nessa maneira de fazer conteúdo na net e tem dado supercerto. (HILDA, 22 anos, 2018).

O empoderamento e a representatividade passam, desse modo, a serem usados com o objetivo de lucrar e criar novos padrões:

> Busca-se reduzir os efeitos do empoderamento, no melhor dos casos, aos de uma progressão aritmética, e não potencia-

> lizar suas possibilidades enquanto desencadeador de progressões geométricas. Com essa pasteurização do empoderamento, tem-se procurado eliminar seu caráter de fermento social. (BATLIWALA, 2017 *apud* BERTH, 2018, p. 56).

Essa representação, que deveria servir de ferramenta para emancipação e empoderamento, reforça estigmas ao representar o corpo gordo de modo distante da realidade das mulheres brasileiras. Mais uma vez, o indivíduo é excluído, pois a representatividade torna-se o lugar da venda de um produto.

> Eu quando vi a propaganda de mulheres gordas em alguns produtos na net, num primeiro momento me deixei levar e comprei, fiquei alegre. Mas, quando chegou o produto, usei e me olhei no espelho, percebi que nem gorda eu era, eu era algo monstruoso, que a própria gordura ia além do que o corpo gordo poderia representar. Fiquei muito decepcionada comigo mesma, chorei muito, fiquei mal durante alguns dias. [...] caí nesse embuste muitas vezes, segui mulheres gordas que hoje eu tenho raiva porque só incentivaram a me odiar ainda mais [sic]. (VIVIANE, 35 anos, 2018).

Essa representatividade como marketing para marcas existe e vende, podendo desencadear mais tristeza e sofrimento, mas também estimula essa discussão a respeito de quem queremos que nos represente, que corpos são reais e como podemos encontrar essa representatividade que transforma nossa maneira de estar no mundo.

É de conhecimento geral que temos visto, cada vez mais, corpos antes invisibilizados compondo anúncios, campanhas de marketing, moda em espaços que, outrora, não eram permitidos ocupar.

O que quero dizer é que, mesmo com os interesses das grandes corporações em lucrar com a representatividade, esses corpos estão aparecendo com mais frequência e, como sabemos, aquilo que não vemos não existe e aquilo que vemos e identificamos como parecido a nós representa-nos de alguma maneira no mundo.

Posso citar aqui minha experiência. Antes da pesquisa, seguia modelos e mulheres distantes da minha realidade e vê-las todos os dias pela internet me causava frustração e dor, porque elas nunca me representavam, ou, como citei na introdução, nos contos de princesas, eu não estava ali. Hoje, só sigo mulheres gordas, marcas de gordas e eventos para gordas. Aquela frustração já não está comigo todos os dias; pelo contrário, sinto-me representada em diversos segmentos. E esse fato deve ser mencionado, porque também faz parte de uma desprogramação do que é bonito, correto e saudável; você começa a perceber que existem outros corpos como o seu.

MERCADO DO EMAGRECIMENTO: REMÉDIOS, SHAKES, DIETAS...

> Desde os meus 9 anos, eu, minhas irmãs e minha mãe tomamos remédios, dietas, shakes, tudo que você imaginar para emagrecer. Sempre aprendi em casa que valia tudo para ficar magra. Hoje tenho vários problemas de saúde como consequência desses hábitos, e continuo gorda, mesmo assim vou fazer a bariátrica e não consigo ser gorda, isso não dá pra mim, eu não aguento a pressão social, preciso ser magra [sic]. (JESSIKA, 23 anos, 2017).

As histórias de muitas mulheres gordas que sempre lutaram contra a balança passam necessariamente por ações em busca de soluções milagrosas, incentivadas pela mídia, internet, família e pelos profissionais de saúde.

Jejum intermitente, dieta do abacaxi, dieta da toranja, dieta vegana estrita, dieta do ovo, dieta Atkins ou low carb, dieta da sopa, pílula do emagrecimento etc. São muitas as propostas de dietas que entram na moda com o compromisso de "secar" as pessoas. Sob apoio de muitos nutricionistas e rejeição de outros, cada vez mais encontramos pessoas em regimes restritivos com o objetivo de emagrecer.

O fenômeno da procura pelo corpo desejável e aceito socialmente, isto é, magro e de preferência sarado, é objeto de estudo de muitos pesquisadores sociais citados aqui, e é comum surgir, nessa discussão contemporânea, a construção permanente do indivíduo por um corpo que defina o que somos, visto que, conforme a mentalidade atual, um corpo trabalhado na academia e magro pode definir que somos saudáveis, belos, ativos e felizes.

> Há um padrão despótico de beleza. A beleza do corpo, especialmente o feminino, é regulamentada por uma norma rígida e única: a magreza. Não existe alternativa legítima a esse modelo. Impossível realmente imaginar uma pin-up, uma estrela, uma top model, enfim, que não corresponda ao imperativo da magreza absoluta. É o modelo da hipermagreza. A moda tornou-se mais tolerante. A beleza, ao contrário, tornou-se mais despótica, autoritária e inflexível. A proliferação de imagens – cinema, televisão, fotos, publicidade – reforça o modelo dominante e castiga qualquer divergência. A consequência disso é a hiperdimensão tomada pelas dietas, pelas academias de ginástica e pelas cirurgias plásticas. Ser magro é um imperativo categórico. Toda infração à norma é malvista e criticada. (LIPOVETSKY, 2016, p. 12).

Vale tudo para alcançar esse corpo construído continuamente como aquele que é sinônimo de felicidade, beleza, saúde. Conquistar esse corpo magro, enaltecido socialmente, é um tipo de status e, para lograr essa conquista, como um prêmio, vale qualquer coisa.

> Eu tenho muitas estratégias para manter meu corpo sarado, mas nada vem fácil na vida não, eu malho todos os dias, de duas a três horas, vai depender de qual atividade física vou fazer naquele dia, sábados, domingos e, se viajar, dou um jeito de ter academia no hotel e corro na praia, sempre levo comigo elásticos de pilates também, assim dou uma alongada antes de dormir. Manter meu corpo sarado, jovem e magro... Preciso de estar atenta também com o que eu como, tenho uma nutricionista que me acompanha e ela é ótima, posso comer chocolate, mas eu já nem lembro quando comi, eu me levo muito a sério, sou

> uma vencedora, já fiz plástica, não nego, mas mantenho porque dependo do meu corpo para ser alegre, sou um exemplo para outras mulheres, e só não tem um corpo assim lindo como o meu quem não quer [sic]. (MUSAS, 2018).

Giddens (2001) aponta que os regimes são importantes na construção da autoidentidade, porque relacionam hábitos a alguns aspectos da aparência física, visíveis e admirados pela sociedade, que afetam diretamente a forma do corpo. Com isso, é possível compreender como e por que nossa imagem corporal é um espelho do que somos socialmente. Nosso corpo se torna um portfólio de apresentação, define quem somos para o outro, que nos julga através do que vê.

O mercado do emagrecimento lucra com um exército industrial para atender à ordem de ter um corpo magro e malhado; são chás, shakes, pílulas, programas, dietas e receitas milagrosas que prometem resultados rápidos e sem consequências para a saúde, mas que não cumprem o que garantem:

> Eu tomei um shake de caramelo da Herbalife durante um ano, substituindo o almoço e o jantar, emagreci nos primeiros quatro meses muito, me empolguei. Depois comecei a vomitar todos os dias e ter náuseas, mas como estava emagrecendo de novo, continuei. Um dia desmaiei na faculdade, fui de ambulância para o hospital, precisei fazer um tratamento porque minha diabete estava muito alta e a pressão também, eu nunca tinha tido um problema desses. Até hoje quando fico nervosa me vem o gosto do shake e eu vomito, é horrível o que isso fez dentro de mim [sic]. (GORDAS E GORDOS NO TOPO, 2019).

Para Giddens (2001), a individualidade faz parte da vida moderna. Ele conceitua que a vivência do "eu" é como um projeto reflexivo, ou seja, trata-se de uma vivência na qual os sujeitos são vistos e se veem como responsáveis pelo que são, são responsáveis pelos seus esforços, que os constroem moralmente para si e para os outros.

Esse projeto reflexivo é uma sequência de hábitos, ritos institucionalizados, aceitos e apoiados socialmente, que acabam sendo impostos a todos. Giddens explica que o "eu" vai se constituir a partir de escolhas que acabam envolvendo estilos de vida.

Pensar em estilos de vida é entender que existem modelos de corpos encontrados socialmente, pela internet e pelas mídias, e que acabam sendo assimilados, aceitos ou não, que podem servir como referência numa construção identitária. Tais modelos podem estar em constante transformação:

> Sem negar a sua conexão com o poder, devemos considerar [o discurso] mais como um fenômeno de reflexividade institucional em constante movimento. É institucional por ser o elemento estrutural básico da atividade social nos ambientes modernos. É reflexivo no sentido de que os termos introduzidos para descrever a vida social habitualmente chegam e o transformam – não como um processo mecânico, nem necessariamente de uma maneira controlada, mas porque torna-se parte das formas de ação adotadas pelos indivíduos ou pelos grupos. (GIDDENS, 1993, p. 39).

Como vimos, o corpo faz parte dessa construção identitária que se quer edificar perante a sociedade e, no mundo contemporâneo, essa estrutura passa necessariamente pelo tamanho do corpo, com a necessidade de encaixá-lo entre os "normais" (aceitos) ou "anormais" (excluídos).

> Entre o nível dos conhecimentos pacientemente construídos por meio de experimentação, debates na comunidade científica – conhecimentos que, como é sabido, estão momentaneamente estabilizados –, e as ambições reformistas que animam os discursos inflamados e alguns planos de ação, há um distanciamento considerável que dá lugar à ideologia e às mitologias. Ao sair dos laboratórios, a nutrição torna-se rapidamente uma questão social e um compromisso político que deve prestar contas à sociedade, dando o que pensar aos que estudam. (POULAIN, 2013, p. 23).

A discussão do emagrecimento, das dietas e dos produtos para alcançar um corpo com saúde saiu dos consultórios e laboratórios e ocupou o cotidiano das pessoas. Em todos os espaços sociais existem conversas sobre receitas e controles sobre o corpo, destacando-se como atingir isso rapidamente.

> Onde trabalho, estudo, danço, curto com minhas amigas se ouve falar de dietas, regimes, de como tal pessoa conseguiu emagrecer tantos quilos, que comer batata doce deixa você mais magra ou que existe uma cinta que afina sua cintura. A verdade é que 90% das minhas conversas diárias são sobre emagrecer, malhar, clarear, cuidar do corpo. É isso, manter ele magro, mesmo que para isso seja ficar doente [sic]. (JOANA, 27 anos, 2018).

O mercado do emagrecimento apoia-se na mídia e no boca a boca, e as matérias sensacionalistas que vemos sobre a epidemia da obesidade colaboram para essa busca frenética e, consequentemente, para a venda de produtos que prometem deixar o corpo menor:

> Para ser bonito é preciso emagrecer. [...] os indivíduos convencidos de que é preciso ser magro para ser belo mostram uma vontade de se tornarem, ou de voltarem a ser, "normais". Para isso, estão prontos a fazer esforços em matéria de regimes, de exercícios físicos, de roupas. A comunicação gira em torno de conselhos, de ofertas ou pedidos de apoio. A sociabilidade criada tem como finalidade compartilhar as dificuldades. "Estar juntos" é um meio de motivar-se a voltar à norma. "Estou decidido a perder peso, mas procuro alguém que possa me ajudar e compartilhar do meu desejo de emagrecer." Outros tentam igualmente identificar, dentro do universo psicológico que designam, qual a origem do seu problema de peso. Os julgamentos negativos feitos sobre eles são considerados como normais e, mesmo em certos casos, como um estímulo e motivação. (POULAIN, 2013, p. 131, grifos do autor).

Nesse mercado que lucra com o fracasso de muitos, todo dia aparece uma nova dieta, outro remédio, chá ou outra proposta milagrosa.

Não encontramos discussões sérias sobre o quanto é difícil emagrecer e as consequências dessas panaceias para o corpo humano.

A culpa do fracasso recai sobre a própria vítima, que não consegue emagrecer e/ou manter esse corpo considerado socialmente saudável. Em meio à culpabilização, enfatiza-se que a única saída para todos os problemas individuais é que as pessoas devam se tornar magras e, em vista disso, o mundo acabaria com os problemas de saúde que perseguem as sociedades contemporâneas.

Nessa sensação de que a "obesidade" é um dos problemas mais graves de saúde no mundo atual, quem começa a ganhar massa corporal também principia uma caça aos quilos, já que engordar significa estar doente e ser um fracassado. Tudo vale, menos engordar, e, se por acaso já se ganhou quilos a mais, então se deve castigar, excluir e modificar esse corpo "anormal" com certa urgência. Claro que nem todo peso é ruim. Ganhar massa é o objetivo de muitos: massa magra, para deixar bem entendido.

BELEZA É IGUAL À SAÚDE, E FEIURA É DOENÇA

> A imagem de força, beleza e juventude é, nesses lugares de interação, sinônimo de saúde, ou melhor, a saúde está submetida à estética, o que significa que estar fora dos padrões de beleza do grupo e de suas práticas é estar sem saúde e excluído de sua convivência, principalmente porque a construção da pessoa fisiculturista está relacionada à construção e manutenção de sua forma física. Estar fora de forma é estar na liminaridade no contexto das academias de musculação, pois o corpo individual é o centro desse universo, sendo tratado como máquina que tem entre seus principais combustíveis os esteroides, anabolizantes e os suplementos alimentares, produtos dos grandes laboratórios e indústrias farmacêuticas. (MADEL, 2007, p. 15).

O belo é um tema filosófico desde a Antiguidade, a discussão não é nova. A busca por obter, possuir ou apenas observar a beleza tem sido constante no mundo ocidental. A beleza sempre esteve associada a outras características, como ao bom, atribuído moralmente a seres especiais ou divinos; portanto a beleza não é comum, não é para todos. Talvez esse seja um dos motivos da busca pela beleza a qualquer preço, seja no próprio corpo, seja na conquista de outro corpo considerado belo.

Ao longo do tempo, essa construção — sobre as características necessárias para sermos considerados belos — foi imposta por discursos de poder. O discurso imperativo dominante estipulava o que era ser uma mulher bela e, portanto, desejada a qualquer preço. Em alguns momentos, o corpo deveria ser bem claro, em outros, bronzeado; por vezes, maior, e em outras, esquelético.

A associação do belo ao que é bom e "normal" hierarquiza o que não se encaixa dentro do que se considera belo em sua época. A beleza diferencia, excita, causa inveja, é sempre um desejo, pode ser considerada um status de poder e usada como moeda de troca em algumas organizações sociais (SANT'ANNA, 2014b).

> No Brasil, antes da Proclamação da República, a beleza já era vendida em forma de pós, perucas, perfumes, além de roupas e joias. Os alfaiates existiam desde o século XVI e também serviam como cabeleireiros. As costureiras formavam ofício feminino importante, e suas clientes compravam os tecidos em lojas de fazendas e armarinhos localizados, em geral, na parte central das cidades. Mais tarde, quando apareceram as revistas ilustradas, alguns desses estabelecimentos comerciais foram anunciados pela propaganda impressa, assim como a venda de loções perfumadas para a pele, sabonetes e tinturas. (SANT'ANNA, 2014b, p. 19).

Na sociedade contemporânea, a busca pela beleza ocorre cada vez mais cedo. Meninas de 4 a 5 anos já se preocupam com a magreza e consomem produtos para atingirem a constituição da beleza:

> Minha sobrinha tem 4 anos e chegou em casa chorando porque chamaram ela de gorda na escola. Ela disse para minha tia que

quer emagrecer, não quer mais comer, pediu uma cinta pela internet e começou a fazer aula de judô no colégio porque disse que tem que ser magra e bonita. Estamos muito preocupadas com isso, ela só tem 4 anos [sic]. (BETA, 29 anos, 2019).

Com a liberação das importações no Brasil na década de 1990, segundo Sant'Anna (2014b), a preocupação com a beleza feminina tem se intensificado desde então, sendo o mercado da beleza uma realidade na vida das meninas. O império da beleza e do emagrecimento investe cada vez mais cedo na vida das mulheres, como aponta Sant'Anna (2014b). A partir de 2000, os salões de beleza destinados a crianças se tornaram uma febre em várias cidades do Brasil, ligados ou não a concursos de beleza infantil:

> Desde a Revolução Industrial, as mulheres ocidentais da classe média vêm sendo controladas tanto por ideais e estereótipos quanto por restrições de ordem material. Tal situação, exclusiva desse grupo, revela que as análises que investigam as "conspirações culturais" são plausíveis apenas em relação a elas. A ascensão do mito da beleza foi somente uma dentre as várias ficções sociais incipientes que se disfarçavam como componentes naturais da esfera feminina para melhor encerrar as mulheres que ali estavam. (WOLF, 2018, p. 33, grifo do autor).

O corpo da mulher, considerado um corpo para procriação, cuidado, fragilidade e beleza, sempre sob e para o controle masculino (do pai, marido, médico e assim por diante), é visto como um bem que deve sempre ter sua aparência e sua fragilidade melhoradas para ser possuído.

A busca pela beleza feminina é institucionalizada nas famílias e nas escolas. Wolf (2018) alerta para o surgimento dos mitos da beleza feminina, sempre uma invenção masculina. Depois que as mulheres começaram a ter mais domínio sobre seus corpos com os anticoncepcionais, na década de 1960, o controle passou a ser exercido a partir da criação de novos padrões de beleza, que passaram a ser o foco das mulheres. E isso se tornou um método rigoroso pela sobrevivência nas sociedades ocidentais.

> Eu faço qualquer coisa por ser bonita e despertar desejo, trabalho com isso, já fiz 12 cirurgias e vou fazer outra na barriga porque ela voltou a ficar flácida, estou no meu quarto casamento e graças a deus sempre casei com homens ricos e lindos, e é isso que digo para minhas filhas, sempre lindas para homens poderosos; mulheres feias, homens fracassados. (BELEZA FEMININA, 2017).

Foucault (1997) explica como o corpo é absolutamente inseparável de uma gestão de disciplina e controle por parte dos discursos de poder, que reprimem nossa maneira de estar no mundo.

> Se o mito da beleza não se baseia na evolução, no sexo, no gênero, na estética, nem em Deus, no que se baseia então? Ele alega dizer respeito à intimidade, ao sexo e à vida, um louvor às mulheres. Na realidade ele é composto de distanciamento emocional, política, finanças e repressão sexual. O mito da beleza não tem absolutamente nada a ver com as mulheres. Ele diz respeito às instituições masculinas e ao poder institucional dos homens. (WOLF, 2018, p. 80).

A beleza está relacionada diretamente à maneira como nossa sociedade está organizada patriarcalmente: o sexo feminino é objeto de desejo e dominação, instrumentalizando controles para que as mulheres, desde muito cedo, queiram e foquem a beleza como objetivo final de sobrevivência.

Esse mecanismo é perigoso porque anula muitas outras coisas que as mulheres poderiam buscar como objetivo em suas vidas, como estudos, carreiras, viagens, amores. Existe, então, uma obsessão pela magreza e por tudo que está relacionado a ela.

> As mulheres devem querer encarná-la, e os homens devem querer possuir mulheres que a encarnem. Encarnar a beleza é uma obrigação para as mulheres, não para os homens, situação esta necessária e natural por ser biológica, sexual e evolutiva. Os

> homens fortes lutam pelas mulheres belas, e as mulheres belas têm maior sucesso na reprodução. A beleza da mulher tem relação com sua fertilidade; e, como esse sistema se baseia na seleção sexual, ele é inevitável e imutável. Nada disso é verdade. A "beleza" é um sistema monetário semelhante ao padrão ouro. Como qualquer sistema, ele é determinado pela política e, na era moderna no mundo ocidental, consiste no último e melhor conjunto de crenças a manter intacto o domínio masculino. Ao atribuir valor às mulheres numa hierarquia vertical, de acordo com um padrão físico imposto culturalmente, ele expressa relações de poder segundo as quais as mulheres precisam competir de forma antinatural por recursos dos quais os homens se apropriaram. (WOLF, 2018, p. 27, grifo do autor).

Assim, obedientes a esse mecanismo, a maioria das mulheres se envolve nesse emaranhado construído pelos discursos de poder institucionalizados, focando a beleza como sinônimo de saúde e felicidade.

A ditadura da beleza está mais exigente e cruel com o corpo feminino. Os requisitos para ocupar o lugar de mulher bela são cada vez mais inalcançáveis e, diante de tanta opressão, promessas não cumpridas e prêmios nem tão generosos assim, mulheres do mundo todo têm se dado conta de "que talvez seja mais urgente ser inteligente, forte, viajar, ler bons livros e não passar a vida toda se olhando no espelho, buscando aprovação para ser alegre" (JIMENEZ-JIMENEZ, 2018c).

Sobre a feiura, podemos entendê-la como tudo que não é considerado belo em determinada época. Eco (2007) analisa esse entendimento na concepção de quais corpos nossa sociedade considera feios e quais associações fazemos a esses corpos. Ser diferente do que se padroniza como belo, portanto, incomoda, causa medo e é associado a características ruins, como doença, maldade etc.

O autor questiona a associação de todos os feios à maldade e todos os belos à bondade. Para Eco (2007), peles flácidas e coxas gordas podem ser fascinantes. Segundo ele, os corpos pouco convencionais acabam sendo mais interessantes, porque a feiura ultrapassa limites e não segue regras.

Assim, as concepções de beleza e feiura são culturais e se modificam com a historicidade de cada sociedade, mas as características associadas ao belo são consideradas superiores e estão sempre ligadas à bondade.

A concepção social de beleza serve, inclusive, para que pessoas desonestas passem confiança a vítimas e à polícia quando arquitetam golpes:

> Uma mulher loura e bonita usava a beleza para dar golpes na internet. Vendia produtos como telefones celulares e não entregava. Chegava a se passar por paciente de câncer para pedir dinheiro. Segundo a polícia, ela deu um prejuízo de pelo menos R$ 50 mil, só nas vítimas que já registraram queixa. Bruna Cristine Menezes de Castro, conhecida como Barbie nas redes sociais, anunciava produtos importados e smartphones, recebia o dinheiro e não entregava a mercadoria. Desde abril, já chegaram pelo menos 90 denúncias só em Goiânia. Mas existem investigações em outros estados, como no Rio de Janeiro e em Brasília. A polícia estima que ela já tenha aplicado pelo menos 500 golpes nos últimos cinco anos. (LUQUESI, 2015).

Se nossa sociedade considera o corpo gordo feio e o magro, bonito, as características positivas estarão ligadas aos magros e as negativas, aos gordos. Os corpos gordos femininos, porém, estão sujeitos a ainda mais ênfase e cobrança social, já que, além da cobrança patriarcal por beleza, o corpo padrão é tido como o único possível.

O DISCURSO BIOMÉDICO É GORDOFÓBICO

> Uma alergista se recusou a solicitar um teste alérgico para mim porque, segundo ela, tudo ia melhorar se eu comesse menos! Fora nutricionistas e endocrinologistas ignorando totalmente

meu histórico de transtorno alimentar ao prescrever dietas ou medicação. (JOANA, 36 anos, 2018).

Pensando nessa condição na qual nós mulheres, para sermos belas, saudáveis e felizes, temos que estar magras e manter a magreza com estratégias mirabolantes — escolhas alicerçadas por uma cobrança social muito forte —, o discurso biomédico se torna decisivo na manutenção, a qualquer custo, de um corpo menor.

Conversei sobre o tema com algumas mulheres grávidas e mães amamentando. A Hilda é uma mulher gorda. Enquanto conversávamos, ela amamentava seu filho, João. Anunciou, na conversa, sua preocupação em voltar a ter a barriga e os seios de antes de engravidar, porque, segundo ela, antes da gravidez seu corpo não era gordo, era "gordinho", sem barriga e com seios firmes:

> Eu penso muito nisso, tirei todos os espelhos grandes do meu quarto, porque me faz muito mal me ver nesse novo corpo horrível, tudo mole, grande, feio. Meu marido disse para mim que depois eu faço uma academia e volta ao normal, mas eu acho que ele fala isso pra me consolar. Nossa sexualidade nem existe mais, acho que ele sai com outras mulheres, devem ser mais novas e belas, e fica comigo por pena, sei lá; eu não estou bem por isso [sic]. (HILDA, 32 anos, 2018).

Hilda estava depressiva e triste ao contar como se sentia em seu novo corpo de mulher que acabara de parir. Enquanto amamentava, falava, com muito sofrimento, de seus desafetos sobre seu corpo.

Pensei muito na cena: a criança se alimentava e parecia olhá-la com cara de pena também. Fiquei tão sensibilizada que dediquei muita atenção a essa observação. Foram doze páginas de anotações à mão sobre o momento. E a partir daí levantei a reflexão de como nós mulheres nos preocupamos tanto em estar com um corpo aceito socialmente que acabamos deixando de aproveitar o que está acontecendo ao nosso redor, e ainda contaminamos as pessoas à nossa volta com esse sentimento de fracasso e tristeza.

Desde que nascemos e estamos sendo amamentados, esses sentimentos do corpo mais próximo de nós — a ansiedade da mãe por voltar a ter o corpo de antes da gravidez, a insatisfação e a tristeza —, de alguma maneira, nos são passados ali, no colo da pessoa em quem mais confiamos e amamos naquele momento da vida. Nessa primeira socialização com o mundo, o corpo que está ali para nos proteger e saciar nossa fome está envolto numa insatisfação consigo mesmo, o que causa dor e tristeza:

> Minha irmã é doula e me disse para parar com isso e aproveitar minha filha, que é linda e cheia de saúde, mas é difícil, é algo que me consome. Eu engravidei sem estar preparada, acho, foi acontecendo e eu fui aceitando; mas, depois do parto, me sinto assim, triste, feia, doente. Preciso de ajuda. Vou começar a fazer um tratamento com acupuntura e vou ver se acho uma psicóloga [sic]. (HILDA, 32 anos, 2018).

Talvez seja por isso que temos vistos nas redes sociais, com mais frequência, gestantes que "pegam pesado" nas academias, dietas voltadas a esse momento da vida, venda de produtos etc. Existem muitos perfis no Instagram, por exemplo, vendendo a imagem da mulher grávida fitness, saudável e alegre.

Temos como exemplo o perfil da modelo Sarah Stage que, em 2015, fotografou o passo a passo de seus 9 meses de gravidez, malhando, comendo "comidinhas fitness" e mantendo seu corpo magro, jovem e malhado. O êxito foi tanto que, após o parto, continuou a proposta de "ensinar" como ter um corpo magro saudável, mostrando como conseguia manter seu corpo e barriga "tanquinho" (NEVES, 2015).

Esse medo de engordar tem levado mulheres a repensar a gravidez e a avaliar como "tratar" seu corpo nessa fase, preocupação sempre sustentada pelo discurso do corpo saudável magro:

> Engordei três quilos na gravidez, fiz tudo direitinho, nutricionista, malhação, hidroginástica, caminhada, alimentação super-saudável e estou aqui de volta com meu corpo; sou fitness até na gravidez. Amamentei seis meses a Clara porque já voltei para

minhas atividades normais. Ela é uma criança linda e alegre [sic]. (KATIA, 28 anos, 2018).

Nota-se que as mulheres acreditam que todos os corpos podem ser iguais ao de Sarah Stage, e conseguir um corpo malhado, belo e jovem na gravidez é possível, desde que se faça exatamente como ela fez. Mas a realidade não é essa. Muitas mulheres não podem, não conseguem e se sentem fracassadas e culpadas por não alcançarem o corpo vendido pelas mídias.

> Eu malho a vida toda, desde meus primeiros anos de vida, me lembro em aulas de esporte e aos 12 anos já ia com minha mãe na academia, ela foi miss, modelo, e eu segui pelo mesmo caminho. Quando casei e engravidei da Julia não deixei de malhar, aí peguei mais pesado ainda, meu personal trainer é especialista em mulheres grávidas, montei um Instagram "A mãe da Julia" e tenho duas milhões de seguidoras. Meu corpo só cresceu a barriga mesmo, e depois de um dia já estava na academia fazendo lives de novo, meu corpo é minha vida, se eu não cuidar dele eu morro [sic]. (MUSAS, 2017).

A construção do discurso biomédico, midiático e normatizado do que é ser saudável não leva em consideração todos os corpos, subjetividades, afetos, histórias de vidas e dimensões culturais. Nessa lógica — política e capitalista, mundial — existem apenas dois tipos de corpos: o com saúde e o com doença. Esse entendimento acaba impulsionando mais estigmatização e tristeza, contrariando o que podemos entender por um corpo com saúde:

> Quando eu tinha 13 anos, comecei a vomitar tudo que eu comia. Nunca imaginei que estava doente, porque meu objetivo era estar magra e eu estava, então achava aquilo normal. Minha melhor amiga também vomitava, e minha mãe, eu já tinha ouvido ela vomitar. Com 21 anos fui internada e descobri que estava doente porque estava magra demais [sic]. (CECÍLIA, 34 anos, 2017).

Como vimos, o discurso vigente acaba separando os corpos nada reais, tidos como normais, daqueles que estão acima do peso, flácidos, gordos, tidos como os patológicos. Entender essa dualidade e os conceitos de doença e normalidade, patologia e anormalidade, pelo ponto de vista da filosofia da ciência, nos dá pistas de como essa concepção biomédica do corpo é profunda e marcada por muitas construções socioculturais.

O filósofo médico francês Georges Canguilhem (1982) se debruçou sobre a concepção do que temos de normal e patológico a partir do discurso biomédico, que é um modelo mecanicista, porque generaliza e simplifica o que é analisado nos consultórios médicos. Para ele, a ideia de patologia e anormalidade ou doença e normalidade não pode estar desassociada do organismo e do ambiente em que se encontra. A investigação analítica desse conceito não pode deixar de levar em conta os valores e as construções sociais, isto é, essa análise deve estar marcada por estudos socioculturais.

Assim, estar ou ficar doente nada tem a ver com fenômenos biológicos e/ou objetivos, porque o que se considera saudável ou doente sempre estará submerso nas subjetividades.

> [...] achamos que é muito instrutivo meditar sobre o sentido que a palavra "normal" adquire em medicina, e que a equivocidade do conceito, assinalada por Lalande, recebe, nesse sentido, um esclarecimento muito grande e de alcance absolutamente geral sobre o problema do normal. É a vida em si mesma, e não a apreciação médica, que faz do normal biológico um conceito de valor, e não um conceito de realidade estatística. Para o médico, a vida não é um objeto, é uma atividade polarizada, cujo esforço espontâneo de defesa e de luta contra tudo que é valor negativo é prolongado pela medicina, que lhe traz o esclarecimento da ciência humana, relativo, mas indispensável. (CANGUILHEM, 1982, p. 50).

A valorização da vida em si, de cada corpo como único, que carrega sua história, seus afetos e suas construções, não deve ser considerada ou mesmo esquecida. Há um equívoco em entender o corpo humano como uno, ou dual, ou uma coisa ou outra, ou normal ou patológico:

> Sem dúvida, há uma maneira de considerar o patológico como normal, definindo o normal e o anormal pela frequência estatística relativa. Em certo sentido, pode-se dizer que uma saúde perfeita contínua é um fato anormal. Mas é que existem dois sentidos da palavra saúde. A saúde, considerada de modo absoluto, é um conceito normativo que define um tipo ideal de estrutura e de comportamento orgânicos; nesse sentido, é um pleonasmo falar em perfeita saúde, pois a saúde é o bem orgânico. A saúde adjetivada é um conceito descritivo que define uma certa disposição e reação de um organismo individual em relação às doenças possíveis. Os dois conceitos, descritivo qualificado e normativo absoluto, são tão distintos que mesmo o homem do povo diz que seu vizinho tem má saúde ou que ele não tem saúde, considerando como equivalentes a presença de um fato e a ausência de um valor. Quando se diz que uma saúde continuamente perfeita é anormal, expressa-se o fato de a experiência do ser vivo incluir, de fato, a doença. Anormal quer dizer precisamente inexistente, inobservável. Portanto, isso não passa de outra maneira de dizer que a saúde contínua é uma norma e que uma norma não existe. Nesse sentido abusivo, é evidente que o patológico não é anormal. E é mesmo tão pouco anormal que se pode falar em funções normais de defesa orgânica e de luta contra a doença. Leriche afirma, como já vimos, que a dor não está no plano da natureza, mas poder-se-ia dizer que a doença é prevista pelo organismo. [...] No entanto, por mais prevista que possa parecer, não podemos deixar de admitir que a doença é prevista como um estado contra o qual é preciso lutar para poder continuar a viver, isto é, que ela é prevista como um estado anormal, em relação à persistência da vida que desempenha aqui o papel de norma. Portanto, tomando a palavra normal em seu sentido autêntico, devemos formular a equação

> dos conceitos de doença, de patológico e de anormal. (CANGUILHEM, 1982, p. 52-53).

Por meio dessa reflexão, posso inferir que todo corpo nunca estará saudável no decorrer de sua existência, e que o próprio conceito de doente faz parte da construção e da vivência desse corpo, já que ele não tem como ser todos os dias de sua vida saudável. Ou seja, todos os corpos vivenciam doenças, algumas são eliminadas e com outras vive-se por muito tempo.

Poulain (2013) faz uma análise sociológica sobre o surgimento da "obesidade", como essa patologização foi construída socialmente e instrumentalizada no universo das ciências médicas. As consequências dessa maneira de entender o corpo gordo acabaram por reforçar a sua estigmatização:

> O papel dos cientistas, dos especialistas, do aparelho de legitimação do mundo científico – por meio das revistas, dos congressos, das conferências de consenso – é essencial nesse momento. O que está em jogo é que está ligado à necessidade de tornar o problema visível e digno de crédito. As mudanças de vocabulário e as modificações de estatuto epistemológico para noções como "fator de risco", "doença", "doença mortal", "epidemia" podem facilitar a visibilidade da questão da obesidade. (POULAIN, 2013, p. 149).

Para o autor, é importante analisar a evolução do estatuto epistemológico da obesidade[4],

> [...] porque houve um momento que se considerou a obesidade como um problema estético e moral para um período em que ela se tornou uma causa de doenças, o objeto de uma argumentação sanitária cada vez mais avançada, de uma lenta, porém contínua, medicalização, até ser finalmente designada como epidemia mundial. (POULAIN, 2013, p. 157).

---

[4] Sugiro a leitura de Sociologia da obesidade, de Jean-Pierre Poulain, primeira parte: "A sociologia a serviço da medicina da obesidade".

Com essa análise, Poulain (2013) aponta que aconteceu uma medicalização da obesidade, medicalização no sentido que Conrad (1992) define "[...] como um processo pelo qual os problemas não médicos são definidos e tratados como médicos, em termos de doença e de disfunção" (CONRAD, 1992 *apud* POULAIN, 2013, p. 157). E explica que, nesse processo contínuo, "[...] o percurso pelas questões social e moral desaparece aos poucos, em proveito de uma ordem racional, fundamentada pela ciência" (CONRAD, 1992 *apud* POULAIN, 2013, p.158).

Nessa trajetória epistemológica sobre o corpo gordo para uma concepção de obesidade como epidemia e a supervalorização patológica, começam a surgir, na década de 1990, relatórios da Organização Mundial da Saúde (OMS) apontando o corpo gordo como uma doença perigosa, pandêmica. Como consequência, a mídia se utiliza das estatísticas para dar início a uma avalanche alarmista e sensacionalista em todo o mundo.

Poulain (2013, p. 188) indaga: quem poderia ter interesses na questão do sobrepeso e da obesidade para que ela apareça em primeiro plano na cena social, a fim de que a situação se dramatize e se inscreva nas agendas políticas? Segundo ele, existem vastos interesses tanto das indústrias farmacêuticas e parafarmacêuticas como do mercado de emagrecimento, da indústria agroalimentar e das refeições rápidas:

> Na verdade, quase todos os membros dessa comissão têm relações de interesse com as empresas farmacêuticas ou parafarmacêuticas. O próprio CCF (Consumer Freedom) lembra igualmente que a IOTF (International Obesity Task Force, da World Federation Obesity), que aparenta ser uma organização científica independente, é "financiado pela indústria de medicamentos" e o designa simplesmente como uma das estruturas de lobbying atuantes juntos à OMS. O CCF não hesita em declarar que: a ampliação da categoria do sobrepeso é resultado de um trabalho bem-sucedido de lobbying. Inserindo várias dezenas de milhões de americanos na categoria do sobrepeso, a IOTF

> expande consideravelmente o mercado dos produtos e dos serviços correspondentes a uma demanda de emagrecimento. (ALLISON, 1999, p. 1530 *et seq. apud* POULAIN, 2013, p. 189).

Foucault (2004) também levanta uma crítica à constituição dos saberes da medicina no mundo ocidental já que, para o filósofo, houve a substituição da maneira de entender ou perceber a "arte de curar" por patentear a doença sobre o corpo.

Com essa nova forma de entender o corpo doente, vem a desvalorização do entendimento do adoecimento pela subjetividade, um entendimento sensível, cultural e afetivo, e emerge o enaltecimento dos modelos de identificação de doenças, que passa a classificar a doença na pluralidade dos corpos, e não na singularidade de cada ser.

Esses discursos classificatórios acabam tornando-se verdades absolutas mundialmente, como um dogma religioso, explica Wolf (2018), por que a sociedade está obcecada. Acredita-se fielmente que existe um tipo de corpo válido e que o resto não é normal:

> A cultura moderna reprime o apetite oral da mulher da mesma forma que a cultura vitoriana, através dos médicos, reprimia o apetite sexual feminino: do alto da estrutura do poder para baixo, com um objetivo politico. Quando a atividade sexual feminina perdeu seus valiosos castigos, os ritos tomaram o lugar do medo, da culpa e da vergonha que as mulheres sabiam que deveriam sempre acompanhar o prazer. [...] O estado de sua gordura, como no passado o estado de seu himen, é uma preocupação da comunidade. "Oremos por nossa irmã" se transformou em "Nós todos vamos incentivá-la a perder esse excesso de peso". (WOLF, 2018, p. 145 *et seq*).

Existe uma lacuna nos estudos da "obesidade", da gordura, em levantar questionamentos sobre qual caminho estamos seguindo nessa questão de transformar todo corpo gordo em doente, anormal e patológico. Essa obsessão na busca pelo corpo magro leva a um preconceito que mata mais do que a própria "obesidade" anunciada por eles.

É urgente o desenvolvimento de pesquisas sobre o corpo gordo brasileiro pela comunidade acadêmica, como já existe em outros países, os *fat studies*, por exemplo, para entendimentos epistemológicos da construção de discursos de saúde fundamentados em bem-estar e vida saudável, mas que verdadeiramente, num mundo capitalístico, estão sempre sujeitos aos interesses de impérios empresariais que manipulam as investigações científicas.

Estamos colapsando, apoiando essa ideia construída pelo discurso biomédico, que, aliás, não tem conseguido diminuir ou melhorar os índices de pessoas gordas no mundo, muito pelo contrário. Como eles mesmos anunciam, a quantidade de pessoas acima do peso só tem crescido.

Não podemos mais consentir e apoiar esse modo de entender o corpo gordo no mundo, que empurra esse corpo para a margem da sociedade e usa como base desse discurso a ideia de saúde:

> Eu tentei me matar cinco vezes, já fui internada duas vezes, tomo remédios fortíssimos, sou uma pessoa depressiva, tenho fobia social, fiz a cirurgia bariátrica acreditando que tudo isso ia mudar, mas percebi nesses quatro anos que a sociedade acabou comigo. Hoje sou magra, mas penso como antes, sou insegura, tenho muitos problemas de saúde, me vejo como uma pessoa que não merece amor, carinho, respeito, me corto, me machuco, eu quero morrer [sic]. (GABRIELA, 29 anos, 2018).

Essa maneira de entender e patologizar o corpo gordo é cruel, como já anunciado outras vezes neste texto. A gordofobia médica mata pessoas pela estigmatização desse corpo como dissidente.

> Já pesei 150 quilos; quanto mais fazia tratamentos para emagrecer, minha vida toda, mais engordava. Tinha 28 anos e estava enorme. Eu gostava de mim, mas aos poucos fui me odiando. Minha família decidiu que eu fizesse a cirurgia em 2009 e fiz, mas tive consequências graves e engordei de novo. Então, ano passado tentei me matar, tomei todos os remédios que tinha no banheiro e fui socorrida pelo meu irmão, que chegou em casa e me

> levou para o hospital. Fiquei internada três meses e depois me mandaram para uma clínica. Fiquei me alimentando por sonda, eu nunca mais consegui comer com prazer, eu nem sei o que é prazer. Minha vida não vale ser vivida, eu sou uma coisa que deu errado e não tem solução, é isso [sic]. (LORENA, 42 anos, 2018).

Quando a saúde é encarada apenas pelo viés alarmista, e a divergência dos padrões estatísticos é a única preocupação, corre-se o risco de justamente deixar de lado a "saúde" dos corpos que buscam atendimento médico nos consultórios e hospitais.

> Sempre meu desejo foi emagrecer, porque minha família, professores, meus médicos, psicólogos, nutricionistas, o mundo, me vendeu essa ideia de que para eu ter saúde tinha que estar magra, para ser alegre tinha que estar magra, para casar tinha que estar magra, para terminar a faculdade tinha que estar magra, para ter amigas tinha que estar magra. Então eu fui forçada desde pequena a emagrecer e manter esse corpo magro, mas nunca consegui satisfatoriamente. Tinha fases mais magras e fases mais gordas, mas nunca era um corpo magro ideal. Já fiz de tudo, tudo mesmo, e nunca alcancei as promessas que a sociedade fez para depois que eu estivesse magra, e então eu voltava a engordar. Isso é um horror, uma pressão, um sufocamento, uma forma de não deixar a gente viver a nossa vida, porque a questão de estar magra é o tempo todo central na nossa vida, isso é tristeza e dor [sic]. (JULIANA, 32 anos, 2018).

São inúmeros os casos de mulheres que vão a consultórios ou ambulatórios com queixas de dores, manchas, ou simplesmente para ver como anda a pressão, e recebem um tratamento extremamente ofensivo, com um diagnóstico pronto de "obesidade". Por consequência, muitas deixam de frequentar consultórios médicos ou até mesmo desenvolvem doenças não diagnosticadas, uma vez que, quando atendidas, o foco sempre recai no corpo gordo:

> Faz 3 anos que não vou no médico, nem em ginecologista, nem no oculista e nem no dentista. Odeio essa gente nojenta, odeio com toda minha alma, tenho trauma, tenho medo. Quando penso nesse tema começo a suar. Nem em psicóloga vou mais, porque a última me falou que eu tinha que ter força de vontade para emagrecer. Eu discuti com ela porque eu tenho força de vontade, mas não consigo, fiquei muito mal com isso [sic]. (ÚRSULA, 31 anos, 2018).

> Eles odeiam gente gorda, é como se a gente fosse monstros, contra a saúde do mundo, e que a gente tivesse uma doença contagiosa que eles podem pegar, ou seus filhos e família. Quando a gente entra num consultório ou chega num hospital, todos, desde a recepcionista até as enfermeiras, te olham com ar de reprovação e escárnio, é humilhante demais, é dolorido demais. Fim de ano, tive uma intoxicação alimentar e tive que ir ao médico, foi um pesadelo. Chorei muito e demorei dias para me recuperar. Agora preciso ir no médico porque tenho muitas dores de cabeça, mas não vou por pavor que tenho desse tratamento que contei [sic]. (ODETE, 26 anos, 2019).

Minhas conversas com mulheres gordas perpassaram por essa questão da gordofobia médica. Fica claro que os profissionais da saúde não estão preparados para o tratamento humano com as pessoas gordas. A estigmatização é tão forte e naturalizada que a metodologia no trato desses corpos é cheia de preconceito e descaso com as queixas primárias. A pessoa é vista como responsável por ser grande, e ser grande é algo abominável, que deve ser repreendido.

SER MAGRA COMO OBJETIVO DE VIDA

> Eu tenho pavor a ser gorda, pavor mesmo, sonho com isso, penso muito nisso, fui fazer terapia por isso, mas mudei pouco mi-

nha maneira de ver meu corpo, que para mim está sempre no limite do magra que vai virar gorda. Para isso não acontecer eu faço dieta pelo menos duas vezes por mês, academia todos os dias, chás todos os dias, tomo um remedinho que segura a fome pelo menos duas vezes ao ano, tomo laxante, não como doce, refrigerante, chocolate e se não aguento e como, eu vomito [sic]. (GORDA NUNCA, 2017).

Na nossa sociedade gordofóbica, que prega a padronização de magreza dos corpos, a supervalorização da aparência vem acompanhada do crescimento do conhecimento médico especializado. Fabiola Rohden (2001) explica que, na história da medicalização da beleza, nos séculos 18 e 19, a aparência era vista por algumas áreas médicas de forma marginal, associando, por exemplo, beleza a maternidade:

> A imagem médica da beleza feminina se confundia com a representação da boa esposa e mãe produtora de muitas crianças. Sua feminilidade se refletiria em um corpo arredondado, volumoso, seios generosos, ancas desenvolvidas, característicos da maternidade. Os médicos "constatam", impressionados, como a beleza ideal das mulheres é delineada pela natureza em virtude da função primordial que lhes cabe. (ROHDEN, 2001, p. 16).

Já nos séculos 19 e 20, a beleza passou a ter valores morais, em meio a um discurso médico-higienista, que valoriza a pureza e a limpeza:

> Cada cultura tem os seus riscos e problemas específicos. Atribui um poder a esta ou àquela margem do corpo, segundo a situação de que o corpo é o espelho. Para exprimir os nossos medos e os nossos desejos mais profundos, tiramos partido do corpo humano; não sem humor e a propósito. Para compreender a poluição corporal, há que restituir os perigos reconhecidos por tal e tal sociedade e ver a que temas corporais cada um corresponde. (DOUGLAS, 2014, p. 91).

Ao longo da história, a aparência física tem sido considerada uma conquista individual, valorada por um juízo moral positivo daquele que a detém. Essa perspectiva do que é um corpo belo acaba por naturalizar a existência de um corpo único e natural, "[...] jamais foi algo de absoluto e imutável, mas assumiu faces diversas segundo o período histórico e o país" (ECO, 2004, p. 14).

O modelo de corpo passa a ser percebido como mecânico e dualista, da ideia de racionalidade criada na Idade Moderna:

> A formulação do cogito de Descartes prolonga historicamente a dissociação implícita do homem do seu corpo despojado de valor próprio. Lembremos, contudo, – uma vez que seu princípio continua sendo verdadeiro – que Descartes formula com clareza um termo chave da filosofia mecanicista do século XVII: o modelo do corpo é a máquina, o corpo humano é uma mecânica discernível das outras apenas pela singularidade de suas engrenagens. Não passa, no máximo, de um capítulo da mecânica geral do mundo. Consideração fadada a um futuro próspero no imaginário técnico ocidental dedicado a consertar ou a transfigurar essa pobre máquina. Descartes desliga a inteligência do homem de carne. A seus olhos, o corpo não passa do invólucro mecânico de uma presença; no limite poderia ser intercambiável, pois a essência do homem reside, em primeiro lugar, no cogito. (LE BRETON, 2003, p. 18).

Na condição de acessório do ser, o corpo pode ser submetido a um design padrão. Em nosso tempo, o corpo tem sido percebido como construído e "a anatomia deixa de ser um destino para ser uma escolha" (LE BRETON, 2007, p. 49).

> Eu já fui magra com seios grandes, depois engordei de novo, fiz a bariátrica, tirei as peles e reduzi meus seios, engordei de novo, fiz lipoaspiração, e uma cirurgia nos glúteos, agora engordei de novo e estou tentando convencer meu médico pra fazer outra bariátrica. Tive vários problemas de depressão e ele está me avaliando se devo me submeter a outra cirurgia, mas estou com

diabete alta e problemas no ombro e joelho. Era uma rata de academia, acredita que já tive barriga chapada? Tenho uma foto no celular, olha aqui, quero esse corpo de novo, eu era alegre quando era malhada e magra [sic]. (BELEZA FEMININA, 2017).

O depoimento acima é explicado por Costa (2004) quando anuncia que:

> Hoje, é na "exterioridade" do corpo, no semblante da esfera corporal egóica, que o abjeto e o refratário ameaçam irromper. É nesse novo lugar, o lugar das rugas; manchas; estrias; flacidez; barrigas; obesidade; textura indesejável da pele, tensão muscular; conformação óssea viciosa; "pneus"; pêlos e cabelos a mais ou a menos etc., que o abjeto e o recalcitrante são exaustiva e implacavelmente vigiados, esquadrinhados e temidos de maneira fóbica, obsessiva, histérica ou persecutória. (COSTA, 2004, p. 78-79).

A intensa exposição ao mercado do emagrecimento, que reforça a inadequação do corpo gordo e a desejabilidade necessária de magreza, tem colaborado para o investimento das pessoas em esforços contínuos pela conquista dessa corporeidade estipulada como correta e acessível no mundo atual.

A mídia tem considerável papel na construção de nossas representações sobre os corpos venerados como normais. Sobre um modelo de corpo magro, a publicidade e a numeração de vestuário ditam a regra de que tamanho os corpos devem ser e como devem se apresentar.

> Embelezar-se deixou de ser um tema secundário na imprensa. Conquistou seriedade, integrou amplamente a publicidade de milhares de produtos e serviços, desde cosméticos e alimentos até academia de ginástica e clubes de lazer. [...] Beleza transformou-se num tema ambicioso e vasto, exigindo cuidados rigorosos para além das partes físicas mais expostas ao olhar alheio. Das sobrancelhas à genitália, tudo no corpo tornou-se objeto de embelezamento diário. [...] beleza é, igualmente, submissão a

> cirurgias, aquisição de prazer acompanhado por despesas significativas, de tempo e dinheiro. (SANT'ANNA, 2014b, p. 15).

Como pontuado anteriormente, percebo a pouca presença da representação midiática de corpos que não sejam o branco, magro, com cabelo liso, alto. Essa presença, além de insuficiente, pode ser incômoda, uma vez que evidencia a existência do oposto ao idealizado.

> Quando fico olhando as propagandas, revistas e videos na internet com modelos plus size fico mal, queria ser uma gorda como elas, sem barriga, pele lisinha, cabelos brilhantes, quase não ter celulites, eu não sou nada disso e então penso, que gorda sou eu? Eu não sou plus size, sou um monstro gigantesco que não tenho representação nenhuma em lugar nenhum, fico mal, choro, fico dias sem olhar no espelho e entro num regime, [...] teve uma vez que emagreci 15 quilos e mesmo assim continuava gorda e as roupas não me cabiam, fiquei com tanta raiva porque eu sofri muito pra emagrecer, tomei remédio, shakes, comprei uma esteira e para que? Comi tudo de novo, engordei mais ainda [sic]. (SOU GORDA MESMO, 2018).

> Não sou mais gorda, sou magra, graças a deus, vou na academia todos os dias de segunda a domingo, já deixei de viajar para ir na academia, já deixei de sair para ir na academia, primeiro meu corpo, a saúde, depois o resto. [...] Minha família tem muito orgulho de mim, eu era falida, gorda e feia, agora não, todos gostam de mim. Eu não consigo ser gorda, fiz seis plásticas e faria mais, eu escolho meu corpo e faço de tudo para conservá-lo, academia, regime, cirurgias, não vejo nada de mais [sic]. (MUSAS, 2017).

No grupo "Musas", no Facebook, de onde foi retirada a citação acima, a temática principal é a conquista do corpo magro e/ou malhado. Nele e em diversos canais que observamos, tanto virtual como pessoalmente, vemos inúmeros depoimentos de mulheres que fazem referência à correlação do corpo "perfeito" com valores morais, dando ênfase à concepção de que, através da conquista do "corpo belo", são/serão consideradas esforçadas, competentes, motivo de orgulho por parte das pessoas mais próximas, acreditando que esse esforço merece um reconhecimento e uma valorização social:

> Eu tenho que ser magra, não tem outra opção, eu aprendi isso, vivo isso, meu marido quer isso, meus filhos, clientes, eu sou esteticista, vendo saúde e beleza, não tem como ter um corpo gordo, ou flácido, e me esforço para conquistar esse corpo que tenho. Ninguém pensa, mas existe muito esforço nessa conquista, não como doce há 5 anos, não deixo de me exercitar 5 vezes por semana, não bebo álcool, não como carboidrato, sou uma guerreira [sic]. (GISELE, 36 anos, 2017).

> Fui uma adolescente gordinha e sofri muito com isso, na escola me apelidavam, nenhum garoto queria ficar comigo. Quando entrei na faculdade, fui fazer nutrição porque queria emagrecer para sempre, eu comecei a mudar minha alimentação, fazer academia, hoje sou magra, meu corpo me dá muito orgulho e uso minha experiência de superação com minhas pacientes. Só é gordo quem quer, se fizerem como eu, se superarem e batalharem por um corpo com saúde, terão um corpo perfeito [sic]. (PAULA, 29 anos, 2018).

> Acho que o pior que pode acontecer a alguém é estar gorda, isso é um pesadelo, uma doença, muda a cabeça da pessoa, ela começa a ficar preguiçosa, doente, feia, triste, sozinha. Tenho uma amiga, que nem falo mais com ela porque ela começou a engordar e não parou mais, ficou uma pessoa triste e doente [sic]. (KATIA, 40 anos, 2018).

> Para! Só é gorda quem quer, eu mesma sei do esforço que é para uma pessoa que tem tendência a engordar, eu tenho que estar muito atenta a tudo, calorias, horas de sono, não posso dar mole se não engordo, mas eu faço qualquer coisa para

emagrecer, já fiz e faço loucuras, gorda é que não dá né [sic]? (MUSAS, 2017).

A conquista desse corpo vem, portanto, acompanhada de uma valoração positiva daquele sujeito que tem o corpo dito como "certo", "alegre e saudável", não importando quais esforços devem ser realizados para isso, o que importa é ter o corpo "perfeito", para ser aceito e reconhecido em seu meio social:

> Minha família é de mulheres gordas, até a geração da minha avó que mudou isso. Todas nós de pequenas frequentamos nutricionistas, fazemos exercícios, lipoaspiração, o que for preciso para manter nosso corpo magro; ser doente e gorda não mais na nossa prole. Eu com minhas duas filhas já falamos sobre essa tendência de engordar. Não tem doce, nem pão, já vão na nutricionista e fazem exercícios, eu não dou moleza, não. A família tem que perceber e mudar isso [sic]. (ROSANGELA, 43 anos, 2018).

A caça às gorduras nos é ensinada e repassada de geração a geração. Com o objetivo de ser magra, faz-se qualquer coisa e se confia em promessas milagrosas. No caso da falta de êxito, a culpa sempre recai na falta de força de vontade em não aceitar a condição de ser gorda e fazer algo para modificar isso.

A CIRURGIA BARIÁTRICA VISTA DE UM LEITO DE HOSPITAL

> É preciso avaliar muito bem quais os motivos reais para a sua cirurgia. Eu fui convencida de que era pela minha saúde, mas hoje eu tenho consciência de que a pressão que sofri de pessoas do meu circulo social e de médicos dizia respeito ao meu tamanho, não ao meu colesterol alto. As coisas que eu esperava que acontecessem de fato aconteceram: parei de sofrer gordofobia – o tratamento que eu recebia antes da cirurgia era muito diferente do depois de emagrecer, mas isso não me tornou uma pessoa mais alegre. Eu perdi 50% dos fios de cabelo e tive sindrome

de dumping. Porém, a possibilidade que nunca foi nem mencionada foi exatamente a pior consequência para mim: perdi três dentes por causa da baixa absorção de cálcio, que foi o único suplemento que não me receitaram. Como tive perda óssea, o dentista está encontrando dificuldades para realizar implantes, não é somente uma questão estética. Por essas e outras, a vida mudou completamente depois da cirurgia. Eu me transformei totalmente, me abri a uma nova relação comigo mesma. Mas eu fico muito triste de pensar que eu não precisaria ter passado por uma cirurgia se não houvesse tanta gordofobia na própria medicina. Se eu não tivesse também passado toda a minha vida desde a adolescência sendo constantemente atacada pelo meu corpo, talvez eu tivesse buscado outras soluções. Eu queria ter naquela época o entendimento da situação que tenho hoje, decerto não teria operado. Ao mesmo tempo, eu só adquiri essa consciência por causa de toda a imersão em mim mesma que fiz após a cirurgia. Infelizmente não há como saber, a cirurgia faz parte da minha história [sic]. (SANDRA, 37 anos, 2018).

A Sociedade Brasileira de Cirurgia Bariátrica e Metabólica (SBCBM) informa que a procura por cirurgias bariátricas, entre 2012 e 2017, teve um aumento de 46,7%, sendo 70% desse público composto por mulheres. Os dados são os seguintes:

> De acordo com a mais recente pesquisa da Sociedade Brasileira de Cirurgia Bariátrica e Metabólica (SBCBM) foram realizadas 105.642 mil cirurgias no ano de 2017 no país, ou seja, 5,6% a mais do que em 2016, quando 100 mil pessoas fizeram o procedimento no setor privado. E os números são crescentes: em 2015 foram realizadas 93,5 mil cirurgias; em 2014, o número foi de 88 mil procedimentos; em 2013, 80 mil cirurgias e, em 2012, 72 mil cirurgias. (BATTISTELLI, 2018).

Essas informações da SBCBM são analisadas na tese de doutorado em enfermagem de Oliveira (2013), *O processo de tomada de decisão da mulher obesa pela cirurgia bariátrica*: uma abordagem compreensiva, que defendeu que as mulheres entendem a cirurgia como uma necessidade, já que estar magra leva à inclusão social, ao respeito e ao desejo, apontando:

> O imaginário coletivo produz, portanto, uma percepção de desvio de padrão ao obeso. Como se evidencia, são as mulheres as mais pressionadas a atingir o padrão corporal vigente – o de ser magro – e sob as quais incide majoritariamente a realização da cirurgia bariátrica, que poderia ser traduzida pelo senso comum como "a cirurgia de adequação ao corpo ideal e bem aceito socialmente". (OLIVEIRA, 2013, p. 18, grifo do autor).

Desse modo, como já vimos, o discurso tanto da beleza como da padronização do corpo saudável leva principalmente as mulheres a buscarem o procedimento para saírem da estigmatização do corpo gordo como feio, falido.

> É minha segunda vez que faço a cirurgia bariátrica, sofro demais sendo gorda, choro todos os dias, faço terapia, mas não adianta, eu não nasci para aguentar tanta pressão. As pessoas têm nojo de mim, eu não sei me relacionar com a sociedade sendo gorda, quando estou magra me sinto bem, me sinto linda e mais saudável. (...) fiz a cirurgia e vou fazer de novo por saúde, um corpo magro é mais saudável, claro, mas não nego que fica mais lindo também e eu me sinto mais confiante e alegre [sic]. (JACINTA, 36 anos, 2018).

> 1ª consulta. Pedido de encaminhamento para bariátrica a médica não quis me dar... Disse que quer fazer um acompanhamento de inicio. Falou horrores da bariátrica mesmo eu dizendo que já fiz acompanhamento anteriormente com nutri e exames, quer tudo de novo, falou que, se fizesse, iria viver pro resto da vida doente!!! Meu ICM é 43 e ela não vê motivos desesperadores para a cirurgia. Disse 80% alimentação e 20% exercicios, tipo olhou com uma cara como quem quer dizer... para de comer

que dá!!! Eu, louca de dores no meu pé por conta do peso, e acredito que com infecção nos ossos, me receitou paracetamol, sendo que tomo dois ibuprofeno para essas dores! Desculpem o textão... Me sentindo triste!!! Fora que ela nem me deixou falar direto [sic]. (BARIÁTRICA - Vencendo Desafios - Realizando Sonhos, 2018).

Desabafo pra ver se melhoro essa ansiedade. Há quase dois anos minha amiga conversa comigo para fazer a bari, ela fez e está maravilhosa, tem um ano e meio. Eu disse a ela q eu não tinha condições financeiras pra isso, pois trabalho com vendas de calçados, e quase sempre no fiado! Resolvi alguns dias a batalhar pelo meu sonho que é de ser magra, pois sofro muito desde minha infância, sempre fui a gordinha da casa, pesei semana passada estou com 106 kg, meço 1,65. Pensei comigo, como vou pagar esse plano de saúde e depois alguns pós e pagar gente pra ficar com meus filhos e tudo mais? Gente, eu não estou nem conseguindo nem dormir direito de tanta ansiedade, já estou arrumando a documentação pra entrar no plano (empresarial). Meu CNPJ fez 6 meses agora, e a Unimed exige no mínimo 6 meses de CNPJ. Há um mês comecei fazer pães de queijo congelados, tenho fé que tudo dará certo, estou azulada de tanto andar no sol fazendo entregas, mais conseguirei com fé em Deus alcançar meu objetivo, estou com medo, não vou mentir... Mas simbora, todos os dias olho esse grupo, vocês são demais, minha inspiração! Obrigada... Vou postar uma foto minha pra vocês verem, e das guloseimas que estou fazendo pra vender p/ consegui chegar no meu objetivo final ... [sic]. (BARIÁTRICA - Vencendo Desafios - Realizando sonhos, 2018).

Na maioria das narrativas, a preocupação com a saúde (relacionada ao estar bela) e socialmente confortável com seu corpo é frequente. Na maioria dos depoimentos, o que está sendo anunciado é a relação simbólica com o outro.

> O sujeito tem sido tomado em processos discursivos em que a textualização do corpo se acentua. É mais uma forma de confronto na relação do simbólico com o politico. [...] produz um mal-estar simbólico na relação com o "outro" corrompida, corroida por práticas sociais que se historicizam por pesados processos de exclusão, de negação, de segregação, de apagamento, de silenciamento. (ORLANDI, 2004, p. 124).

Essas mulheres não conseguem lidar com a pressão do estigma sobre o corpo gordo. Em algumas falas, notamos como o estigma se mostra mais profundo e árduo do que os problemas de saúde. O que acontece é que a própria estigmatização pode ser encarada como um problema de saúde e de moral.

As pessoas gordas precisam lidar com essa condição estigmatizadora o tempo todo e, muitas vezes, a vida toda, mesmo depois da cirurgia, já que:

> O estigmatizado se fecha em um círculo vicioso quando acha normal o julgamento feito pelos outros e acaba por aceitá-lo. Segue-se então uma depreciação pessoal, que ocasiona uma alteração da autoimagem e faz com que o indivíduo considere como legitimos os tratamentos discriminatórios que sofre e os preconceitos dos quais é vítima. A estigmatização se expressa plenamente quando a vítima considera como normal o que lhe acontece. (GOFFMAN, 1963 *apud* POULAIN, 2013, p. 116).

A mulher gorda estigmatizada tem como meta de vida sair dessa condição de culpada, julgada e desvalorizada por todas as pessoas e excluída em todos os lugares, por isso que, quando vemos uma gorda chorando por não caber na cadeira ou por não entrar numa roupa, o primeiro julgamento social e da própria vítima é de que a pessoa gorda deva emagrecer, e não o de que coisas, lugares e roupas devem se adaptar a todos os corpos.

> Minha aluna estava chorando porque está gorda, ela tem vergonha, não se olha no espelho, mas também não faz um regime

e nem vai na academia. Falei pra ela e pra mãe dela, quando a gente sofre com uma situação a gente precisa fazer alguma coisa para mudar, cria vergonha na cara e leva sua filha numa nutricionista, falei mesmo [sic]. (BIA, 36 anos, 2019).

Dentro de um hospital, em minha experiência com mulheres que estavam para realizar o procedimento e com mulheres que já tinham passado por ele, o que constatei não foi diferente. Essa pesquisa de campo não tinha sido prevista, sobreveio quando, em julho de 2018, fiquei internada por uma semana. Cheguei ao hospital com muita dor numa hérnia umbilical já operada, mas que continuava a doer. O médico de plantão me medicou, pediu exames e, contrariado, disse que minha dor já deveria ter passado. Mas ela ainda estava lá.

Dois plantões se passaram para outro médico pedir mais exames e intuir que podia ter outra coisa errada. Depois da ressonância, descobriram uma pedra na vesícula e me mandaram voltar para casa. Mas eu e meu marido conversamos com o outro médico — e isso já eram 9h da noite, estava lá desde as 8h da manhã — que, se eu voltasse para casa em outra cidade, o efeito dos remédios passasse e a dor voltasse, talvez seria melhor já ficar internada para operar. Ele acatou nossa ideia. Fui internada, exausta e insegura. Acordei no outro dia numa sala de enfermaria com mais duas camas, naquele momento vazias. Era Copa do Mundo, um domingo, e havia pouco movimento. Passei o dia sendo medicada. No final da tarde, um médico passou em minha cama e me informou que eu precisava esperar outro médico, que ia me acompanhar e fazer a cirurgia, especialista em obesidade, e só chegaria na segunda-feira. Expliquei que não estava lá pelo meu peso, mas ele disse que, mesmo assim, naquele hospital, só especialistas em obesos tratavam obesos. (DEPOIMENTO DA AUTORA, 2018).

No segundo dia internada, apareceu o médico especialista em obesidade para me atender. Um rapaz bem novo e com cara de cansado se apresentou e me disse que minha cirurgia era de risco, que eu deveria fazer muitos exames, porque, se desse algum problema nos resultados, ele não faria a cirurgia.

> Meu companheiro, indignado pelo histórico em outras ocasiões, perguntou por que não faria, já que eu estava com dor. O médico explicou que, por eu ser obesa, era risco grave para entrar numa cirurgia. Tentamos argumentar que um fumante e um sedentário também são pessoas com alto risco, mas decidimos não entrar em controvérsia e acatar suas decisões. (DEPOIMENTO DA AUTORA, 2018).

Fiquei ali no hospital fazendo todos os exames necessários para a cirurgia. Logo em seguida, o médico explicou que deveria fazer a cirurgia bariátrica, já que ele era especialista nesse procedimento e eu deveria emagrecer urgentemente. Caso contrário, minha hérnia sempre iria voltar.

O médico me disse que, além de a hérnia voltar, eu deveria acabar com minhas morbidades. Perguntei quais eram as "morbidades" — palavra que me dá calafrios —, já que os exames realizados, até aquele momento, não tinham apontado nada de diferente. O especialista respondeu, com ar de autoridade no assunto, que era certeza de que os outros exames que faria indicariam alguma coisa, posto que "todo gordo está doente ou prestes a estourar alguma doença, isso é fato [sic]" (MÉDICO, 2018).

> Fiquei assustada com o que me disse, mas sabia que estava bem. Continuei internada no hospital por mais cinco dias, fazendo exames diversos de tudo quanto era tipo, mas nenhum exame deu algum problema de saúde. Nos primeiros dias fiquei bem angustiada, mal e com raiva da forma como o médico estava me tratando; porém, logo em seguida, percebi que aqueles dias naquela ala, onde a maioria das pacientes iria fazer a bariátrica ou já tinham feito, e eu naquela situação como internada e gorda, poderia fazer uma pesquisa de campo inusitada. Pedi um caderno e, no meu celular, ia anotando ou falando tudo que

estava acontecendo e ouvindo naqueles dias. (DEPOIMENTO DA AUTORA, 2018).

Deixei-me levar pelo "pesquisador do cotidiano" que existe em mim, como aponta José Machado Pais (2002), e apostei no que estava acontecendo que, com certeza, abriria horizontes na minha pesquisa. Nesse contexto, conheci algumas mulheres que estavam na ala feminina e soube como e por que chegaram lá:

> Eu fiz a cirurgia com ele há 3 anos, ele é o melhor de todos. Fiz acompanhamento, ele atende muita gente, salvou a vida de muita gente, inclusive a minha. Eu pesava 150 quilos, tinha diabete, pressão alta, gordura no fígado, agora estou melhor. Comecei a fazer exercício e vim tirar as peles, que são muitas, na barriga. Ele também que vai tirar [sic]. (BRUNA, 32 anos, 2018).

> Estou indo nele faz 3 meses e amanhã é a cirurgia, sou a quinta, a enfermeira falou. Ele faz em média umas 15 cirurgias por dia, já é um craque, estou tão alegre, sempre foi meu sonho. O plano de saúde liberou rápido, porque ele colocou lá que eu tinha vários problemas de saúde. Na verdade eu estou com um pouco de colesterol, mas já baixou, senão eles não liberavam [sic]. (FERNANDA, 26 anos, 2018).

> Quando fui me pesar, coloquei um chumbinho no bolso. Quem pesava era a enfermeira, porque precisava de mais uns 5 quilos para ele me liberar, então consegui. Agora sou outra mulher, sou magra e consigo viver bem melhor. Minha saúde não melhorou muito, porque me deu uma úlcera depois da cirurgia, mas não tem preço estar magra, eu me olho no espelho e nem acredito. Estou aqui porque vamos operar dessa úlcera, que acabou perfurando. O problema é que, quando eu tomo remédio, vomito tudo, então tem que ser na veia [sic]. (GLÓRIA, 24 anos, 2018).

Eu esperei quatro anos para juntar o dinheiro e fazer com ele, ele tem muita experiência, fez da minha mãe e tia, e agora fez a minha. Mas estou internada porque me deu um probleminha na hora da cirurgia e tive um problema pulmonar e ainda não melhorei, talvez tenha que fazer outra cirurgia. Amanhã vai vir um especialista me ver, estou com muito medo, porque realizei meu sonho mas não contava com isso, estou com muita dor. Espero que resolvam isso o mais rápido possível [sic]. (ROSANE, 45 anos, 2018).

Eu estou muito alegre, muito mesmo! Chegou meu dia, faz seis meses que estou focada em fazer a bari e sair dessa condição de gente doente, fracassada. Meus familiares, amigas e amigos estão me apoiando, estão todos ansiosos comigo para essa nova fase da minha vida alegre e magra, com saúde e bem comigo mesma [sic]. (RAQUEL, 28 anos, 2018).

Tenho muito medo, mas fazer o quê, meu médico quer que eu faça, me disse que posso morrer, que já estou no último grau de obesidade. Eu, se fosse por mim, não faria. Apesar de sofrer com o preconceito das pessoas e não achar roupa legal para minha idade, minha família quer que eu faça, meu namorado também, então vou enfrentar o medo e fazer. Se Deus quiser, vai dar tudo certo [sic]. (ODETE, 21 anos, 2018).

Conversei com doze mulheres, entre 20 e 45 anos, algumas tinham plano de saúde e outras estavam pagando particularmente a cirurgia. Num primeiro momento de contato, apesar do medo e da ansiedade, a maioria dos relatos era de mulheres esperançosas e felizes com a realização do procedimento cirúrgico; algumas estavam esperando pelo "dispositivo" havia alguns anos.

Digo "dispositivo" pensando na ideia de Foucault (1999), que aponta que esse conceito é entendido como um recurso do poder.

Os dispositivos são heterogêneos e aparecem em discursos, normas, instituições, verdades, organizações, arquiteturas, discursos, moral etc. Ou seja, são mecanismos que, em si mesmos, estabelecem redes que disciplinam e criam ideais de veracidade.

Para Foucault, esse dispositivo é um mecanismo que sustenta o poder disciplinador, subjugando corpos e padronizando comportamentos e ideias, por meio de uma instrumentalização de vigilância e controle que se fundamenta nas concepções modernas de razão e normalidade, de que falamos antes.

Isto posto, o discurso de incentivo à gastroplastia pode ser entendido como um dispositivo de controle, já que se constatou que a maioria das entrevistadas sustentava um discurso de que esse procedimento cirúrgico mudaria suas vidas, seus relacionamentos, sua saúde, seus problemas. Essas mulheres acreditam que, estando magras, lidariam de outra forma com a sociedade:

> Eu sei que, depois que emagrecer, minha família vai me respeitar mais. Pra minha mãe e filhos eu sou uma fracassada, eles não falam isso, mas eu sinto. Tanto é assim que eu nem fiz a cirurgia, mas eles já estão me falando que eu não posso voltar a engordar [sic]. (VÂNIA, 33 anos, 2018).

Essas narrativas me fizeram lembrar a série *Dietland*, escrita pela feminista Sarai Walker, a partir de seu livro, que virou best-seller. *Dietland* é uma série de televisão norte-americana dramática de humor sombrio, exibida pela Amazon Prime, que levanta a reflexão sobre a mulher gorda que está disposta a emagrecer a qualquer custo, porque ela acredita que, emagrecendo, resolverá todos os seus problemas.

A história é voltada a contar, a partir do feminismo, a biografia de uma protagonista de 130 quilos, Plum (ameixa, em inglês — gostosa e redonda), e a relação dela com um grupo terrorista feminista. Jennifer, uma guru antidietas, ajuda essa mulher gorda a questionar o porquê de querer tanto emagrecer e se esse é um desejo seu ou da sociedade que a cerca.

Da mesma maneira, a maioria das mulheres com que conversei no hospital encarava aquele acontecimento, a cirurgia, como salvação de seus problemas de saúde e da vida, bem como de seus relacionamentos, de suas tristezas e do desemprego.

Essas mulheres passam muitos anos tentando emagrecer de diversas formas — dietas, remédios, jejuns —, mas infelizmente não conseguem se manter magras, logo ganham peso, ou perdem menos do que gostariam:

> Uma vez dentro da seita do controle de peso, nunca mais se está só. A gentileza que as pessoas costumam dispensar aos corpos masculinos não se aplica aos femininos. As mulheres têm pouca privacidade física. Cada mudança ou variação no peso é publicamente observada, julgada e debatida. (WOLF, 2018, p. 187).

Como aparece nos depoimentos das mulheres que fizeram e fariam o procedimento, não obstante parecerem planejar por questões burocráticas, médicas e/ou financeiras, em sua maioria, elas estavam desesperadas na situação de mulheres gordas.

Essa questão também aparece na tese de Bárbara Michele Amorim, *Novo corpo, nova vida*: o mercado de cirurgia bariátrica em perspectiva sociológica, em que demonstra, por meio de uma pesquisa detalhada, como a imposição do padrão de saúde, beleza e felicidade para quem tem o corpo magro é efetivamente um impulsionador para vislumbrar outra vida, bem melhor após a cirurgia bariátrica:

> De maneira objetiva, nossa argumentação foi no sentido de que quanto mais atingidos/afetados pela violência simbólica do corpo magro igual a corpo saudável no jargão médico, mais propensas estão as pessoas a se submeter à cirurgia bariátrica e metabólica. O único risco vislumbrado é o risco de não atingir o corpo magro, não conseguir os "laudos"; riscos pós-cirúrgicos são tratados como secundários, assimilando o jargão médico mais uma vez. (AMORIM, 2018, p. 177).

Tive uma experiência importante em um hospital na cidade onde moro, quando fui levar meu companheiro, que queimara seu pé, para atendimento médico. A recepcionista gorda do Pronto Atendimento usava uma camiseta com o desenho de uma mulher magra saindo da barriga enorme de uma mulher gorda, com os dizeres: "UMA NOVA CHANCE PARA A VIDA – Cirurgia Bariátrica, nós apoiamos".

Conversei com a atendente sobre a camiseta, e ela me explicou, muito entusiasmada, com discurso de convencimento, que eu também, como gorda, deveria participar:

> Nós fizemos um grupo aqui em Mato Grosso, somos quase 200 mulheres; todas vamos fazer a bari, estamos muito felizes. Eu só estou esperando a liberação do médico, mas vou fazer daqui a dois meses, ele já marcou o dia, depois de tanta espera agora chegou minha vez. Esse grupo é muito importante porque a gente se apoia e incentiva, já fizemos até vaquinha para uma moça que faltavam só R$ 2.000,00 para o procedimento. [...] Você deveria entrar, bari é vida, bari é recomeçar uma vida com mais saúde. (RECEPCIONISTA DO HOSPITAL, 2018).

Como seguidora de uma seita, a mulher tentava me convencer de que, depois da cirurgia, eu seria mais feliz, saudável e de que, se fizesse parte do grupo, ganharia minha camiseta por apenas R$ 50,00. Confesso que fiquei chocada com essa situação e, depois de digerir aquela experiência, fui olhar na internet. Vi que existem inúmeros grupos formados em várias redes de apoio.

> No espaço do Facebook, as pessoas relatam seus anseios, receios e frustrações em uma tentativa de compartilhar suas experiências e acabam por demonstrar as negociações que fazem para realizar a cirurgia. Essa negociação, por se dar no âmbito microssocial, não está somente relacionada com a racionalização dos riscos, num sentido de calcular o "custo-benefício" entre o risco cirúrgico (e suas mazelas) e o risco que ser obesa(o) traz. Como já mencionamos, essa relação entre profissionais da saúde e pacientes/clientes não é simétrica. Tanto porque os pro-

fissionais são os detentores do conhecimento legitimado nesse campo quanto porque os pacientes – nessa relação – escolhem o que pode ou não ser dito/perguntado (por se sentirem confortáveis ou constrangidos). Nessa relação, é subentendido que alguns temas não são legítimos e por isso não devem/podem ser ditos aos profissionais. (AMORIM, 2018, p. 135-136).

Percebe-se que os grupos na web podem substituir a interpretação do conhecimento médico a que, muitas vezes, a grande maioria da população não tem acesso, ou, se tem acesso, não entende, ou ainda tem vergonha de dizer que não entende. Dessa maneira, os grupos podem "esclarecer" dúvidas, desde se ir com as unhas pintadas ao centro cirúrgico ao melhor remédio a se tomar quando se tem fraqueza após a cirurgia, ou quais dores são recorrentes no pós-cirúrgico. (AMORIM, 2018).

Voltando à minha experiência na internação, o médico passou em visita para me dizer que todos os exames estavam bons e que a cirurgia seria marcada para sábado. Ele me explicou que seria a primeira do dia, e que faria 15 cirurgias bariátricas depois da minha. Insistiu com a bariátrica, reforçando o quanto era necessário que eu a fizesse para prevenir uma morte prematura.

Nessa visita, aconteceu algo que já tinha lido e ouvido de outras mulheres gordas: a sensação de ter um corpo público, e não privado, já que todos, vigilantes, davam palpites, faziam insinuações, julgamentos e chegavam inclusive a colocar a mão, como se corpos gordos dissidentes, por serem menosprezados, fossem tão inferiores que não necessitassem de qualquer tipo de privacidade:

> Senti na minha carne essa discussão. O médico levantou minha camisola e pegou nas minhas banhas da barriga, apertou, balançou. Aquele comportamento me deixou afetada e muda, me senti numa condição de humilhação, desrespeitada e violada; sem pedir minha permissão, tocou meu corpo de forma agressiva e depreciativa. (DEPOIMENTO DA AUTORA).

Depois de algumas horas refletindo sobre aquela situação, parei para pensar sobre o comportamento do médico e como meu corpo gordo maior, que, em outros momentos, não era tão grande, tinha se tornado um corpo dissidente e, portanto, um corpo público, parte dos "[...] corpos cujas vidas não são consideradas 'vidas' e cuja materialidade é entendida como 'não importante'" (BUTLER, 2003, p. 23).

Esses corpos gordos, como o meu, eram mais um número, corpos públicos dentro de um olhar normativo médico, dentro de um hospital, que precisavam e estavam ali para sair daquela situação, já que emagrecer era o melhor a ser feito. O médico repetia orgulhoso:

> Ontem não passei aqui porque saí do centro cirúrgico às 21h40. Entrei às 7h30 e saí às 21h40. Foram 16 cirurgias bariátricas, todas um êxito, todas foram um recomeço para essas mulheres que sofrem com a obesidade. Isso é qualidade de vida, agora elas podem viver uma vida alegre. Você também tem que fazer, vai ver que sua vida vai melhorar em todos os pontos.

Como numa linha de produção, o cirurgião tinha "consertado" a vida de 16 pessoas gordas que não mereciam aquele destino; ele era um salvador, especialista em exterminar corpos fracassados e infelizes. Durante aqueles dias no hospital, foram tantas exaltações da cirurgia por parte das enfermeiras, das pacientes, dos médicos e dos acompanhantes que sonhei, em mais de uma noite, que me levavam, à força, para a sala de cirurgia para realizar o procedimento.

> Fiz a cirurgia de hérnia e tirei a vesícula, correu tudo bem. Voltei para a retirada dos pontos, ele me examinou, voltou a falar da cirurgia bariátrica e lhe perguntei se poderia fazer sem nenhum problema de saúde, sua resposta foi, mais uma vez, incisiva. (DEPOIMENTO DA AUTORA).

> Vamos fazer uma cirurgia para prevenir, não tem como, toda pessoa gorda acaba doente, e você é jovem, vamos operar antes que você fique mal, doente e venha a ter muitas complicações de saúde [sic]! (DEPOIMENTO DO MÉDICO, 2018).

> Em nenhum momento a equipe do hospital fez uma entrevista comigo sobre minha rotina, meus hábitos, se era uma pessoa que fumava, usava drogas, bebia, fazia esportes, a ideia já estava formada: eu era um corpo inapto a viver saudável. Minha recuperação tem sido satisfatória; tenho tentado me adaptar a um corpo sem vesícula e uma hérnia no umbigo. Minha relação com a alimentação mudou. Quando como algo um pouco mais gorduroso, preciso ir ao banheiro com mais frequência. (DEPOIMENTO DA AUTORA).

Nunca mais voltei àquele hospital ou médico. Minha experiência seguinte com profissionais da saúde foi na cidade em que moro, no Sistema Único de Saúde (SUS), no posto de saúde do meu bairro. Estava com diarreias frequentes e achava que era resultado da cirurgia.

Fui a uma consulta com uma clínica geral, nova, simpática e que em nenhum momento mencionou o meu peso. Antes de tudo, pediu uma bateria de exames. Fiz, e não apresentaram qualquer irregularidade. Frequentei por mais três vezes seu atendimento humanizado e respeitoso; fazia muito tempo que não vivia essa experiência.

> Descobrimos juntas que era a água que estava bebendo. Me emocionei no dia em que ela me disse: "Nossa, seus exames estão excelentes, de menina de 20 anos, você está muito bem com a saúde!" (DEPOIMENTO DA AUTORA).

Pode parecer comum ou sem importância, mas a experiência de ser atendida com respeito num consultório foi extremamente importante para mim, depois de muitos anos sendo tratada vulgarmente como doente e culpada por isso.

PORNOGRAFIAS GORDAS, PRÁTICAS SEXUAIS E FEMINISMOS

> Sempre quis ser desejada na frente de outras pessoas. Na minha adolescência gorda, meninos transavam comigo e pediam para que eu fizesse sexo oral neles e eu gostava e fazia, mas sempre

> era escondido. Sentia que eles me desejavam, desde que ninguém soubesse, porque eu era gorda e feia, mas eles gozavam e gostavam, sempre me procuravam, me ofereciam dinheiro, mas desde que eu não contasse pra ninguém [sic]. (JULIANA, 34 anos, 2018).

Com o advento da internet nas sociedades contemporâneas, a pornografia tem se utilizado das mais variadas plataformas para divulgação e comércio de corpos sexualizados.

Segundo pesquisas realizadas por uma das maiores plataformas de pornografia no mundo, Pornhub[5], o site obteve 81 milhões de visitantes por dia, 28,5 bilhões de visitas por ano, totalizando mais de 24 bilhões de buscas por pornografia, o que contabiliza 50 mil buscas por minuto, 800 a cada segundo (PORNHUB..., 2018).

A respeito dessa busca por pornografia na internet, Figueiroa (2014) aponta, em suas pesquisas, que mulheres gordas despontam nesse mercado mais do que se pode imaginar. A autora se surpreende com a prática desses corpos marginalizados e excluídos em sociedade, mas que, no âmbito privado e exclusivo que a internet proporciona, são procurados e escolhidos para o prazer sexual:

> A ideia de que o sexo com mulheres gordas é uma exotização fetichista é fruto de uma interpretação que exorta o desvio tanto dos corpos quanto daqueles que consomem a pornografia gorda. Ao contrário desta atmosfera fetichista, talvez devêssemos extrair o exotismo sobre o desejo por pessoas gordas. É o que se pode observar nas comunidades de autoaceitação e empoderamento deste grupo, onde um novo ethos erótico se insurge, com uma igualmente nova economia sexual positiva. (FIGUEIROA, 2014, p. 12).

---

5 Pornhub é um site canadense que é considerado uma das mais populares plataformas de vídeos eróticos do mundo, com cerca de 700 milhões de pessoas que o acessam com frequência.

Segundo a autora, o desejo erótico por mulheres gordas tem uma ligação com os excessos: para além do corpo grande, há a superabundância alimentar.

> Uma grande porção de filmes pornográficos com mulheres gordas trazem a comida como elemento potencializador do ato sexual, normalmente protagonizados por atrizes consideradas Super Sizes. (FIGUEIROA, 2014, p. 116).

Kulick (2012), em sua pesquisa sobre o pornô de mulheres gordas, explica em que consiste o ato de mostrar esses corpos seduzindo o espectador pela ingestão de alimentos calóricos e coloridos, bolos, doces, chantilly. A focalização da câmera na penetração ou na vagina e na introdução de objetos, característicos dos vídeos pornográficos, é substituída, nesse caso, pela introdução de alimentos gordurosos na boca das mulheres gordas:

> Em sociedades como a sociedade ocidental contemporânea, nas quais a gordura foi sem cessar declarada não atraente, não saudável, não desejável, é tanto cultural quanto psicanaliticamente previsível que deveria haver um retorno do oprimido, na forma de grupos de pessoas para quem silhuetas gordas são o foco da fantasia erótica e da satisfação. (KULICK, 2012, p. 233).

Segundo o autor, corpos gordos e comidas gordurosas e calóricas são abomináveis, proibidas em nossa sociedade; contudo, na pornografia, toda essa negação se torna visível e valorizada (KULICK, 2012, p. 234).

> Talvez esta pornografia mostre que o discurso institucional e hegemônico – que coloca o corpo gordo como uma ameaça à saúde e à vida afetiva – é incapaz de limitar o desejo, que escapa pelas vírgulas dos discursos normatizantes, fugindo dos nossos processos de apreensão, principalmente nos níveis cognitivos racionais e subconsciente. Minha hipótese aqui é a de que este desejo evidencia justamente que o ser no mundo, engajado no fluxo da vida, está longe de responder apenas a processos cul-

> turais entendidos como representações mentais, ele ultrapassa a ideia para se inscrever no pragmatismo dos corpos. Neste sentido, o mercado erótico é conservado por suas possibilidades, extremamente democrático, porque dá lugar à pluralidade humana, talvez justamente pela sua finalidade em visar a maximização das cifras. (FIGUEIROA, 2014, p. 121).

Por conseguinte, desvendar o consumo pornográfico de mulheres gordas, o *fat porn*, ultrapassa a fetichização do corpo gordo. O que se observa é que

> [...] a discussão sobre o consumo pornográfico de mulheres gordas vai além da fetichização desse corpo, e esse desejo "transgressor" por corpos femininos maiores acontece com muita frequência e em diversos países. (JIMENEZ-JIMENEZ; ABONIZIO, 2018d).

Seguindo atrizes gordas nas plataformas e no Instagram, com muita insistência, foi possível conversar com algumas sobre as experiências delas com vídeos pornôs. Depois de explicar, mais de uma vez, que o objetivo não era falar sobre elas em si, acabaram por aceitar uma entrevista rápida, pelo canal, porém foi exigido anonimato:

> [...] Eu sou alegre com o que eu faço, não é um pornô igual aos outros, violento com homem penetrando na vagina, no ânus, isso é horrível. Não vou negar, já fiz muito isso, mas não era o que eu queria. O que faço agora é o que eu gosto: comer muito, sentindo muito prazer e usar roupas sensuais, lindas. [...] Antes de decidir fazer isso e ficar rica, comprei meu apartamento, carro e sei falar três línguas, viajo, tenho muitos seguidores, faço o que eu gosto, sofria muito por preconceito, as pessoas tinham nojo de mim e agora elas sentem prazer comigo, [...] meu público só cresce, já ganhei vários prêmios e dou workshops para as meninas gordas que estão começando, ensino que nesse ramo pesar 200 quilos é uma virtude, já engordei 40 quilos depois que entrei na pornografia e isso só me ajudou. Aqui, quanto mais gorda, melhor [sic]. (LAURA, 32 anos, 150 quilos, 2017).

> [...] Minha vida é normal como a de qualquer outra mulher gorda, sofro preconceito, não caibo nas cadeiras, me xingam nas ruas, não consigo usar o transporte coletivo, os médicos me demonizam, tudo igual, mas com uma diferença. Quando eu me arrumo para fazer vídeos, escolho as comidas, a roupa que vou ou não colocar, e ligo a câmera sou a estrela, a top model, a mulher mais gostosa da face da Terra, às vezes chego a sentir muito prazer com o que eu faço, é uma forma de falar pro mundo: fodam-se que vocês têm nojo do meu corpo na frente um do outro, porque nas escondidas vocês estão lá batendo uma punheta pra mim [sic]. (SOFIA, 26 anos, 145 quilos, 2018).

Ahmed (2006) aponta que se, por um lado, esses corpos utilizam de uma performance normativa no que cabe a trejeitos, entonações, feições, vestimentas; por outro é enaltecida a afirmação desse corpo gordo "anormal".

Essas mulheres balançam suas banhas, comem alimentos proibidos, parecem reafirmar tudo que lhes é negado socialmente, como forma de exagero, resistência e existência.

Algumas leituras mostram que não se pode mais entender como norma na pornografia a penetração heterossexual:

> O coito tornou-se um entre muitos atos das variações do sexo heterossexual e homossexual, tais como sexo anal, felacio, cunilingus e grandes variedades de fetichismo e sadomasoquismo e confunde a própria ideia do que chamo – perseguindo todos os caminhos. A crescente visibilidade ou inferência da ampla variação de atos sexuais – sejam sugeridos, simulados, ou exibidos como reais nas pornografias hard core – complicaram a noção de sexo como uma verdade singular e visível que se reconhece quando se vê. (WILLIAMS, 2012, p. 28).

Acompanhei, durante oito meses, canais pornôs, observando em qual lugar as mulheres gordas estavam presentes, no que cabe ao dar prazer e sentir prazer, ou fingir que sente, dentro da visibilidade que os canais transmitem, conhecidas como BBW (big beautiful woman), com diversos corpos e posturas. Decidi focar mulheres gordas maiores, a partir de 110 quilos, e como eram as práticas sexuais apresentadas nas plataformas.

Sempre elogiadas, comparando seu tamanho ao prazer que o espectador poderia esperar, encontrei muitos vídeos com a prática de facesitting, que é sentar na cara de uma pessoa e, pelo sufocamento, provocar prazer:

> Como uma mulher gorda, tenho meus problemas com meu corpo nu e sexo. Eu questionava se algum dia rolaria de fazer algo como o facesitting. Quando comecei a fazer sexo, eu não deixava ninguém tocar minha barriga – então a ideia de abraçar a cara de alguém com as minhas coxas parecia algo mais indicado para outras pessoas. Minhas inseguranças vinham de dentro. Eu olhava meu corpo nu no espelho e me perguntava: Sou gorda demais para esse ato sexual especifico? Vou acabar esmagando meu parceiro? (SCRIVER, 2018).

As mulheres gordas praticam facesitting, e alguns vídeos alcançam três milhões de visualizações. Um, muito visitado, apresenta duas mulheres. São duas mulheres gordas, uma de 130 quilos e a outra de 118 quilos, as quais se revezavam na prática. Com mais de um milhão de visualizações e muitos comentários, uma delas anuncia que tem um canal que cobra pelos minutos para apresentar essa prática do sufocamento a novatos.

A feminista Gayle Rubin (2003b), pesquisadora de pornografia, foi entrevistada por Judith Butler em relação a políticas sexuais. Para Rubin, os grupos não normativos, que não se encaixam no sexo heterossexual, acabam sendo esquecidos nessa discussão.

> Não posso imaginar estudos gays e lésbicos que não se interessem por gênero e pela sexualidade e, como você observa em seu trabalho, há muitas outras sexualidades a explorar além da homossexualidade masculina e do lesbianismo. (RUBIN, 2003b, p. 192).

As práticas sexuais de mulheres gordas observadas nesses meses ultrapassam a padronização sexual do pênis entrando na vagina. A sedução e o erotismo são construídos por uma performance sem penetrações — no caso do sufocamento, esfregar a vulva na boca da pessoa que está embaixo, e a língua passa na vulva da mulher, com sexo oral e abafamentos da respiração.

> Há uma razão pela qual pornografia de "Lindas Mulheres Grandes" está em número 6 nos gêneros mais populares do mundo. Sabemos que, lá no fundo, as pessoas gostam de um bundão para mais pressão, mas as pessoas têm vergonha de admitir, porque já passamos por uma lavagem cerebral para achar que vadias magrelas são deusas. Acredite em mim, elas podem ficar bonitas nas passarelas, mas, quando se trata de sexo, elas sempre serão abafadas pelas verdadeiras profissionais. Além de ser um fetiche, cheguei à conclusão de que pessoas grandes são simplesmente melhores em tudo – incluindo sexo! (STAFF, 2016).

No Instagram, em alguns canais, mulheres gordas (de 200 até 300 quilos) comem e balançam seus corpos, suas bundas e, principalmente, suas barrigas, ao mesmo tempo que comem doces, chantilly, comidas coloridas e chamativas:

> A pornografia de gordura que apresenta mulheres como essas é uma pornografia especializada em mulheres que pesam bem mais de 200 quilos. Algumas das maiores estrelas equilibram a balança acima dos 300 quilos. À parte do puro tamanho das modelos, a coisa que mais chama a atenção sobre esse tipo de pornografia é que as mulheres exibidas não se envolvem em sexo genital. Em lugar disso, posam vestidas de lingerie em seus quartos, de biquínis em seus sofás, nuas em suas cozinhas. Embora mostrem seus seios e traseiros, a maior atenção é focalizada em seus estômagos. (KULICK, 2012, p. 226).

Kulick (2012) destaca também que não encontrou, como na minha busca, canais pornôs de homens gordos grandes ou negros. Encontrei canais de mulheres negras, mas apenas dois. Para Kulick, a pornografia gorda rompe com alguns paradigmas não só pela falta de penetração como também pelo quesito temporal, já que o sexo normativo acaba na hora que o homem chega ao orgasmo e, mesmo que continue, é necessário que aconteça uma nova ereção para haver novamente penetração e gozo.

Já a pornografia da gordura não tem esses rompimentos, principalmente aquela que tem a relação entre o alimentador e o alimentado. Num dos casos mais conhecidos da Supersize Betsy, de 300 quilos, ela é alimentada por um funil. Não existe ponto-final, já que a meta é comer, ser alimentada e engordar muitos outros quilos, e o espectador se excita com esse ganho de peso, que pode seguir durante horas, dias, meses.

> O sexo aqui não é um ato ou uma série de atos, mas antes um modo criado deliberado de ser estilizado, um ser insistentemente sexualizado que não fica atrás de portas fechadas, mas que sem pedir desculpas exibe seu prazer em sua vasta superfície, em todos os momentos de cada dia. (KULICK, 2012, p. 238).

Esse corpo, socialmente estigmatizado e excluído, é alimentado, erotizado e ganha muito dinheiro por isso. Interessante notar que a pornografia da gordura não necessita de maneira alguma do pênis do homem para sentir prazer ou realização, visto que a comida substitui o lugar do sexo masculino:

> A pornografia da gordura mostra exatamente isso. Não há qualquer indicação nas imagens que circulam sobre a pornografia da gordura de que o que vai salvar o dia dessas mulheres é o pênis de um homem, ou qualquer outro tipo de sexo genital. Não há qualquer indicação de que elas estejam fantasiando a respeito de chupadas quando comem seu spaguetti, ou que queiram ser fodidas quando consomem seu café da manhã. A posição do falo é aqui usurpada pela comida. (KULICK, 2012, p. 239).

Como um menosprezo ao falo masculino, na pornografia da gordura as lambidas, as carnes se movendo, a comida, o sufocar o que está abaixo, a boca e os carinhos são propostos como outra maneira de entender e consumir o prazer sexual.

Retomamos, assim, o desejo como "[...] todas as formas de vontade de viver, vontade de criar, vontade de amar, vontade de inventar outra sociedade, outra percepção do mundo, outros sistemas de valor" (GUATTARI; ROLNIK, 1996, p. 215). É o desejo como proposta de estar no mundo de outra maneira.

Gayle Rubin (1993) propõe, em 1975, em seu artigo "Tráfico de mulheres", a abertura da análise das práticas da variedade sexual, defendendo que a sexualidade tem sua política interna, ou seja, a antropóloga pede atenção aos pesquisadores, mas principalmente às feministas, para não se falar em uma sexualidade, e sim de muitas sexualidades.

Rubin (1993) demonstra, impulsionada pela história da sexualidade, de Michel Foucault, em *História da sexualidade II*: o uso dos prazeres (1984), que o ato sexual sempre será político e, portanto, deve-se terr atenção à construção ideológica e histórica do sexo.

> A maioria das pessoas tem dificuldade em compreender que aquilo que fazem sexualmente será repulsivo para alguém, e que alguma coisa que as repele sexualmente é o maior tesouro prazeroso para alguém, em algum lugar. Uma pessoa não precisa gostar ou fazer um ato sexual particular para que este ato seja reconhecido pelo desejo de outros, e que esta diferença não indica a falta de bom gosto, saúde mental, ou inteligência em qualquer uma das partes. A maioria das pessoas se equivoca ao posicionarem suas preferências sexuais como um sistema universal que vai ou deveria funcionar para todos. (RUBIN, 2003a, p. 70).

Seguindo esse raciocínio, em que se muda a maneira de entender, perceber e sentir prazer, quebra-se a heteronormatividade sexual patriarcal, focada no prazer do homem, e se constrói outra maneira política de dar e sentir prazer, como no caso da pornografia gorda, em que o elemento "coito" não faz parte.

> Por heteronormatividade, entende-se a reprodução de práticas e códigos heterossexuais, sustentada por casamento monogâmico, amor romântico, fidelidade conjugal, constituição de família (esquema pai-mãe-filho(a)(s)). Na esteira das implicações da aludida palavra, tem-se o heterossexismo compulsório, sendo que, por esse último termo, entende-se o imperativo inquestionado e inquestionável por parte de todos os membros da sociedade com o intuito de reforçar ou dar legitimidade às práticas heterossexuais. (FOSTER, 2001, p. 19 *apud* SOUZA, 2012, p. 14).

A filósofa feminista Luce Irigaray (1974) entende que sistemas falogocêntricos se sustentam na racionalidade dual moderna cartesiana binária, criada a partir da exclusão e da estigmatização do diferente. Essa maneira de entender o sexo é uma das bases do patriarcado, em que o homem é percebido como provedor e receptor central do prazer, enquanto a mulher está num posicionamento de insignificância, de instrumento, de reprodução passível de proporcionar prazer e só. A mulher não tem protagonismo nas práticas sexuais dessa composição capitalística e patriarcal de desejo.

O conceito de falogocentrismo foi criado por Derrida, a partir da junção de "falocentrismo" e "logocentrismo", para levantar críticas a algumas teses de Lacan, demonstrando que uma interpretação ou análise não pode ser apenas de um foco unívoco.

Para a crítica feminista, o falo é sempre o único ponto de referência na dominação masculina, o único modo de validação da realidade cultural. O discurso é falogocêntrico quando falamos de práticas sexuais, porque todas as simbologias, marcas, regras, sensações, validações são masculinas (IRIGARY, 1977).

Muitas mulheres gordas entrevistadas se reconheciam como homossexuais por entenderem que seus corpos eram mais aceitos e respeitados entre mulheres e que, no âmbito sexual, sentiam mais prazer com elas:

Eu fui casada 22 anos, tenho três filhos homens e quatro netos. Depois dos 40 eu não consegui viver mais de regime, academia, eu comecei a engordar e não quis mais ficar no controle o tempo todo do meu peso, beleza, estava extremamente cansada com essa relação com meu corpo, já tinha feito uma cirurgia que me deu muitos problemas de saúde, já tinha feito duas plásticas na barriga e seios depois da cirurgia de redução do estômago, e o que eu ganhava com isso? Meu marido e seu prazer doentio. Nunca senti prazer com ele, ele só pensava nele, era bruto e agressivo na cama, gosta de sexo bruto, e eu nem sabia com 42 anos o que era sentir prazer na cama, pensar no que eu gostava, não tinha com quem conversar. Meus filhos homens, quando viraram adultos, fui perceber a merda de educação que tinha dado pra eles, machistas como o pai, repetindo esse egocentrismo com suas esposas. [...] Aquilo me fazia muito mal, entrei numa depressão profunda, chorava muito e tinha horror que meu marido me tocasse, e depois de oito meses ele me largou, e veio um turbilhão de questionamentos. Eu só valia para ele enquanto estava magra, bela, gostosa? Para quê? Então fui numa psicóloga, levada pela minha sobrinha de 27 anos, que também é psicóloga e feminista, e minha perspectiva de tudo mudou, comecei a frequentar rodas de conversas, atividades com outras mulheres gordas, e conheci a Izabel e, de amigas, nos apaixonamos e hoje sei o que eu quero na cama, sei como eu gosto, sou respeitada, acariciada, agora de verdade tenho um casamento alegre, tem seus problemas, mas a gente apoia uma a outra e aceita o corpo da outra como é, sem culpa, nem exigências [sic]. (LUCIA, 52 anos, 2018).

Eu sempre me masturbei e sempre gostei disso, desde adolescente, apesar de ter sido educada numa casa onde qualquer coisa relacionada com corpo, sexo, era tabu, e castigos aconteciam se houvesse a tentativa de falar sobre. Tive dois namorados antes de casar e sempre recorria à masturbação porque com eles não era prazeroso. Depois casei e a coisa foi pior ainda, eu gostava de sexo, mas nunca tinha feito algo gostoso pra mim, meu marido gostava de ver filme pornô e aquilo lá pra mim era muito agressivo, ou sem preliminares, eu gosto de preliminares, gosto de que me toquem e não que só enfiem coisas dentro de mim. Ele fazia coisas que eu não gostava e falava pra ele e ele me ignorava, ele gostava muito de sexo anal, oral e me obrigava fazer, eu vomitei algumas vezes, era muito violento e autoritário, eu achava que sexo era pra satisfazer ele, muitas vezes bebia antes de ir para o quarto para fazer tudo e não sofrer, mas depois vomitava. Ele nunca via por que, depois de gozar, caía morto na cama. Um dia estava me masturbando no banheiro e ele entrou de repente, foi em casa buscar um documento e me viu excitadíssima, tirou a roupa e me comeu tão forte que fiquei toda machucada, ele falava: vai, sua vadia, é disso que você gosta né? Depois daquele dia, se eu já não gostava, as coisas pioraram muito, ele me xingava de puta, vadia, biscate, gorda que gostava de pau, gorda insaciável, dizia que eu gostava daquilo porque me masturbava escondido, foram anos de horror. Uma vez fui internada porque o colo do meu útero virou uma ferida. Ele gostava de enfiar coisas em mim enquanto enfiava seu pinto do outro lado, era horrível aquilo, não sei como não morri. Cada dia pior, eu comecei a ter várias doenças, emagreci 12 quilos e quase fiquei magra, mas só que não. Pedi ajuda pra minha filha e ela me ajudou a separar dele, ela depois me disse que cresceu ouvindo o que ele fazia todas as noites, me sinto ainda muito culpada e não sei por que me sinto, agora tomo remédios fortes, vivo com minha filha e descobri que tenho fibromialgia, não gosto mais de me tocar nem ser tocada, mas gosto de olhar mulheres gordas comendo, sem homens, me excita, me conforta e sempre que dá eu vejo [sic]. (NEUZA, 46 anos, 2018).

Com 16 anos comecei a sair com uma menina da minha sala e depois transei com alguns machos, mas não dá, mulher com

> mulher é muito mais minha praia, prazer, desejo e respeito. Outra coisa que eu percebo nas relações lesbianas é a aceitação do corpo gordo muito mais flexível do que entre os homens, eles querem transar com as gordas e exibir as magras, nas minhas relações entre mulheres gordas isso nunca aconteceu, a gente se assume, sente prazer, somos amigas [sic]. (FABIANA, 26 anos, 2017).

São narrativas que, em sua maioria, expressam uma desigualdade no que se refere ao dar e sentir prazer, respeito com o corpo feminino, com a maneira de entender o desejo do outro.

> Se mulheres e homens em grandes contingentes passassem a ter ligações que fossem de igual para igual, sexuais e não violentas, que honrassem o princípio feminino nem mais nem menos do que o masculino, o resultado seria mais radical do que os piores pesadelos do sistema a respeito das "conversões" homossexuais. Um desvio heterossexual em massa no sentido da ternura e do respeito mútuo representaria um verdadeiro problema para o status quo, já que os heterossexuais são a maioria sexual mais poderosa. A estrutura do poder teria de enfrentar uma grande transferência de lealdade. Cada relacionamento poderia surgir um compromisso duplo para transformar a sociedade em uma que fosse baseada publicamente no que, pela visão tradicional, eram valores femininos, demonstrando com nitidez que a ambos os sexos agradaria um mundo salvo do domínio masculino. (WOLF, 2018, p. 209).

Sendo assim, existe uma necessidade urgente, uma proposta ontológica feminista, ou seja, uma forma de entender, escrever, falar e perceber politicamente o desejo, as práticas sexuais e os prazeres de outro ponto de referência que não seja mais masculina, e sim diversa.

Entendo que não se trata de uma proposta contrária à ideia masculina, já que, dessa forma, repetiríamos o erro da binariedade, mas da diferença, como explica Irigaray (1985) sobre o termo que ela usa de "diferença sexual", que posso entendê-lo, como em Deleuze (1988), como a filosofia da diferença, como uma diferença interna em fluxo, com possibilidades de derrocar o falogocentrismo, assim propondo novas construções de significantes e significações.

Percebo, pois, a proposta de pornografia gorda como ruptura do discurso falogocêntrico, apresentando outras maneiras de sentir desejo e praticar o sexo, uma proposta pornográfica que explora a sexualidade do ponto de vista dos excessos e do prazer proibido. Numa perspectiva de resistência, corpos estigmatizados socialmente em público se tornam propulsores de prazer quando no privado.

CLASSE SOCIAL, CONSUMO E GORDURA

> Regime é coisa pra rico. A gente que trabalha 10 horas por dia, pega ônibus, sobe ladeira, não consegue comprar nem se sustentar com essas comidinhas das madames light e diet, sem açúcar, sem gordura, sem carne. Deus me livre, se fizer os regimes que minha patroa faz, eu não sobrevivo, em dois dias estou mortinha no chão. (GIOVANA, 36 anos, 2018).

Pesquisas mostram que a cirurgia bariátrica ainda é mais acessível para pacientes que têm planos de saúde particulares e, ainda, que todo o acompanhamento que deve existir antes e depois do procedimento dificultam o acesso às classes menos favorecidas.

Em 2017, foram realizados 55.149 procedimentos cirúrgicos bariátricos na saúde suplementar, segundo dados da Agência Nacional de Saúde (ANS). No SUS, foram realizadas 10.089 operações em 2017, número bem inferior ao realizado pela saúde suplementar, embora esta seja responsável pela assistência médica de apenas 24,5% da população brasileira, sendo esta a taxa de cobertura da saúde suplementar no Brasil atualmente (NÚMERO..., 2018).

Nas redes sociais, a partir de inúmeras narrativas e depoimentos, o que observei foi uma grande desigualdade no acesso aos tratamentos, produtos e procedimentos relacionados aos corpos gordos. O poder econômico define a quais compras a mulher gorda terá acesso tanto na prevenção quanto nas intervenções para a mudança de corpo gordo para magro.

> Eu não tenho dinheiro nem plano de saúde para fazer a bariátrica agora, estou esperando faz 3 anos, espero que esse ano consiga fazer. Também estou preocupada porque o médico me disse que vou ter que ter acompanhamento multidisciplinar, nem sei direito o que é isso, mas perguntei pra moça do posto e ela disse que não tem todos os profissionais aqui no SUS não [sic]. (BARIÁTRICA - Vencendo Desafios - Realizando Sonhos, 2017).

> Eu preciso levar para meu médico os laudos do cardiologista e do nutricionista, mas aqui no meu bairro não vem cardiologista pelo SUS faz um tempão, então eles pediram para eu ir lá em Cuiabá no Julio Miller, mas ainda não me ligaram para marcar. Já faz 6 meses que estou esperando. A nutricionista está grávida, de licença, estou esperando ela voltar e, enquanto isso, minha diabete e pressão estão nas alturas. Eu preciso fazer essa bariátrica o quanto antes [sic]. (JUREMA, 36 anos, 2017).

> Eu estou muito triste porque fiz a cirurgia, mas não estou conseguindo acompanhamento médico nem da nutricionista. Eles falam que vão me ligar, mas não ligam. Eu não tenho como pagar plano de saúde, nem pagar particular. Me falaram pra pagar um plano que é barato, mas a consulta ainda assim não consigo, estou desempregada, minha patroa me mandou embora porque estava faltando muito, a cirurgia. Depois eu não estou conseguindo comer direito, passo mal, me sinto muito fraca ainda. (ROSA, 36 anos, 2018).

Além disso, o mercado fitness — que promove os alimentos diet, light, integrais, verduras e frutas, apontados como alimentos saudáveis pela maioria das entrevistadas — acaba dependendo também do poder aquisitivo de cada mulher:

> [...] Eu fui à nutricionista e não consegui seguir o plano de alimentação que ela fez pra mim, eu mal tenho dinheiro pra comprar arroz e feijão, pra mim não dá, ai resolvi comprar na internet, minha filha que me mostrou, um composto natural que emagrece rápido e você comendo o que quiser. Tem que tomar pelo menos 6 meses, eu consegui os dois primeiros, depois não consegui mais comprar e engordei tudo de novo [sic]. (BARIÁTRICA POR FAVOR, 2017).

Ou ainda:

> [...] Quando o produto é light e é o mesmo preço que o normal, eu compro, mas quando é mais caro aí não dá, meu orçamento não cobre. Fiquei seis meses esperando uma consulta com o endocrinologista pra ver se conseguia fazer um regime com medicamento, ele me passou Sibutramina, com receita e tudo, fiquei alegre, mas quando fui na farmácia custava 42 reais, comprei e em um mês emagreci 6 quilos, mas não consegui continuar o tratamento, me dava batedeira no coração e insônia, tenho que voltar no médico, mas estou num novo trabalho, não dá ainda pra pedir pra faltar [sic]. (BARIÁTRICA POR FAVOR, 2018).

Durante três anos, nas redes, observei grupos de mulheres gordas sobre a relação que elas encontravam entre os alimentos e o emagrecimento ou a manutenção do peso. Dois grupos eram de pessoas com maior poder aquisitivo, e outros dois, com menor acesso econômico.

Foquei, pela primeira vez, o que se refere ao poder aquisitivo e os depoimentos sobre estar gorda de cada grupo. O que pude observar é que, se nos grupos com maior poder aquisitivo as mulheres postavam novidades, onde comprar, dicas e sugestões, nos menos favorecidos elas criticavam, reclamavam e faziam chacota da própria falta de acesso que tinham à alimentação com baixas calorias:

> Eu vou na nutricionista desde que nasci, todo mundo vai aqui em casa, nossa geladeira só tem coisa light, diet, funcional, zero e integrais e toda essa baboseiras do que é comida de verdade, minha mãe é obcecada por "alimentação saudável", todo mundo é gordo, mas essa mania ela não perde, eu tenho trauma disso, mas fazer o que, quando morar sozinha vai ser proibido entrar esse tipo de comida na minha casa [sic]. (REEDUCAÇÃO ALIMENTAR – VIDA SAUDÁVEL, 2017).

De maneira diferente:

> [...] Eu não consigo emagrecer por falta de dinheiro, igual vocês, e isso deixa a gente muito triste, se vou no supermercado aqui perto de casa, tudo caro, light então nem olho mais, fui comprar uma maionese e pensei em comprar uma light, o preço era muito maior, nem olho mais. Quando tem carne lá em casa, tem que ser de segunda, com mais gordura, senão o dinheiro não dá. [...] Eu não entendo isso, a gente vê que a obesidade é uma epidemia na televisão, mas tudo que não engorda é mais caro, assim não dá. [...] Voltei lá no médico e disse isso pra ele, sabe o que ele disse? Cria vergonha na cara e diminui a quantidade, come fruta e verdura, deixa de arrumar desculpa pra ficar gorda. Me deu um ódio, nunca mais volto lá [sic]. (GORDAS/O MAIS ALEGREES, 2017).

O que notei foi que as performances sobre suas escolhas em relação ao que comer, vestir e fazer para "cuidar" do corpo são extremamente individualizadas e dependem do poder aquisitivo, o que explica a falta de acesso daquelas que não conseguiam comprar.

> Fui levar a filha da minha patroa na academia dela aqui na Barra e não acreditei no tamanho e as máquinas e as roupas, e os boys, tudo lindo, tão diferente da academia que a gente vai aqui em Caxias kkkkkkkk. Primeiro que não tinha gordo, só bombado, as roupas que eles malham são de outro nível, não é igual a gente que pega a roupa mais velha e vai na academia, fiquei

com vergonha de entrar lá, mas comecei a rir sozinha [sic]. (GORDAS/O MAIS ALEGREES, 2017).

Em resposta ao comentário no grupo:

> Quando tem dinheiro, rapidinho deixa de ser gorda, é academia, plástica, remédio, rico resolve tudo rápido. Difícil é a gente que tem que esperar como eu, 4 anos na fila de espera pra fazer a bariátrica. (PAULA, 29 anos, 2017). [...] Sei lá, gente, isso de ser rico e ser magro é ruim também, elas não usam shortinho e miniblusa igual a gente aqui na Baixada, tem vergonha, mesmo magras, a gente não está nem aí, porque a gente é gostosa mesmo que gorda. [...] Meu nego me ama mesmo gorda e eu não estou nem aí, vou no baile de shortinho mesmo [sic]. (GORDAS/O MAIS ALEGREES, 2017).

> Meninas, essa gente é gorda porque quer, onde já se viu ter tudo isso de dinheiro e não poder fazer plástica, cirurgia, comer bem, gente que sabe que pode engordar porque depois dá um jeito paga um médico bom e emagrece, nós não, engordou 100 gramas, já tem que fechar a boca senão vira obesa. (MARGARETH, 25 anos, 2017).

Como vimos, o poder aquisitivo, mas não só esse requisito, pode impulsionar a conquista de um corpo construído socialmente como saudável, belo, rico e alegre, permitindo até copiar padrões televisivos da publicidade, que demonstra socialmente qual corpo é viável e qual não é:

> Fazer dieta, levantar peso, suar na esteira, tomar suplementos... Chegar ao corpo perfeito dá trabalho e requer muita disciplina. No mundo das celebridades, muitas musas estão dispostas a encarar essa rotina para conquistar os músculos e curvas desejadas. O time de beldades que transformou a estrutura física com muita malhação é grande. Entre elas está Gracyanne Barbosa. Atualmente, a mulher de Belo ganha a vida como modelo

> fitness. Quem a vê hoje, mal acredita que, há poucos anos, em 2008, quando dançarina do grupo Tchakabum, ela era bem magrinha. Mas, além de Gracyanne, Juju Salimeni, Penélope Nova e outras no elenco das "super saradas". Em alguns casos, a transformação impressiona. Confira a seguir [sic]. (SARADAS..., 2015).

No entanto, muitos corpos periféricos não conseguem atingir esse padrão de corpo perfeito pelo consumo de produtos e procedimentos. Como consequência, socialmente, o corpo gordo dissidente é percebido como pertencente às classes menos favorecidas e periféricas:

> Em testes com voluntários, outros pesquisadores dos EUA constataram que, quando os homens têm pouco dinheiro, eles tendem a desejar mulheres mais cheinhas. Mas quando têm a conta bancária gorda, preferem as mais magras. A explicação é isso mesmo que vocês estão pensando. "Os homens que tinham a sensação de 'escassez' queriam mulheres que tivessem uns quilos a mais, quase como se a gordura da parceira pudesse protegê-los de passar fome", diz o estudo. Segundo os pesquisadores, a falta de dinheiro ativa um estado psicológico associado à pouca comida, à fome, à sensação de que precisamos de mais calorias – no caso, de gordura. E isso é refletido no interesse sexual. O efeito ficou ainda mais claro em um teste posterior, quando os cientistas fizeram entrevistas com diversos homens na porta de um restaurante e viram que, antes de comer, eles também demonstravam preferência pelas mulheres mais gordinhas e que, depois de satisfeitos, isso tendia a mudar. (PERIN, 2011).

Entendendo que o posicionamento social pode definir intervenções para a mudança do corpo, também é importante perceber um número grande de mulheres que, mesmo com poder aquisitivo superior, não conseguem manter o emagrecimento por muitos anos ou alcançar o corpo desejado.

Ou seja, mesmo tendo condições financeiras, por exemplo, para fazer cirurgias, regimes, academias, ainda assim muitas mulheres não conseguem conquistar um corpo magro para sempre, ou manter esse corpo magro por muito tempo e sem muitos sacrifícios, dores e sofrimentos:

> Eu gasto mensalmente pra me manter com esse corpo maravilhoso uns três mil reais, em média, veja, faço pilates, academia e funcional, vou na nutricionista, minha alimentação quem prepara é ela e pago por tudo isso, faço massagens para drenar e não ficar com celulite, tomo alguns remedinhos para saciar a fome, ter colágeno, cremes que uso com frequência diária, enfim sou muito focada e esforçada para manter esse corpo que Deus me deu [sic]. (MUSAS, 2018).

> Hoje eu estou conseguindo manter meu corpo magro depois da bariátrica porque tenho plano de saúde do meu trabalho e cobre tudo, mesmo assim as vitaminas, e alguns remedinhos, academia, eu que tenho que bancar, deixo às vezes de sair, viajar para poder me manter dentro da linha, já engordei uma vez e tenho pavor que isso volte a acontecer, preciso arrumar um trabalho que ganhe mais, mas esse eu tenho o plano, aí não quero trocar o certo pelo duvidoso [sic]. (BELEZA FEMININA, 2017).

> Eu não quero mais ser quem eu não sou, eu sou gorda, tenho fome, quero comer e ser alegre, não quero ficar focada na academia e nos regimes como foi minha vida inteira, eu quero que tudo se exploda e eu quero ser eu, comecei a pensar assim depois que quase morri fazendo a quarta lipoaspiração, já fiz bari, abdominoplastia, diminuí e endureci meus seios, afinei meu nariz, fiz tudo que uma louca neurótica como eu era faz, conheci muita mulher que era como eu, esse era meu tipo de amizade, e sabe qual era meu objetivo? Casar de novo e ser aceita pelas minhas vizinhas mais loucas do que eu, só pensam e falam nis-

so, eu quase morri, e descobri que tenho o direito de ser alegre. Tenho várias sequelas das loucuras que fiz para ser uma pessoa que não sou. Quando fiquei dois meses internada quase morrendo no hospital, minha irmã que mora na Alemanha foi me ver e me deu um livro em inglês e eu nem liguei, chama O mito da beleza. Como não tinha o que fazer, comecei a ler e minha visão de mundo mudou completamente, hoje tenho muitos quilos a mais, uma namorada gorda como eu, mudei de casa, de amigos e toda aquela grana que gastava para me mutilar viajo com meu amor, já conheci países e culturas incríveis, mesmo entalando nas poltronas dos aviões [sic]. (KATIA, 43 anos, 2018).

O que pude notar nas observações e nas narrativas dessas mulheres, durante esses quatro anos, é que existem exigências sociais muito mais delimitadas por parte das mulheres com maior poder aquisitivo, como forma de manter algum status ou expectativas do lugar social, enquanto as mais pobres, apesar de todas as dificuldades, criavam maneiras criativas de superação, por não terem condições financeiras de mudança, inclusive culpando essa falta de dinheiro para o alcance do corpo magro e malhado. Aparentemente, as mais pobres não se sentem tão cobradas socialmente a estarem dentro das expectativas de um corpo padrão. "Eu não quero ser essas mulheres magras esqueléticas, meu negão gosta de carne pra pegar, eu gosto das minhas coxas e bunda grande, eu me acho gostosa pra caramba" (ANDREA, 18 anos, 2018).

Norbert Elias (1994b) explica que as classes mais abastadas sempre tiveram mecanismos para a manutenção do poder por parte dos costumes, comportamentos e ideias, e o corpo sempre foi mediador dessa conservação, pois

> [...] numa sociedade em que todas as atitudes de um individuo têm o valor de representação social, as despesas de prestigio e representação das camadas superiores são uma necessidade a que não é possível fugir. (ELIAS, 1994b, p. 38).

> Para todo grupo, casta ou camada social de elite de certo modo estabilizado e demarcado em relação a outros, mesmo sujeito a uma pressão de baixo e, às vezes, também de cima, podemos dizer que sua mera existência como membros de uma unidade social de elite é para eles um valor absolutamente autônomo, seja parcial ou absoluto; em suma, um fim em si. A conservação da distância torna-se, com isso, o motor ou a marca decisiva de seu comportamento. (ELIAS, 1994b, p. 119).

O corpo magro, como vimos, está relacionado ao corpo bom, saudável e, portanto, rico e nobre. Observando as celebridades e a alta sociedade, em sua grande maioria são mulheres magras que "cuidam" dos corpos como uma necessidade de manter o status quo.

> Eu fico horrorizada com essas mulheres que não se cuidam, não fazem dietas, comem qualquer coisa, gordura, arroz e feijão, doces, não se exercitam, são pessoas humildes que não estudaram e não entendem que cuidar do corpo é muito importante para viver com mais saúde [sic]. (HILDA, 36 anos, 2017).

> A babá da minha filha é gorda, eu já falei que pago academia se ela quiser, ela aceita mas nunca foi, ela não cuida do corpo e é casada, acho que as pessoas mais pobres não ligam pra saúde, vejo os pratos que ela prepara pra ela, são enormes e ela não come o que a gente come não, ela faz o arroz, feijão e carne todos os dias, farofa, coisa pesada [sic]. (DORA, 38 anos, 2015).

> Eu sou a dona da academia preciso ser a mais trabalhada, sou exemplo de corpo saudável, por isso o investimento é pesado no meu corpo, metade do que eu ganho aqui vai para isso, é tudo programado e controlado do que eu posso ou não comer, e meus exercícios são sagrados, todos os dias, isso é determinação e responsabilidade [sic]. (MUSAS, 2017).

> Qual é o problema esconder as plásticas que já fiz? Não saio por ai contando mesmo, meu marido sabe que eu faço, mas não quantas nem onde, ele está gostando porque todos sempre me elogiam que estou cada dia mais jovem e isso deixa ele cheio de orgulho, ele percebe meu esforço por manter meu corpo em dia, porque ele tem mais facilidade, eu não, e ele valoriza isso, sempre me usa de exemplo, como uma mulher que se cuida, se valoriza e sabe o que quer [sic] (MUSAS, 2018).

> Eu não janto mais, e já emagreci 4 quilos, eu como uma banana, ou um copo de líquido, no começo estava indo dormir com fome, mas agora já estou acostumando, lancho à tarde no serviço e à noite em casa preparo a janto para as crianças e marido, mas eu não como, tomo alguma coisa, suco, leite, gelatina e vou dormir, assim que eu faço [sic]. (VERA, 40 anos, 2016).

Partindo das narrativas destacadas e analisadas, posso compreender que a manutenção do status social de mulher bem-sucedida e de classes mais favorecidas passa diretamente pela manutenção de um corpo magro, malhado e jovem. Enquanto isso, em classes menos favorecidas, existe uma busca por mudanças pela pressão social; mas, na maioria das vezes, as dificuldades financeiras empurram a essas mulheres inúmeras alternativas nessa busca pelo emagrecimento.

CAPÍTULO 3

ATIVISMOS: QUEM TEM MEDO DO LOBO MAU? ATIVISMO GORDO, DIFERENTES VOZES E CORPO GORDO COMO (RE)EXISTÊNCIA

> Sou grata às mulheres e homens que ousam criar teoria a partir do lugar de dor e da luta, que expõem corajosamente suas feridas para nos oferecer sua experiência como mestra e guia, como meio para mapear novas jornadas teóricas. O trabalho delas é libertador. Além de nos permitir lembrar de nós mesmos e nos recuperar, ele nos provoca e desafia a renovar nosso compromisso com uma luta feminista ativa e inclusiva. (HOOKS, 2017, p. 103).

Neste capítulo, proponho focar a discussão no ativismo, provocando uma reflexão sobre a contemporaneidade e o entendimento de que novos sujeitos sociais passam a criar e difundir novas formas de manifestações antigordofobia ligadas ao universo da cibercultura e/ou presencialmente.

Assistimos, nesse contexto, à emergência de um movimento que, aliado muitas vezes ao movimento feminista, tem como meta a superação e a aceitação do corpo gordo como forma de resistência à padronização e à opressão dessas corporeidades por parte de discursos e práticas médicas, educacionais e estéticas.

A partir da análise do posicionamento de mulheres que se autodenominam ativistas (ou não) em blogs, redes sociais, grupos, eventos, conversas e páginas na internet, foi possível perceber as estratégias de empoderamento gordo feminino, que defendem um corpo dissidente como uma nova forma de estar no mundo, ao mesmo tempo que denunciam opressões sofridas.

Minha ideia, então, é mostrar, neste capítulo, como essas mulheres que sofrem todos os dias opressões, exclusões e retalhamentos causados pela gordofobia têm conseguido resistir, ou (re)existir ao estigma.

Posto que mulheres gordas sofrem gordofobia todos os dias, muitas vezes por dia, como forma de sobrevivência existe uma necessidade de transformar a dor em algo — com frequência em mais dor. Contudo, vivi e vi muitas experiências, que serão aqui apresentadas, em que o sofrimento pôde ser ressignificado em pesquisas acadêmicas, lutas, reposicionamentos no mundo, ações em coletivos, livros, eventos.

Aprendi com o feminismo negro e com algumas ativistas gordas que é possível, necessário e revolucionário criar teorias a partir de corpos que são marcados pela dor, pela humilhação e pela exclusão, transformando todo ódio e raiva à sociedade em luta e se posicionando no mundo de outra maneira, de modo que viver seja um ato revolucionário.

A partir de nossas experiências é possível reinventar o jeito de estar no mundo. É um processo demorado e lento, mas existem mulheres como eu, consumindo e fazendo ativismo numa nova proposta de entender seu corpo gordo em sociedade e consigo mesmas.

> Quando uso a expressão "paixão da experiência", ela engloba muitos sentimentos, mas particularmente sofrimento, pois existe um conhecimento particular que vem do sofrimento. É um modo de conhecer que muitas vezes se expressa por meio do corpo, o que ele conhece, o que foi profundamente inscrito nele pela experiência. Essa complexidade da experiência dificilmente poderá ser declarada e definida à distância. É uma posição privilegiada, embora não seja a única nem, muitas vezes, a mais importante a partir da qual o conhecimento é possível. (HOOKS, 2017, p. 124).

Entendo (re)existência, como nos explica Renata Aspis, como constante movimento de afirmar a vida que nos está sendo constantemente subtraída. (Re)existir, insistir em existir, conjurar a formação do Estado no pensamento, tornar o pensamento uma máquina de guerra. (ASPIS, 2011, p. 120).

Essa concepção vai ao encontro do que Suely Rolnik apresenta "para uma vida não cafetinada", na qual explica uma micropolítica:

> [...] trata-se de um "combate pela" vida em sua essência germinativa. Um combate que consiste em buscar não ceder ao abuso da pulsão, o que depende de um longo trabalho de travessia do trauma que tal abuso provoca – cujos efeitos são a despotencialização da força vital que decorre de sua violação e prepara o terreno para sua cafetinagem. O objetivo desse modo de operação próprio do combate micropolítico é que se consiga neutralizar esses efeitos do trauma do abuso o máximo que se puder a cada momento e face a cada situação. Resistir ao abuso é a condição para desarticular o poder do inconsciente colonial-capitalístico em nossa própria subjetividade, o qual nos faz permanecer enredados nas relações de poder, seja na posição de subalterno (mesmo quando nos insurgimos macropoliticamente contra ela) ou de soberano (mesmo que sejamos os mais micropoliticamente corretos). (ROLNIK, 2018, p. 135).

A proposta é não apagar ou esquecer os traumas, medos e as exclusões, mas transformar essas experiências em (re)existências de vidas e subjetividades como descontinuidade do sofrimento, buscando se desfazer das concepções do "inconsciente colonial-capitalístico" do que significa ter um corpo gordo por meio das brechas que vamos encontrando no próprio sistema.

Seguindo os estudos do consumo entendido como ações sociais e, portanto, simbólicas, compreendemos os ativismos aqui analisados individual e coletivamente, que são consumidores ativistas e se utilizam do consumo para reivindicar mudanças na sociedade. "As mídias digitais deram vozes para os gritos que estavam entalados e abafados. Vozes que antes não se ouviam, agora importam." (DOMINGUES; MIRANDA, 2018, p. 13).

Nesse contexto, é imprescindível entender que as novas tecnologias digitais "[...] colocam a luta política em outro patamar, e esse outro patamar não pode mais deixar de ser levado em conta porque a luta vai se passar lá" (SANTOS, 2013 *apud* DOMINGUES; MIRANDA, 2018, p. 23). Santos (2013) chama de tecnopolítica o modo de articulação política que remixa as ruas com as redes na era digital, porque não é mais possível pensar a política sem a tecnologia junto.

O acesso à internet, sobretudo às redes sociais digitais, impulsionou exponencialmente informações sobre o mundo contemporâneo, minorias e reivindicações políticas em escala global, o que acabou gerando uma necessidade de posicionamento político mediante novas realidades (DOMINGUES; MIRANDA, 2018).

Essa nova maneira de entender o mundo acabou levando esses cidadãos de todas as partes do mundo a se identificarem, ou não, com projetos políticos, tendo que assumir posturas e iniciativas às quais antes não se sentiam motivados, por não terem acesso a essas reivindicações.

Assim, como aponta Canclini (2006), consumir está longe de ser uma ação alienante, é também um objeto de estudos, já que, para o autor, o consumo serve para pensar. A cidadania está em conexão com o consumo como estratégia política, visto que, no mundo contemporâneo, as mídias e essa interação entre o público e o privado impulsionam uma substituição dos velhos agentes, como os sindicatos, intelectuais, partidos políticos, pelo que se vê e lê na internet, trazendo ao âmbito político um novo cenário sociopolítico cultural.

O exercício da cidadania, então,

> [...] passa, necessariamente, pela esfera do consumo, o que nos leva a classificar esse consumidor no contemporâneo de consumidor-cidadão, aquele que usa ato de consumo como manifesto, ou seja, exercício de cidadania. (DOMINGUES; MIRANDA, 2018, p. 27).

Nesse momento do livro é importante frisar minha relação com essas mulheres que li, ouvi e com quem troquei afetos e ideias por redes ou presencialmente. Essa experiência única, a autoetnografia, proporcionou-me, nesse entrelaçamento com as entrevistadas, quando a pesquisa esteve focada no ativismo, estar presente a todo momento e me relacionar honestamente na minha pesquisa com as envolvidas, bem como conhecer e construir algumas amizades, a ponto de viajar e hospedar-me em suas casas (e vice-versa), conhecer suas famílias, construir ações juntas, falar de minhas escritas, meus medos e meus sonhos.

> Os autoetnógrafos frequentemente mantêm laços interpessoais valiosos com seus participantes, ocasionando uma relação ética mais complicada. Frequentemente os entrevistados são ou se convertem em amigos através do processo de pesquisa. Normalmente não os consideramos "sujeitos" impessoais a serem explorados com fontes de informação. Em consequência, as questões éticas ligadas às relações se convertem em uma parte importante do processo da investigação e do produto. (KIEGELMANN, 2010; TILLMANN-HEALY, 2001, 2003; TILLMANN, 2009 *apud* CALVA, 2019, p. 29).

Foi nesse momento que pude entender na prática o que estava propondo, pois, enquanto estava observando, pensando e entrevistando mulheres gordas sobre consumos, dificuldades e, claro, na maioria das vezes me identificando com tudo o que pesquisava, foi na questão do ativismo que entendi, percebi e pude entender de perto o processo de pesquisa se transformando em produto e mudança social dentro e fora de mim.

A proposta da autoetnografia, no que diz respeito à transformação e à ideia de micropolítica de Suely Rolnik, que já apresentei no texto, começou não só a fazer sentido, mas a acontecer, como nos explica Lazzarato (2006) sobre o conceito de acontecimento:

> O mundo possível existe, mas não existe mais fora daquilo que o exprime: os slogans, as imagens capturadas por dezenas de

> câmeras, as palavras que fazem circular aquilo que "acaba de acontecer" nos jornais, na internet, nos laptops, como um contágio de vírus por todo o planeta. O acontecimento se expressa nas almas no sentido em que produz uma mudança de sensibilidade (transformação incorporal) que cria uma nova avaliação: a distribuição dos desejos mudou. Vemos agora tudo aquilo que nosso presente tem de intolerável, ao mesmo tempo em que vislumbramos novas possibilidades de vida. (LAZZARATO, 2006, p. 22, grifo do autor).

Minha maneira de estar, ver e viver no mundo começou a se transformar quando entrei profundamente no que significava fazer ativismo gordo; estar dentro dele e das diversas questões que faziam parte dessa discussão e de outras que ainda estavam sendo elaboradas.

A seguir, apresento minha relação com o ativismo, como algumas mulheres se relacionam com essa ação, como outras não se entendem como ativistas e como algumas, durante o processo da pesquisa, mudaram de opinião e de posicionamentos, enquanto outras se mantiveram no mesmo lugar.

Trago, também, alguns pontos que acredito serem importantes nessa discussão, mas assinalo que esse passou a ser um processo vivido e entendido para mim, para muito além destas páginas.

ATIVISMOS GORDOS, BODY POSITIVE E FEMINISMO GORDO

> [...] em todos os domínios, do mais sério ao mais frívolo, dos diversos jogos de faz-de-conta ao jogo político, na ordem do trabalho como na dos lazeres, bem como nas diversas instituições, a paixão, o sentimento, a emoção e o afeto (re)exercem um papel privilegiado. (MAFFESOLI, 1998, p. 22).

Ativismo, segundo Machado (2007), não mais tem o único intento da atividade de militância como conhecida alguns anos atrás. Para o autor, esse conceito está ligado a ações com o objetivo de mudar a ordem social em vigor. O ativismo deve modificar, transformar e influenciar processos e resultados sociais e políticos. Ou seja, a opinião de todas as pessoas que queiram fazer parte de alguma discussão e/ou movimento é importante na tomada de decisões e ações políticas de um determinado segmento.

O filósofo Pierre Levy (2000, p. 17) explica que existe um ciberespaço, "um novo meio de comunicação que surge da interconexão mundial dos computadores", que abrange, além do espaço material que é a web, principalmente o universo de informações que nela circula. Para o autor, o próprio ciberespaço é visto como uma cibercultura, entendida como um movimento social, criado e utilizado por jovens que, com sua criatividade e cidadania, constroem comunidades virtuais, expressões em grupo e interesses coletivos.

O que se sabe é que a internet é hoje uma ferramenta importante e articuladora, indispensável e eficaz para as reivindicações sociais no mundo contemporâneo:

> A utilização da rede por parte desses grupos visa, dentre outras coisas, poder difundir informações e reivindicações sem mediação, com o objetivo de buscar apoio e mobilização para uma causa; criar espaços de discussão e troca de informação; organizar e mobilizar indivíduos para ações e protestos on-line e off-line. As estratégias de utilização da internet para o ciberativismo objetivam aprimorar a atuação de grupos, ampliando as técnicas tradicionais de apoio. A rede pode ser usada como um canal de comunicação adicional ou para coordenar ações off-line de forma mais eficiente. (RIGITANO, 2005, p. 3).

O uso das redes ampliou os canais de informações. Sem filtros de mediadores convencionais como autoridades ou medias, muitos movimentos migraram para a internet e outros se constituíram dentro dela. Esse todo em constante ebulição é denominado ciberativismo, entendendo diversas atividades, ações e informações consideradas por grupos ou individualmente como ativismo social.

A informação como estratégia pedagógica faz frente à maioria dos ativismos dentro das redes como ferramenta de articulações, ações e depoimentos.

Segundo a pesquisa de Rangel (2018),

> As redes sociais e os blogs são os locais de ativismo gordo mais proeminentes e expressivos do ativismo gordo no Brasil. São inúmeras as páginas em diversas redes sociais como Facebook, Youtube e Instagram, sendo que essas três redes sociais muitas vezes se integram fazendo parte de um mesmo esquema de divulgação, ou seja, uma pessoa pode ter ao mesmo tempo Facebook, Youtube e Instagram, os principais da atualidade, e divulgar suas ideias e produção por todas essas redes sociais de maneira diferenciada. É principalmente por meio desses veiculos que as informações entre ativistas gordos/as circulam; torna possível o acesso a aspectos mais detalhados da troca de informação e construção do conhecimento nessas redes sociais, blogs e sites em trabalho anterior. (RANGEL, 2017 *apud* RANGEL, 2018, p. 92-93).

Minhas observações desses espaços e depoimentos na internet também mostram a informação como eixo central na militância, na maioria dos ativismos gordos que observei no Brasil e na América Latina, pela internet e presencialmente em alguns coletivos de que participei de alguma forma:

> Eu vejo o ativismo gordo como uma maneira das mulheres gordas se informarem sobre gordofobia e assim desenvolverem estratégias para sobreviverem nessa sociedade cruel. Meu ativismo gira entorno a isso, e das mulheres que fazem parte comigo dessa caminhada. A gente precisa conversar sobre o que acontece com a gente para a gente saber o que a outra fez para lidar com isso [sic]. (JACIRA, 2018).

> O ativismo gordo pra mim é uma luta pela acessibilidade desse corpo, a gente precisa de políticas públicas que tornem os

espaços públicos e privados acessíveis a todos os tipos de corpos, inclusive o nosso corpo gordo. Para mim falta essa luta judicialmente aqui no país, a exigência dessa acessibilidade que é constitucional [sic]. (KARLA, 2017).

O meu momento no ativismo gordo é crítico. Como trabalho com moda e autoestima, sou muito criticada por não reivindicar questões mais profundas, como a gordofobia estrutural que mata pessoas gordas. Eu sei de tudo isso, mas estou fazendo um trabalho enorme comigo mesma para me aceitar, não sei como, talvez eu nunca consiga fazer esse debate nas minhas redes, porque é necessário estudar, ler e estar bem consigo mesma para engolir tudo isso. Mas só de não pensar em suicídio todos os dias, como era minha vida antes de eu me considerar uma ativista gorda, que para muitos sou body positive por não tratar dessas questões, para mim tudo bem [sic]. (JOANA, 2018).

Sou ativista gorda, me considero uma, mas não sou só isso, tenho lutado pelas questões LGBTQ+ porque sou lésbica, também sou vegetariana e isso é uma questão para mim, então meu ativismo está relacionado com diversas frentes, o que falo e escrevo sobre meu corpo não é só ativismo gordo, mas é tudo o que eu sou [sic]. (PATRÍCIA, 2018).

As narrativas dessas mulheres demonstram que, ao contrário do que eu entendia por ativismo gordo — algo fixo, com regras e temas que estabeleciam quem poderia ser considerada como tal —, na realidade não existe apenas um ativismo gordo no Brasil, existem muitos ativismos gordos, e eles não são unificados nem levantam somente uma bandeira.

Este é um movimento novo e sua configuração como luta para a despatologização desse corpo transpassa muitos outros temas. A literatura sobre essa discussão começa a chegar e ser construída há muito pouco tempo no país, mesmo que o movimento tenha começado nos anos 60 nos EUA. Aqui essa discussão se iniciou nas redes a partir, aproximadamente, de 2011. (RANGEL, 2017 *apud* RANGEL 2018, p. 51).

O que pude observar é que existem muitas mulheres gordas procurando mudar suas questões e seus sofrimentos sobre seu próprio corpo, mas a condição estrutural e institucionalizada da gordofobia está tão enraizada em nossa cultura que esse processo leva um tempo, e cada mulher passa por diversas fases e enfrentamentos para se denominar ativista gorda ou entrar numa luta.

Sobre esse processo de descoberta, conhecimento e enfrentamento, pontuo: como contei no começo do livro, minhas redes começaram com o nome "Gorda Linda" e, depois de alguns anos, percebi que a beleza não era mais uma questão de luta no meu ativismo, já que essa fase tinha sido ultrapassada e questões como patologização e acessibilidade começaram a ser mais importantes.

Talvez, por isso, o movimento body positive se confunda muitas vezes com o ativismo gordo. Mesmo não sendo a mesma coisa, promovem um autoconhecimento do próprio corpo como valorização de sua história:

> Eu confesso a você que minha proposta na graduação em estudar o body positive estava totalmente equivocada. Eu pensava que as lutas eram parecidas e fui percebendo que não. O acesso ao ativismo gordo é muito mais difícil e complicado, já que o body positive fala de se sentir bela e é isso que a gente quer de primeira. Depois vê que a beleza não existe e esse padrão é ridículo e colonializado, mas faz parte, num primeiro momento [sic]. (MARINA, 2017).

O que aparece em muitas falas é que o ativismo gordo vai além da aceitação do próprio corpo, visto que a proposta é do empoderamento através do conhecimento para uma luta de despatologização e acessibilidade do corpo gordo na sociedade contemporânea.

Destruir a estigmatização estrutural é necessário, e só se faz isso quando levamos a discussão para o entendimento epistemológico de um saber colonial patriarcal que padronizou o corpo magro como único possível.

Segundo a pesquisa de Souza (2019),

> [...] o movimento Body Positive (Positividade Corporal) nasce nos Estados Unidos da América, no final da década de 1990, com a iniciativa de duas mulheres: Connie Sobczak e Elizabeth Scott; elas fundaram o instituto The Body Positive, movidas pela paixão compartilhada de criar uma comunidade viva e curativa que oferecesse liberdade de mensagens sociais em contraposição àquelas sufocantes que mantêm as pessoas em uma luta perpétua com seus corpos (THE BODY POSITIVE, 2018 *apud* SOUZA, 2019, p. 25).

A confusão existe, mas definitivamente não são as mesmas lutas. O body positive foca todos os corpos e a quebra do padrão único de beleza. Suas ações estão muito ligadas à moda, à autoestima, às belezas diversas etc.

Já o ativismo gordo está focado em contrapor a estigmatização dos corpos gordos socialmente, na despatologização desses corpos e na acessibilidade quase inexistente por causa da gordofobia, como apresentado no primeiro capítulo deste livro.

Durante dois meses, mandei duas perguntas para minhas redes, no WhatsApp:

> 1) "Você se considera ativista gorde? Por quê?"; e 2) "O que é o ativismo gorde para você?". Recebi 38 respostas, as quais são diversas mas, ao mesmo tempo, parecidas, já que percebemos que há várias formas de enxergar o ativismo, e o reinventar-se nesse corpo gordo e o re(existir) estavam presentes. Vejamos alguns depoimentos:
>
> (1) Sim, me considero. Porque quando eu me reconheci enquanto mulher gorda e o espaço que eu tenho pra mim na socieda-

de, eu entendi que a luta está só no começo ainda. (2) É ocupar espaços que nos são negados. É estar na academia, é estar no palco, na arte. É libertar os corpos e entender que somos como rios, fluidos. É lutar incessantemente para ser vistas e deixemos a marginalidade, é conquistar acesso a coisas básicas, é usar os assentos preferenciais, pedir cinto de extensão no avião. É tanta coisa, pra mim, ativismo é ser. O fato de só sermos mulheres gordas, achando nosso espaço, falando sobre nossos corpos, isso é ativismo pra mim [sic]. (ANA, 2019).

(1) Sim. Por meu corpo ser gordo, minha expressão ao mundo ser gorda. E costumeiramente critico diretamente empresárias por seus produtos inadequados aos corpos gordos. Além do trabalho de desconstrução de autoimagem gordofóbica que faço cotidianamente comigo e com minhas/meus clientes/pacientes. (2) Para mim é "se não sair da frente, vou passar por cima". Se meu peso te incomoda, não queira senti-lo. Creio ser isso, figuradamente. Não sendo impossível ser literal, embora beire a contravenção [sic]. (PAULA, 2019).

(1) Me considero conhecendo a militância e aprendendo a militar, sobre questão que afligem o corpo gordo. Sempre aprendendo. (2) Se posicionar, com opinião e argumentos que possibilite cada vez mais a conquista de espaços pelo corpo gordo [sic]. (JOANA, 2019).

(1) Acredito que sou ativista porque procuro trabalhar primeiro em mim um olhar respeitoso (confesso que já tive a visão preconceituosa de que a pessoa gorda é isso ou aquilo; infelizmente, por vezes você se deixa levar pela pressão social do "padrão de beleza magro", em especial quando não está em paz e satisfeita consigo mesma). Procuro também divulgar as ações realizadas na cidade que conscientizam sobre as práticas preconceituosas e incentivar as pessoas a se olharem e a se ama-

rem. Em meu trabalho como jornalista já abordei o tema com pesquisadores, miss plus size, sempre num tom de respeito e empatia. (2) Para mim, ativismo gorde inclui não apenas as pessoas gordas, que procuram defender suas histórias e pontos de vista, mas qualquer pessoa que ame e aceite o outro como ele é e estimule a sua autoestima, auto-aceitação, sem querer impor nele um padrão estético-visual massificado pelas passarelas e mídias. O ativismo gorde também contribui com a "comunicação não violenta" e essa prática é um exercício pessoal/individual e social [sic]. (DORA, 2019).

(1) Embora a temática me contemple, não sou ativista pois recebo informações, socializo, mas não faço intervenções ou algo parecido. Embora eu tenha a simpatia, eu tomo partido, faço defesa, porém ainda não faço dessa atitude a minha ordem do dia. (2) Considero ativismo quando associo uma dialética a uma prática. Quando penso e exercito esse pensamento, portanto ativismo gorde seria quando tivesse um entendimento amplo e uma prática condizente a essa temática [sic]. (ANNE, 2019).

(1) Sim. Porque o fato de eu estar acima do peso, me sentir bem com o meu corpo, e não mais me influenciar pelos padrões de beleza impostos pela mídia e sociedade faz com que eu me sinta uma ativista. Pois enfrentar críticas, olhares tortos e não ceder a essas imposições faz de mim uma pessoa mais forte a cada dia, para que eu também possa fortalecer as pessoas que chegam até mim com a mesma questão no consultório e em minha vida pessoal. (2) Para mim, ativismo gorde significa lutar pelo direito de ser o meu corpo, de ter o meu corpo, aceitar e gostar de mim, e não me sentir obrigada a seguir padrões. Me olhar no espelho e me sentir bem, amar as minhas curvas, não achar que eu sou inferior a outra pessoa porque o meu corpo não está de acordo com a beleza que a maioria não consegue enxergar através dos rótulos que nos dão [sic]. (LETICIA, 2019).

> (1) Não sei se sou e/ou me considero uma ativista gorda porque não participo ativamente de nenhum grupo especifico que promova debates acerca do tema, lutas e reivindicações. Contudo, sigo páginas e hashtags no Instagram, no YouTube e Facebook, para entender os estudos e a luta desse segmento, falar com outras pessoas gordas, discutir sobre o preconceito enfrentado diuturnamente, a falta de espaços adequados e que comportem o corpo gordo e até para aceitação do meu próprio corpo e empoderamento. Recentemente participei de um processo seletivo da pós-graduação da UFMG, no qual me propus a pesquisar sobre o tema da gordofobia, empregabilidade e gênero. No entanto, não obtive êxito e tentarei novamente no próximo ano. (2) Entendo que o ativismo gordo é a organização de pessoas gordas que militam pela causa gorda, reivindicando direitos, denunciando preconceitos e exclusão, bem como promovem a visibilidade da causa. Penso também que a internet, as redes sociais, têm possibilitado o ativismo gordo, pois permitem que conheçamos pessoas gordas de vários estados e países, promovendo o conhecimento e empoderamento [sic]. (ODETE, 2019).

Para a maioria das mulheres que responderam, ser ativista é estar fazendo algo para si e para que outras pessoas pensem, reflitam e entendam a estigmatização do corpo gordo. Também se percebe, dentro de minha experiência e vivência com outras mulheres, que o ativismo de cada mulher está em um estágio diferente, no qual algumas questões estão sendo trabalhadas e outras, não. Algumas ações podem ser propagadas, outras requerem mais tempo.

> Ser ativista gorda é diferente de qualquer outro ativismo pra mim, é mais difícil uma mulher dentro desse sistema hierarquizador de corpos femininos magros e belos quebrar com tudo isso e se assumir gorda e, pior, contra essa escravização que é ser bela no mundo contemporâneo. Por isso se demora mais para assumir essa luta, se expor também é outro grande problema, enfrentar a família, os amigos, os relacionamentos, filhos,

> enfim, não é fácil ser ativista gorda. Já body positive você não se assume gorda, nem trabalha isso diretamente, apenas tenta se auto-aceitar como bonita, talvez muitas ativistas tenham começado dentro do body positive e depois vieram somar com a gente no ativismo gordo [sic]. (MARINA, 2019).

Nessa construção ativista, que nunca termina e sempre está em transformação, aparece a discussão sobre o feminismo gordo. Muitas militantes contam que, dentro do feminismo, essa temática é invisibilizada e que, muitas delas, como eu, sofreram por não poderem levantar essa bandeira dentro das pautas de coletivos em diversos lugares e momentos do feminismo:

> Eu nem sei mais se sou feminista, de verdade, o feminismo me fez sofrer muito, toda vez que eu queria falar sobre meu corpo gordo e era calada por minhas companheiras magras, como uma discussão que não tinha importância. (KATIA, 2018).

O ativismo gordo luta dentro do feminismo para ocupar e validar essa luta, mas há grupos feministas que não percebem a importância dessa discussão. Eu me denomino feminista gorda, porque, antes de tudo, fui e sou feminista; acredito que minhas leituras sobre o feminismo, escritos por feministas, levaram-me ao movimento gordo. Meu posicionamento (com meu corpo e como mulher) é construído dentro do feminismo. Assim, sempre provoco minhas companheiras feministas gordas e magras com a questão: Um feminismo gordo é possível? Essa é minha questão para a continuação de minhas pesquisas sobre o corpo gordo no pós-doutorado, na vida, na escrita.

GORDAS MENORES E GORDAS MAIORES: A LUTA É PARA QUEM?

> Eu sou gorda maior e tenho outras preocupações e lutas dentro do ativismo, como caber dentro de um banheiro público, por exemplo. Isso me preocupa muito, porque as gordas menores já estão em sua maioria preocupadas com tamanho de roupas

> ou se sentir bonita, autoestima, essas coisas. Isso é preocupante porque invisibiliza nossa luta, por isso tanta confusão com o body positive, que nada tem a ver com nossa pauta do ativismo gordo que é principalmente a acessibilidade e a despatologização. (WALQUIRIA, 2018).

No ativismo gordo no Brasil, uma discussão central é a questão das denominações gordas menores e gordas maiores. Como as questões de autoaceitação, moda e beleza ainda atingem mais mulheres e vendem muito, acaba acontecendo, nesse processo, a invisibilidade das gordas maiores. Surge, então, uma crítica às gordas menores, para quem, muitas vezes, as pautas e lutas acabam sendo diferenciadas.

Neste subcapítulo, achei importante levantar essa reflexão: se o ativismo é para todas as gordas, ou para quais delas, por que é importante estar atenta a essas diferenças e a como essas mulheres percebem e se posicionam a respeito? Segundo a pesquisa da Natalia Rangel (2018),

> Para tentar diferenciar pessoas gordas que sofrem mais opressão e outras que sofrem menos por causa da variedade de tamanhos de pessoas gordas, foram criadas as categorias "gorda maior" e "gorda menor". Essa classificação busca evidenciar o lugar de opressão maior em que está localizada a "gorda maior". É possível fazer relação com a noção de colorismo que há no movimento negro, em que quanto mais escura a pigmentação da pele da pessoa, mais preconceito e racismo ela sofrerá, em especial em países colonizados por europeus. O mesmo aconteceria com as pessoas gordas maiores. Há a preocupação no ativismo gordo de que este seja tomado pelas pautas das gordas menores, excluindo as pautas das gordas maiores que já são mais marginalizadas pela sociedade. Mas como é feita essa classificação? A variedade de corpos gordos é muito grande, o que dificulta a definição. Outra preocupação dentre ativistas gordas/os é de que o próprio ativismo acabe excluindo pessoas que se consideram gordas a partir de outro

> sistema de classificação criado por eles/as mesmos/as. (RANGEL, 2018, p. 74).

No meu caso, por exemplo, já fui gorda menor e me tornei gorda maior, e é fato que, quanto mais gorda, mais gordofobia se sofre, e as questões em relação ao nosso corpo e à nossa luta também mudam. Não é igual usar tamanho 50 e caber dentro dos espaços do que usar numeração 60 e nunca estar confortável, excluída destes:

> Eu fui perceber que era gorda maior quando o cinto do avião não fechou. Não foi necessariamente uma descoberta, porque já vinha encontrando dificuldades em encontrar roupas e usar confortavelmente cadeiras, mas não fechar o cinto do avião foi como um balde de água congelada na minha alma. E, agora, o que eu faço? Chamei a aeromoça e disse: "O cinto não fecha, e agora?" Estava quase chorando, e ela me respondeu fingindo não entender meu sofrimento: "Já trago um extensor, só um momento". (DEPOIMENTO DA AUTORA).

Fui entendendo na pele, com experiências nada prazerosas, que o corpo gordo acima do 56 vai sofrer mais com acessibilidade e patologização na sociedade do que os outros corpos gordos, porém menores. Em minhas observações, seguindo ativistas maiores, essa discussão está sempre muito presente, e é importante saber que outras mulheres gordas sofrem mais que você e outras, menos, assim como quais pautas serão levantadas dentro de cada opressão que se sofre.

Destaco que também é preocupante a exclusão dessas mulheres gordas menores, porque, apesar dessas diferenças, todas nós sofremos. Sentimos todas na pele a gordofobia. É importante estar consciente das opressões que caminham junto à gordura, outras interseccionalidades, como no caso das mulheres gordas negras. Quando as ouço, em meu coletivo, percebo que sou gorda maior e sofro mais gordofobia que uma gorda menor, mas a minha companheira negra gorda maior sofre mais, porque, além da gordofobia, ela sofre racismo, sofre por ser lésbica, e, assim, certas opressões machucam mais e são mais fortes que outras:

> Nós ativistas precisamos saber nosso local de fala no momento presente e junto com o grupo que nos acompanha. Eu não posso comparar minhas opressões com as de uma mulher negra, nunca! Ela sempre terá menos privilégios que eu, nesse mundo patriarcal maldito. Mas também sei que sofro mais do que gordas menores, porque minha gordura incomoda muito mais a sociedade, e sempre haverá outras mulheres que sofrerão mais que eu. (DEPOIMENTO DA AUTORA).

São muitas as interseccionalidades que formam o ativismo gordo, não somos um bloco fechado em que todos os corpos gordos são iguais e sofrem das mesmas exclusões e sofrimentos. Apesar de termos identificações de sofrimentos, outros existem e se somam a mais estigmas e dores.

Pensemos, por exemplo, nas negras gordas, pobres, transexuais, mulheres mais velhas, lésbicas, bissexuais, gays. Quanto mais dissidentes e longe dos padrões de corpos aceitos socialmente, mais dores, traumas e diferentes pautas surgirão na luta:

> Esse papo de privilégios que vem sendo colocado dentro dos feminismos, que vem do feminismo negro que sempre está anos-luz na nossa luta, porque elas estão lutando há muito mais tempo e têm muitas coisas para nos ensinar, é uma pauta importantíssima dentro da luta gorda, saber exatamente qual seu lugar de fala e privilégios é se respeitar, se autoconhecer e entender as outras mulheres que estão lutando junto com você. (JULIANA, 2019).

A meu ver, aí estão exatamente a transgressão e a dinâmica do que tem sido a formação do ativismo gordo no Brasil e na América Latina, já que ele é múltiplo e visa buscar lutas que contemplem as diversas mulheres com seus diversos corpos dissidentes, tendo como ponto central a gordura. Faz parte do ativismo gordo feminista entender outras posturas e dores que complementam a gordofobia, posicionando-se dentro de um lugar de fala e apoiando outros lugares e exclusões.

Como nos avisa bell hooks:

> Temos de trabalhar ativamente para chamar atenção para a importância de criar uma teoria capaz de promover movimentos feministas renovados, destacando especialmente aquelas teorias que procuram intensificar a oposição do feminismo ao sexismo e à opressão sexista. Fazendo isso, nós necessariamente celebramos e valorizamos teorias que podem ser, e são, partilhadas não só na forma escrita, mas também na forma oral. (HOOKS, 2017, p. 97).

Dentro de nossos encontros, conversas e depoimentos, estamos buscando maneiras novas de nos libertarmos de nossas opressões, procurando uma transformação do que somos, entendemos e também de como vemos e tratamos as outras mulheres gordas que não são como eu, mas sofrem mais ou sofrem menos e precisam de ajuda.

Isto me remete a uma conversa que bell hooks teve com Paulo Freire, na qual ele explica:

> Se as mulheres forem críticas, terão que aceitar nossa contribuição como homens, assim como os trabalhadores têm que aceitar nossa contribuição como intelectuais, porque é um dever e um direito que eu tenho de participar da transformação da sociedade. Assim, se as mulheres devem ter a principal responsabilidade em sua luta, elas têm de saber que essa luta também é nossa, isto é, daqueles homens que não aceitam a posição machista no mundo. O mesmo se dá com o racismo. Enquanto homem branco, aparentemente – porque sempre digo que não tenho muita certeza da minha branquidão –, a questão é saber se eu estou, realmente, contra o racismo de forma radical. Se estou, então tenho o dever e o direito de lutar com o povo negro contra o racismo. (FREIRE *apud* HOOKS, 2017, p. 80).

Vejo um paralelo à questão de gordas maiores e menores nessa conversa de hooks e Freire, posto que, se estamos todas lutando contra a gordofobia, toda luta é válida e soma e se aprende a defender outras opressões quando não as sofremos, pois, como ficou evidente nos depoimentos, a maioria das gordas chegam ao ativismo gordo com muitas experiências de exclusões na própria luta feminista, em função dessas vivências de mais exclusão em espaços que, a priori, entendemos como seguros. É importante entender e reconstruir outros movimentos em que o afeto seja a mola propulsora, já que o afetar-se junta, cuida e une forças, e a exclusão machuca e separa.

> Eu tive que sair de um grupo no WhatsApp por ser gorda menor, eu nem sabia que era, uma mina lá me disse que eu tinha que fechar a boquinha e ouvir as gordas maiores porque minha opressão era menor que a delas, mas eu estava muito mal que não entendi na hora, fiquei revoltada e por 2 anos odiei o movimento gordo, mas não teve jeito, tive que procurar ajuda. Então conheci a Bel aqui do coletivo na minha cidade e lá foi diferente, me receberam com muito carinho, e lá comecei a entender que não era uma questão de exclusão, era uma questão de lugar de fala, de sofrer muito mais com a gordofobia. Hoje faço roda de conversa com a Bel e juntas falamos sobre isso aonde vamos, tudo tem sua hora. (ERIKA, 2018).

Djamila Ribeiro fala sobre esse afetar-se com o conceito de empatia:

> [...] empatia não é um sentimento que pode te acometer um dia, outro não, mas sim uma construção intelectual que demanda esforço, disponibilidade para aprender e ouvir. Tão mais empática a pessoa será quanto mais ela conhecer a realidade que denuncia uma opressão. (RIBEIRO *apud* BERTH, 2018, p. 29).

Como explica a autora, todas as pessoas têm seu lugar de fala. É uma postura ética, porque saber o lugar de onde falamos é "fundamental para pensarmos as hierarquias, as questões de desigualdade, pobreza, racismo e sexismo" (RIBEIRO, 2019, p. 83). E, ainda, é importante que entendamos de onde falamos, em qual localização social estamos inseridos, visto que

> [...] o fundamental é que indivíduos pertencentes ao grupo social privilegiado em termos de locus social consigam enxergar as hierarquias produzidas a partir desse lugar, e como esse lugar impacta diretamente a constituição dos lugares de grupos subalternizados. (RIBEIRO *apud* BERTH, 2018, p. 85).

Acredito ser importante que cada mulher gorda entenda seus privilégios, lugares de fala e hierarquias, respeitando outras opressões que estão lado a lado da questão da gordura, sem separá-las na construção da subjetividade de cada uma. Mas, também, entendo, por experiência própria, que esse posicionamento dentro do ativismo vem com o tempo, porque precisa existir uma reconstrução dentro de um processo político, que descoloniza os afetos, para, então, começarmos a pensar criticamente, a partir de nosso posicionamento no mundo, em relação às outras mulheres que querem fazer parte da mesma luta que eu: a antigordofobia.

Como estamos construindo nosso ativismo, estamos aprendendo a lidar com as diferenças. É importante pensarmos que

> Se realmente queremos criar uma atmosfera cultural em que os preconceitos possam ser questionados e modificados, todos os atos de cruzar fronteiras devem ser vistos como válidos e legítimos. Isso não significa que não sejam sujeitos a críticas ou questionamentos críticos ou que não haja muitas ocasiões em que a entrada dos poderosos nos territórios dos impotentes serve para perpetuar as estruturas existentes. (HOOKS, 2017, p. 174).

É importante que todas façam parte dessas construções e delimitações de espaços e localizações de fala, respeitando a opressão sofrida pela outra e buscando compreender qual o seu lugar no ativismo, apoiando. É fundamental a postura das que já conseguiram entender seus privilégios: tenham paciência e didática para explicar às que estão chegando e às que ainda estão por vir. O nosso ativismo salva vidas.

A AUTOACEITAÇÃO E O EMPODERAMENTO DA MULHER GORDA

> Acho que me inspirei em mim mesma. Eu sou gorda. Eu ainda tenho muitas dificuldades de me aceitar e pra mim é um aprendizado MUITO grande. Receber várias mensagens de meninas que me agradecem por se sentirem representadas deixa meu coração cheio de alegria! [sic]. (GISELE, 2017).

A aceitação do próprio corpo com a concomitante despadronização da concepção de beleza é um processo que dura a vida inteira e nunca é algo fácil ou indolor.

O corpo é social, e isso significa que: "O corpo está submetido à gestão social tanto quanto ele a constitui e a ultrapassa" (SANT'ANNA, 1995, p. 12). Entender o corpo como instrumento para constituição de uma subjetividade vai ao encontro do entendimento de Guattari e Rolnik (1996), que nos advertem para uma "subjetividade capitalística". Todos somos coprodutores dos padrões do sistema vigente:

> O indivíduo, a meu ver, está na encruzilhada de múltiplos componentes de subjetividade. Entre esses componentes alguns são inconscientes. Outros são mais do domínio do corpo, território no qual nos sentimos bem. Outros são mais no domínio daquilo que os sociólogos americanos chamam de "grupos primários" (o clã, o bando, a turma etc.). Outros, ainda, são do domínio da produção de poder; situam-se em relação a lei, a polícia etc. Minha hipótese é que existe também uma subjetividade ainda mais ampla: é o que chamo de subjetividade capitalística. (GUATTARI; ROLNIK, 1996, p. 34).

Assim, a cultura de massa é vista como elemento fundamental da "produção de uma subjetividade capitalística", já que é essa cultura que produz indivíduos normalizados, "articulados uns aos outros seguindo sistemas hierárquicos, sistemas de valores, sistemas de submissão" (GUATTARI; ROLNIK, 1996, p. 16). Mesmo que, inconscientemente, coproduzamos esse modo de vida, padronizando pensamentos, modos de agir, comportar, andar, falar, ver, estar e saber, é possível produzir subjetividades dissidentes:

> No Brasil, apesar de o país estar comprometido com um processo capitalístico e estar em vias de tornar-se uma grande potência, há imensas zonas da população "não garantida" que escapam a esse tipo de esquadrinhamento, a esse tipo de produção de subjetividade, e isso é muito importante. (GUATTARI; ROLNIK, 1996, p. 58).

Para deslocar-se dessa subjetividade prejudicial à mulher gorda, explicam os autores,

> O que vai permitir o desmantelamento da produção de subjetividade capitalística e que a reapropriação dos meios de comunicação de massa se integre em agenciamentos de enunciação que tenham toda uma micropolítica e uma política no campo social. Uma rádio livre só tem interesse se ela é vinculada a um grupo de pessoas que querem mudar sua relação com a vida cotidiana, que querem mudar o tipo de relação que têm entre si no seio da própria equipe que fabrica a rádio livre, que desenvolvem uma sensibilidade; pessoas que têm uma perspectiva ativa a nível desses agenciamentos e, ao mesmo tempo, não se fecham em guetos a esse nível. (GUATTARI; ROLNIK 1996, p. 47).

Guattari e Rolnik (1996, p. 46) mencionam a revolução molecular como produção "não só de uma vida coletiva, mas também da encarnação da vida para si própria, tanto no campo material, quanto no campo subjetivo". Há, portanto, uma resistência social quando saímos desse domínio normatizado e partimos para outro lugar de criação e reflexão do corpo como ele é e do que pode ser.

Para Gisele, ativista há cinco anos e participante de alguns canais na internet do ativismo gordo,

> Se tornar uma ativista na luta antigordofóbica não é de uma hora para outra, aceitar seu corpo também não, a maioria das manas precisa de um tempo para isso, a aceitação do próprio corpo precisa acontecer antes da luta no ativismo, porque se eu não me aceito, como posso propagar que outras pessoas me aceitem? Você entende? A aceitação do corpo é tipo um rito de passagem para o ativismo na luta contra a gordofobia. (GISELE, 2016).

Aceitar o corpo como ele é e/ou está, ou produzi-lo de modo criativo, pode provocar mudanças nas concepções de beleza, saúde e felicidade, e podemos considerar esse processo uma expressão de resistência diante da corporeidade capitalística, já que transfere o indivíduo para outra lógica de estar e ser no mundo:

> Eliminar o gênio é a preocupação manifesta. Poderíamos nem levar em consideração, se fosse apenas o gênio que estivesse em questão; mas não se trata apenas do gênio, é a nossa originalidade individual, a genialidade singular que todos possuímos, cuja eficácia, cuja existência são colocadas em questão; porque todos nós, de qualquer lugar, dos mais obscuros aos mais famosos, inventamos, aperfeiçoamos, variamos, ao mesmo tempo que imitamos, e não há sequer um de nós que não deixe uma marca profunda ou imperceptível, em sua língua, em sua religião, em sua ciência ou sua arte. (TARDE, 1988, p. 35 *apud* LAZZARATO, 2006, p. 150).

Lazzarato (2006) propõe deslocar as noções de produção e de trabalho, na centralidade teórica proposta pelo marxismo, para discutir o capitalismo, além de colocar a noção de invenção com importância fundamental nessa discussão. O valor, para esse autor, está quando se inventa algo, quando se cria uma nova maneira de estar, pertencer e ser no mundo:

> Amar o próprio corpo pode transformar a forma de um indivíduo pensar e estar no mundo, reflexões reverberam uma revolução na criação de outro modo de estar, viver e ser na vida. Posicionamento esse que, através da aceitação e do respeito com seu próprio corpo, possa acontecer inúmeras libertações que mudem ou pelo menos abalem a subjetividade capitalística dos indivíduos que experimentam padronizações severas corporais desde suas infâncias. (JIMENEZ-JIMENEZ; ABONIZIO, 2017, p. 10).

Pensemos na proposta de Michel Foucault de subordinar a existência cotidiana a um denominador estético:

> [...] o problema político, ético, social e filosófico de nossos dias não é o de tentar libertar o indivíduo do Estado e das instituições estatais, mas de nos libertar tanto do Estado quanto do tipo de individualização que está vinculado a ele. Precisamos promover novas formas de subjetividade através da recusa desse tipo de individualidade que tem sido imposta a nós há vários séculos. (FOUCAULT, 1983, p. 216).

Esse "acontecimento", que citamos como o encontro com seu próprio corpo nessa sociedade, faz referência ao que Lazzarato (2006) apresenta numa discussão ontológica, ao colocar o "acontecimento" como ponto focal de invenção social, de criação de mundos possíveis, defendendo, assim, o processo de experimentação e criação — o caráter imprevisível e arriscado do acontecimento.

> O exemplo-mor do acontecimento político são os movimentos de Seattle em 1999. Através desta reformatação ontológica, trata-se de refutar a "filosofia do sujeito", atribuída a autores como Kant, Hegel e Marx, em favor da "filosofia da diferença", cuja genealogia passa por Leibniz, Tarde, Bergson, Deleuze e Félix Guattari. "Acontecimentos, não mais essências: a ruptura é radical." (LAZZARATO, 2006, p. 54).

> O ato de criação, sendo uma singularidade, uma diferença, uma criação de possibilidades, deve ser distinguido de seu processo de efetuação (de repetição e propagação pela imitação), que faz dessa diferença uma quantidade social. A efetuação ou propagação da invenção através da imitação expressa a dimensão corporal do acontecimento, sua realização nos agenciamentos espaço-temporais concretos. (LAZZARATO, 2006, p. 45).

Elucidando a ideia do corpo gordo, que é resistência à padronização estética capitalista, tornando-se capacidade do acontecimento político de empoderamento, acaba-se manifestando uma vontade de oposição ao que já se vive na sociedade de controle, capturando e revelando fluxos de crenças e de desejos contra a naturalização do sistema e reafirmando a revolução a que o indivíduo pode se propor na abertura com a viabilidade de novos mundos:

> O mundo possível existe, mas não existe mais fora daquilo que o exprime: os slogans, as imagens capturadas por dezenas de câmeras, as palavras que fazem circular aquilo que "acaba de acontecer" nos jornais, na internet, nos laptops, como um contágio de virus por todo o planeta. O acontecimento se expressa nas almas no sentido em que produz uma mudança de sensibilidade (transformação incorporal) que cria uma nova avaliação: a distribuição dos desejos mudou. Vemos agora tudo aquilo que nosso presente tem de intolerável, ao mesmo tempo que vislumbramos novas possibilidades de vida. (LAZZARATO, 2006, p. 22).

Segundo Baquero (2012), pode-se pensar no conceito "empowerment", ou, em português, o empoderamento de sujeitos, em suas duas formas: individual e coletivo. O primeiro caso, segundo a autora, diz respeito à análise psicológica, como o indivíduo se vê e procura recursos para modificar sua vida; assim, ele tem condições de se empoderar em autoestima, autoafirmação e autoconfiança. Já a forma coletiva pode ser compreendida em dois níveis, organizacional, que diz respeito à autonomia e à participação de colaboradores em uma organização, implicando decisões e participações em coletivo; e comunitário, relacionado à união de indivíduos desfavorecidos que procuram meios de melhorar o ambiente em que vivem, "[...] buscando a conquista plena dos direitos de cidadania, defesa de seus interesses e influenciar ações do Estado" (BAQUERO, 2012, p. 178).

Sardenberg (2006), em sua análise numa perspectiva feminista, afirma que o empoderamento deve ser visto de forma coletiva, já que somos seres sociais e construidos a partir do meio em que vivemos. Mosedale (2005) apresenta uma discussão na qual reitera que não há como uma pessoa empoderar outra, visto que o empoderamento é intrínseco à autorreflexão. O que alguém pode fazer é ajudar, apoiar e/ou mostrar como se pode criar meios para essa autonomia, pois o empoderamento é um processo e talvez nunca exista algo acabado e absoluto. Esta é uma construção com altos e baixos, isto é, uma busca, uma autorreflexão sobre o emancipar-se; aceitar-se é algo que dura a vida toda.

> Olha, mana, não tem como, não tem como eu empoderar outra mulher. O que pode rolar é uma ajuda, um apoio, é ajudar a outra pessoa abrir os olhos e perceber que pode ser mais feliz se ela se aceitar como ela é. Gostar de si mesma é uma questão política, revolucionária e autorreflexiva, sabe? É tipo você com você mesmo [sic]. (PAULA, 2017).

Segundo Shirin Rai (2002), o empoderamento, para o movimento feminista, é oposto ao poder, pois essa ação deve estar focada nos oprimidos e não nos opressores, já que se entende o poder como capacitação, competência para as mulheres, e nunca superioridade a algo ou alguém. Srilatha Batliwala (1994) mostra que foi a partir das críticas feministas do Terceiro Mundo que chegou-se ao conceito de empoderamento. "A tomada de consciência não se dá de forma isolada, mas através das relações que os homens estabelecem entre si, mediados pelo mundo" (BAQUERO, 2012, p. 182).

O empoderamento feminino é um processo que parte de uma busca por ações e conhecimentos, para encontrar força e poder sobre si e conseguir se emancipar de opressões que acontecem em nosso entorno e nos oprimem e nos entristecem com o que somos. O processo de empoderamento faz com que percebamos essa opressão e o quanto isso pode nos fazer mal. Assim, indica a necessidade de encontrar novos modos de pertencimentos às instituições e instituir novos arranjos sociais.

Pensando em Joice Berth (2018), ela nos mostra que:

> O empoderamento individual e coletivo são duas faces indissociáveis do mesmo processo, pois o empoderamento individual está fadado ao empoderamento coletivo, uma vez que uma coletividade empoderada não pode ser formada por individualidades e subjetividades que não estejam conscientemente atuantes dentro do processo de empoderamento. (BERTH, 2018, p. 42).

É um processo que pode parecer solitário no começo, mas que vai se desenvolvendo em conjunto com outras mulheres dentro do ativismo, de quem ouvimos, lemos e falamos sobre nossas dificuldades, dores e sentimentos.

Joana se identifica como ativista há 6 anos e explica:

> O empoderamento é a única saida e tudo quanto é organização, movimentos sociais, já se ligou nisso, eu mesma não era nada nem ninguém antes de me empoderar, era um nada no mundo. Agora sou uma ativista, feminista, gorda e feliz. As pessoas me perguntam coisas, me chamam pra falar, para dar palestras, fiz duas faculdades, para quê? Para ficar isolada numa sala de uma agência publicitária pensando, porque, quando ia me posicionar com os clientes, meu chefe me dizia: "Deixa que eu converso (e não apareça, gorda, as pessoas podem se assustar!)". Sempre fui isolada, nunca mostrada, essa é a mudança do empoderamento, você rasga a cortina e dá a cara para bater e é legal, aumenta sua autoestima e isso faz você se colocar de outra maneira no mundo [sic]. (JOANA, 2017).

O empoderamento da gorda passa por deixar de se sentir inferior e/ou excluída e entender que o preconceito e a exclusão do gordo na sociedade acontecem por sistemas de padronizações sociais que geram lucros, e gostar de como você é (e não de como a sociedade gostaria que você fosse) é emancipar-se.

Joice Berth (2018) explica que o sistema usa de forma equivocada o que significa empoderar-se, como se fosse algo que se compra, veste, usa, que está nas vitrines para ser adquirido, mas não é isso. O empoderamento nasce de dentro para fora e, geralmente, é construído a partir do pensamento crítico, conhecendo-se e reconstruindo-se dentro de outra epistemologia sobre o corpo, a mulher, o mundo, o que nos permite começar a entender que somos importantes, com corpos dissidentes, que existimos e temos o direito de escolher outra maneira de lidar com ele.

Crescemos vendo e identificando o corpo gordo como algo ruim, feio, repulsivo e indesejável. Nós mulheres gordas desde sempre associamos nosso corpo a algo que ninguém pode ver e aceitar como normal ou como belo. Foucault (1979, p. 180) explica:

> [...] Afinal, somos julgados, condenados, classificados, obrigados a desempenhar tarefas e destinados a certo modo de viver ou morrer em função dos discursos verdadeiros que trazem consigo efeitos específicos de poder.

> Muitas vezes ouvi palavras que desaprovavam meu corpo e imposições de que deveria buscar outra forma de ser e estar no mundo, por não me encaixar dentro de um corpo magro. No dia a dia existe um fuzilamento para nunca ser grande. Note que sempre estamos vendo na TV, revistas e na net truques para afinar, diminuir, disfarçar a barriga, o rosto rechonchudo, a coxa larga, não importa o quê, mas todas as partes devem ser magras e finas para serem belas. (DEPOIMENTO DA AUTORA).

Invisível, disfarçado e escondido, é assim que o corpo gordo deve ficar. Quando ele aparece, surge sempre carregado de estigma: supostamente tristes, frustradas, desengonçadas, engraçadas, repulsivas, preguiçosas e relaxadas.

Dessa maneira, as ativistas, de forma geral, procuram sair desse padrão e buscar outro caminho de estar e se perceber no mundo. Para muitas delas, parece importante perceber-se como gorda, usar o título de gorda como estratégia de autodenominação positiva e nunca negativa:

> O termo "gorda" deve ser percebido como um adjetivo bom e que deve aparecer e existir; se deve aceitar para ser visível e estar presente na sociedade. Quando arrancamos de nós esse sentimento de horror ligado ao adjetivo gorda, estamos nos tornando "resistentes e desobedientes", dissidentes da norma imposta por uma sociedade que padroniza e controla corpos e desejos, que define o belo e o saudável. (DEPOIMENTO DA AUTORA).

É como se fosse uma nova maneira de se mostrar ao mundo, um aparato de construção social corporal, porque existem jeitos de se observar que continuamente se fabricam corpos. Eu acrescento: existem maneiras de olhar que fabricam desejos e belezas. A aposta será construir novos corpos, novos desejos, novas belezas.

> A ideia é mostrar que existimos e somos como qualquer outra pessoa, choramos, sorrimos, trabalhamos, transamos, enfim, não somos monstros repulsivos como a mídia, apoiada pelo discurso médico, nos apresenta [sic]. (CELIA, 2015).

Assim, empodera-se quando se entende que ser gorda é estar fora de uma normalidade corporal — e isso é o que nos torna divergentes — e se desvenda o olhar preso às normas, percebendo quais mecanismos socioculturais podem estar por trás da busca de um corpo "normal" e quanta disciplina e normatização nossos corpos devem suportar para ser o que se deseja que os corpos sejam, sigam, sintam, façam, vivam.

Para Adriana (2015), "ativista gorda assumida há um ano, mas ativista gorda inconsciente a vida toda" — como se apresentou —, existem inúmeras técnicas de domesticação e controle que incutem nas mulheres um desejo, a qualquer custo, de serem "normais" e atrativas, porém seus padecimentos não são visíveis nem discutidos na sociedade contemporânea.

Precisamos narrar em primeira pessoa, tanto no singular quanto no plural, a história de nossas realidades corporais. O argumento de ficção não impossibilita as ideias de trajetória, de realidade, de experiência corporal. Essa realidade tem que ser contada, coletivizada. É necessário recuperar essa experiência, admitir que somos vulneráveis e entender que essa é a condição do ser e que não se pode ser sem se expor, porque existimos interligados uns aos outros.

É importante reivindicar estratégias que partam da vulnerabilidade, de colocar nela o poder de transformação, desmontando o discurso que exige que sempre sejamos fortes e valentes, poderosas. Aceitarmo-nos, amarmos a nós mesmas, estar em sintonia com um mundo que pede que estejamos infalivelmente prontas e saudáveis para assumir as tarefas de produção e reprodução.

> Este mundo aí de fora pede que sejamos funcionais. E não penso em metas, nem em aceitação, nem em gostar, nem em convencer ninguém, porque não acredito em redenções nem evoluções, nem na barbárie convertida em civilização. Acredito em buscas, em paixões e atritos agonistas da minha própria carne, que, vinculada a outras, tem o enorme potencial de fazer de nossas existências um lugar mais habitável e feliz, abrindo espaço para indomáveis formas de habitar nossos corpos. (MASSOM, 2014).

O corpo, para Foucault (1987), está inserido numa teia de poderes que lhe dita proibições, obrigações e coerções, que acabam por determinar gestos e atitudes e, consequentemente, delimitam as práticas e os mecanismos na construção do corpo inteligível em uma estrutura sociopolítica de utilidade e docilidade.

A quebra da normatização de corpos magros como os únicos aceitos e valorizados, a meu ver, pode transformar uma mulher triste e infeliz em um indivíduo politicamente resistente a uma padronização na qual ela mesma percebeu que não se encaixa, utilizando essa característica para resistir ao padrão e se autoafirmar como alguém que existe e merece viver como qualquer outro corpo na sociedade.

(RE)EXISTÊNCIA DAS CORPAS GORDAS COMO POLÍTICA

> Todo dia uma mulher gorda é xingada na rua. Todo dia uma mulher gorda é mal atendida por um médico. Todo dia uma mulher gorda ouve uma mulher magra dizer que está gorda (e que isso é a coisa mais terrível que pode acontecer em sua vida). Todo dia uma mulher gorda é olhada com desprezo numa academia. Todo dia uma mulher gorda é julgada num restaurante. Todo dia uma mulher gorda é escondida pelo seu namorado (que sente vergonha de amar uma mulher fora dos padrões). Todo dia uma mulher gorda é rejeitada numa entrevista de emprego. Todo dia uma mulher gorda quebra uma cadeira (feita pra pessoas magras). Todo dia uma mulher gorda escuta que ela é bonita, mas apenas de rosto. Todo dia uma mulher gorda é classificada como uma pessoa sem vida sexual. Todo dia uma mulher gorda causa espanto por ser feliz. Todo dia é dia de resistência. (VIEIRA, 2016).

Entendo que os corpos aqui apresentados, percebidos como aqueles que trazem marcas de suas experiências, de sua história e de sua relação com o outro, também podem construir uma ressignificação desse corpo odiado e temido num primeiro momento. Eles são transformados em instrumentos na reconstrução de subjetividades, fora da construção normatizada dentro do sistema.

Essas corpas gordas que foram excluídas, maltratadas, humilhadas e que, em muitas ocasiões, acreditavam ter perdido o direito de viver, em algum momento, pela internet ou presencialmente, se reconectam consigo mesmas e se propõem à reconstrução de uma nova maneira de se enxergar e de se posicionar no mundo:

> Quando tudo estava perdido pra mim, já tinha ficado internada, já tinha tentado o suicídio algumas vezes, não fazia mais sentido estar viva, uma amiga me mandou um vídeo de uma mulher gorda, mais gorda que eu, que dizia que era possível ser gorda e se aceitar, ser revolucionário com o próprio corpo e encontrar outras mulheres que estavam dispostas a construir um mundo em que a gorda estivesse presente e isso não fosse um problema, pelo contrário. (MICHELA, 2017).

Era uma questão de sobrevivência, ou eu procurava entender o que era ter um corpo gordo num mundo lipofóbico cruel e como poderia resistir a isso ou continuaria meu suicídio, lento mas contínuo, que vinha vivendo desde minha infância. Resolvi mandar tudo à merda, já não tinha mais o que perder e me joguei no ativismo, comecei a ler tudo que eu achava em inglês, português, espanhol, e entendi que não era eu a culpada, isso me libertou! (ROGERA, 2016).

A internet permite agregar pessoas que lutam pela mesma causa, pensam da mesma maneira e que, antes, estavam isoladas. Lemos (2002) afirma que a cibercultura é o resultado de uma reunificação da ciência com a cultura, e vice-versa. As tecnologias de comunicação contemporâneas promovem a cibercultura porque potencializam, em vez de inibir, as situações lúdicas, comunitárias e imaginárias da vida social, conseguindo, assim, uma ordem social organizada, para a demanda por livre expressão interativa e pela criação autônoma:

> Cibercultura é a relação entre a técnica e a vida social, criada a partir da associação da cultura contemporânea com as tecnologias digitais, sendo uma realidade social planetária, caracterizada pela formação de uma conectividade telemática gene-

ralizada, que amplia assim as possibilidades comunicativas e promove agregações sociais. (LEMOS, 2007, p. 87).

Essas agregações se transformam em redes de contatos que talvez melhor se adequassem na perspectiva de "tribos" urbanas, de Michel Maffesoli (1997), caracterizadas pela fluidez, pelo ajuntamento pontual e pela dispersão:

> [...] o indivíduo não é mais uma entidade estável provida de identidade intangível e capaz de fazer sua própria história, antes de se associar com outros indivíduos, autônomos, para fazer a História do mundo. Movido por uma pulsão gregária é, também, o protagonista de uma ambiência afetual que o faz aderir, participar magicamente desses pequenos conjuntos escorregadios que propus chamar de tribos. (MAFFESOLI, 1997, p. 67).

Manuel Castells (1999), em *Sociedade em rede*, observa que

> [...] as pessoas resistem ao processo de individualização e atomização, tendendo a agrupar-se em organizações comunitárias que, ao longo do tempo, geram um sentimento de pertença e, em última análise, em muitos casos, uma identidade cultural, comunal. (CASTELLS, 1999, p. 79).

Seguindo esse raciocínio, a gordofobia como ativismo faz parte do coletivo, no qual indivíduos descontentes com a estigmatização institucional e estrutural acabam se encontrando, se organizando e começam a questionar a repulsa e a falta de humanidade lançadas aos corpos gordos na sociedade contemporânea:

> A ação política é uma dupla criação que acolhe simultaneamente a nova distribuição de possibilidades e trabalha por sua efetuação nas instituições, nos agenciamentos coletivos "correspondentes à nova subjetividade" que se expressa através e no acontecimento. A efetuação de possíveis é, ao mesmo tempo, um processo imprevisível, aberto e arriscado. (LAZZARATO, 2006, p. 20, grifo do autor).

A internet funciona como um catalisador do processo de organização, que está constantemente em mudança, se aprimorando, uma vez que as ferramentas estão sempre em desenvolvimento em razão das necessidades de seus usuários na rede. É por meio delas que os indivíduos promoverão o acontecimento político e poderão ser transformados: interagindo, produzindo, editando, recebendo e compartilhando informações pré e pós-atuação.

Esses contatos virtualmente concebidos se materializam em salas, coletivos e encontros nas cidades, já que são dois espaços — virtual e físico — de sociabilidade que se complementam, formando um circuito de fluxos comunicacionais intensos, uma rede, ao mesmo tempo virtual e real.

> Soy activista de la gordura: Creo firmemente que todos los días, en lo cotidiano, se puede lograr un nuevo espacio para los cuerpos diversos. Hay muchas realidades que pasan desapercibidas cuando se tiene un cuerpo hegemónico, y vivir siendo gorda interpela a la gente. En eso, todas las gordas somos activistas porque vivimos siendo como somos, sin pedir permiso. [...] Cuando empecé a hablar sobre ser gorda desde un lugar de aceptación, mucha gente empezó a responder. Lo hice en redes sociales, pero no para lucirme o para enfrentar algo; tengo 32 años y todos los demonios y santos posibles relacionados con la imagen y la auto percepción ya los enfrenté. Pero tengo una hija de 12 años y sentí miedo y también responsabilidad. Cuando a los 13 o 14 años me veía gorda y me sentía indeseable, no era por mi cuerpo – que ahora veo a la distancia y era un cuerpo de una chica un poco alta de espalda ancha que no hacía mucho ejercicio. Era por cómo me hicieron sentir en diferentes lugares[6]. (ANA, 2016).

---

6 Em tradução livre, "Sou ativista da gordura: acredito piamente que todos os dias, no cotidiano, é possível conquistar um novo espaço para os corpos diversos. Há muitas realidades que passam desapercebidas quando se tem um corpo hegemônico, e viver sendo gorda interpela as pessoas. Nisso, todas as gordas são ativistas, porque vivemos sendo como somos, sem pedir permissão. [...] Quando comecei a falar sobre ser gorda de um lugar de aceitação, muita gente começou a reagir. Fiz isso nas redes sociais, mas não para me exibir ou para enfrentar algo; tenho 32 anos e já enfrentei todos os demô-

Os corpos que resistem a serem padronizados como magros, belos e saudáveis, etiquetados e colocados à mostra como o ideal a ser seguido, de alguma maneira são revolucionários, pois resistem ao que se obriga ser e, em vez de se sentirem mal por não estarem dentro do padrão, aceitam a si próprios, como quebra de uma ideia preconcebida do que é ser belo, feminino, feliz e saudável no mundo capitalista.

Muitas dessas mulheres que pararam de lutar contra a balança, os regimes absurdos, as academias, as plásticas e os espelhos agora Aceitam seus corpos como são e fazem deles uma luta. São corpos políticos, corpos criativos. Mulheres mais felizes, que buscam seu lugar no mundo como são e não como a sociedade impõe que sejam:

> Sí, creo que el cuerpo gordo que es consciente de sí mismo y lo que representa en esta sociedad patologizante y se quiere (o intenta entenderse un poco) es necesariamente un cuerpo activista. Creo que la gordura es una cuestión súper política, creo que todo requiere el doble de esfuerzo, creo que la obsesión con el modelo de belleza flaco y atlético tiene mucho que ver con una obediencia a la industria de la belleza[7]. (JAEL, 2016).

Dessa maneira, o corpo que acontece, o corpo gordo assumido, pode ser considerado um corpo político, ou corpos políticos, já que é o corpo indesejado, provocativo, inadequado, que subverte a lógica estabelecida e invoca a resistência nos espaços que ocupa. Nesse sentido, o corpo gordo da mulher é um corpo político.

---

nios e santos possíveis relacionados à imagem e à autopercepção. Mas tenho uma filha de 12 anos e senti medo e também responsabilidade. Quando aos 13 ou 14 anos me via gorda e me sentia indesejável, não era pelo meu corpo – que agora vejo à distância e era um corpo de uma garota um pouco alta de costas largas que não fazia muito exercício. Era pela maneira como me fizeram sentir em vários lugares."

7 Em tradução livre, "Sim, acredito que o corpo gordo que é consciente de si mesmo e do que representa nessa sociedade patologizante e quer (ou tenta se entender um pouco) é necessariamente um corpo ativista. Acredito que a gordura é uma questão superpolítica, creio que tudo exige o dobro do esforço, creio que a obsessão com o modelo de beleza magro e atlético tem muito a ver com uma obediência à indústria da beleza".

Esses corpos alegres com o que são incentivam outras mulheres gordas ou fora dos padrões a gostarem de seus corpos também, independentemente do que o padrão atual considera como belo e saudável.

Nunca se exigiram tantas provas de submissão às normas estéticas, modificações corporais para feminizar um corpo. A partir dessas exigências, tem surgido uma resistência feminina em não aceitar e a quebrar essas normatizações corporais. O que se percebe são mulheres que sofreram com seus corpos, que não fazem parte desse padrão estético feminino e conseguiram se libertar dessas exigências sociais.

Por meio de conversas, leituras, movimentos feministas, mulheres começaram a entender que toda essa normatização do corpo magro é uma opressão e todas sofrem com a busca de algo que nunca poderia ser alcançado. Mais ainda, a luta central e a indignação política do ativismo gordo diz respeito a espaços extremamente pequenos para corpos que não cabem neles.

E, se somos a maioria, se a sociedade tem aumentado de tamanho, por que os espaços têm diminuído? Qual relação esse paradigma tem com o sistema capitalista? Como Lipovetsky (2016) explica, a sociedade contemporânea segue rumo a uma civilização sem peso, em que a leveza e o pequeno são relacionados ao melhor, bom e saudável.

Como já dito, Michel Foucault (1979, 1991) esclarece que o corpo foi descoberto como objeto e alvo do poder. Ele ganha atenção quando é percebido como algo manipulado, modelado, treinado e obediente.

Apesar de toda essa cobrança institucional sobre corpos normatizados, existem mulheres do mundo todo lutando em sentido contrário aos interesses empresariais de impérios como light e diet, cosméticos, academias etc. Elas propõem a criação de outro modo de ser e estar no mundo, outras sociabilidades, outras corporalidades, buscando o empoderamento de seus modos de ser, que estão fora dos padrões, libertando-se da opressão estética da subjetividade capitalística.

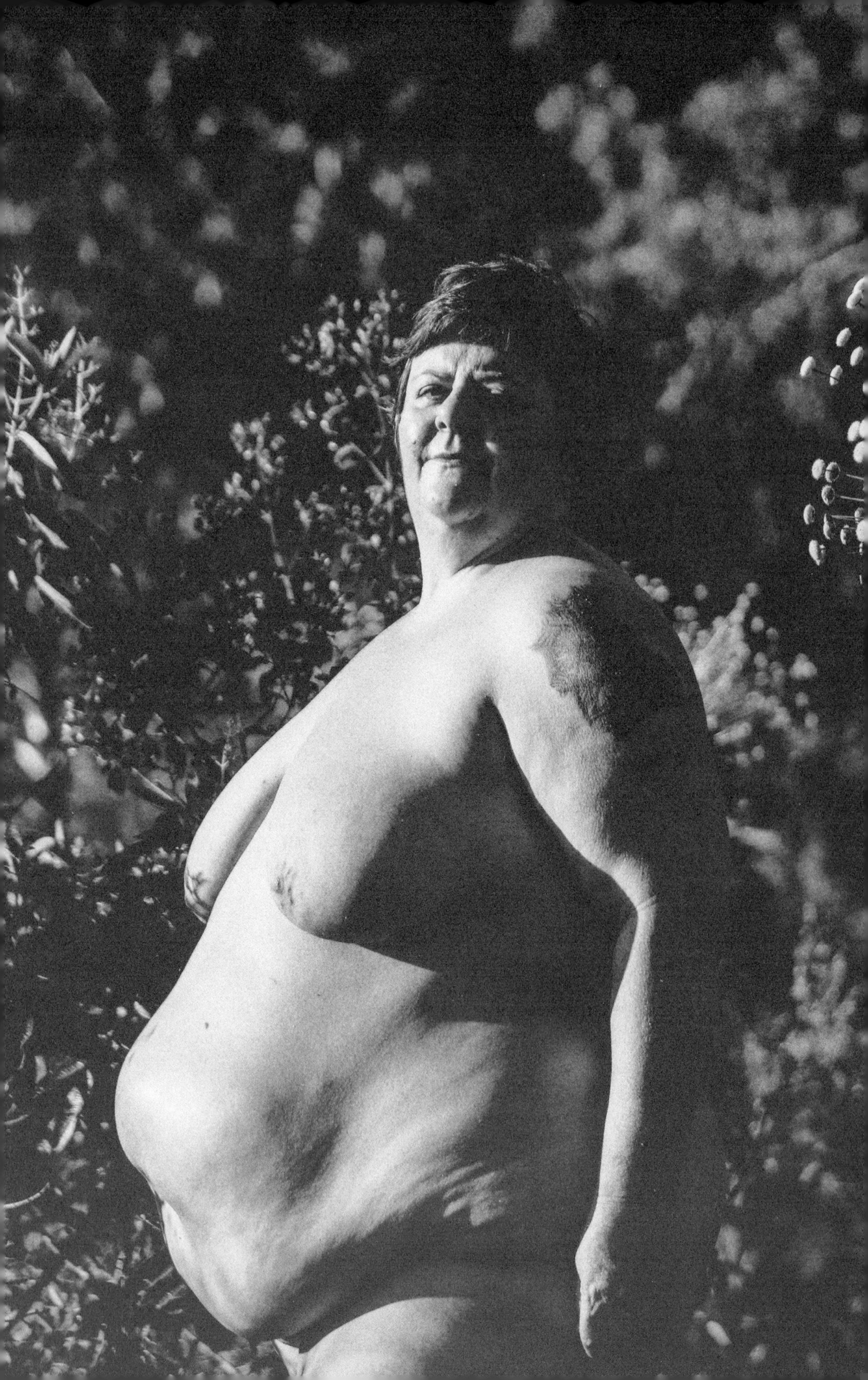

PARTE 3

E VIVERAM (RE) EXISTINDO PARA SEMPRE....

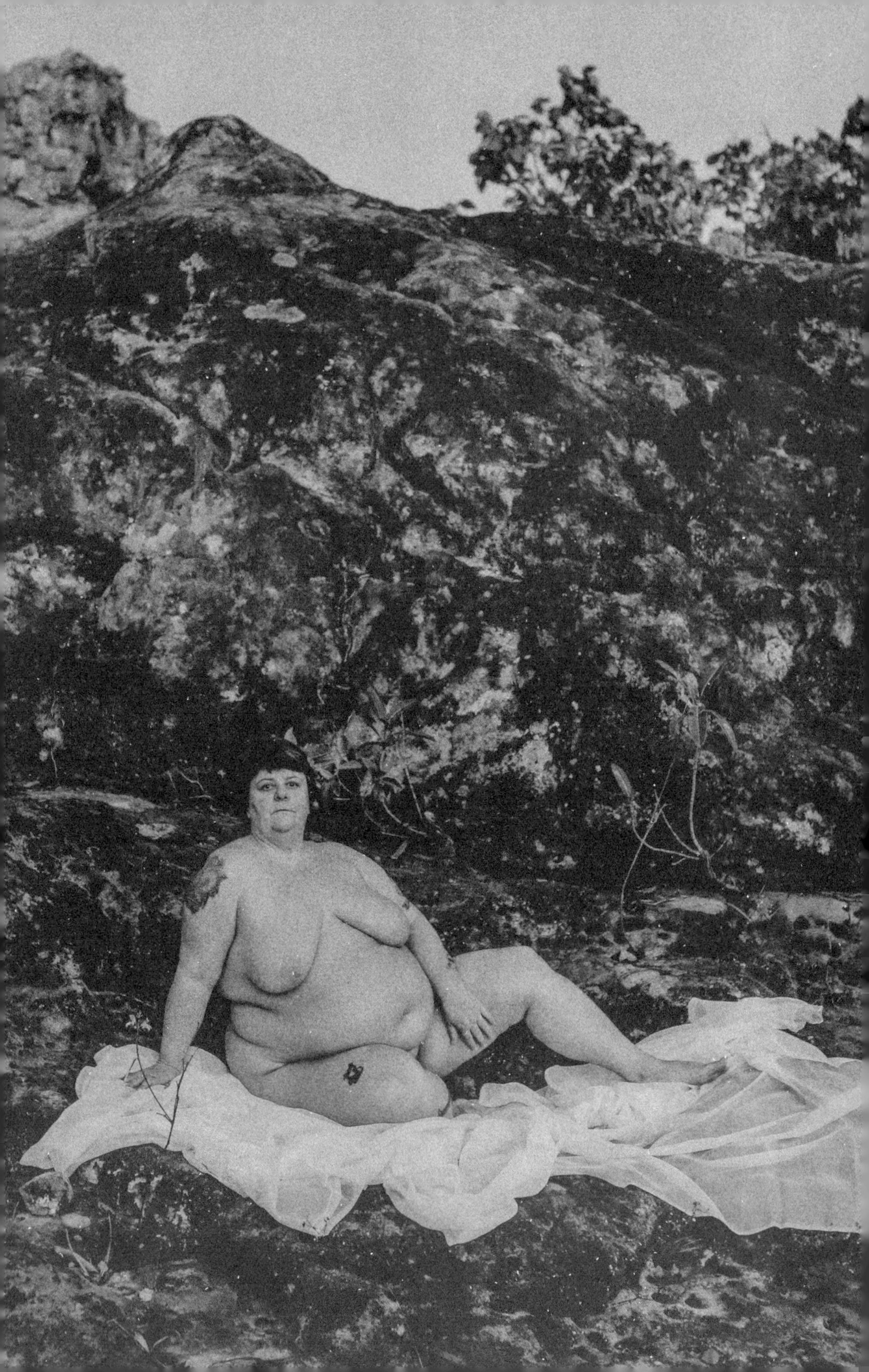

> Acreditar no mundo é o que mais nos falta; nós perdemos completamente o mundo, nos desapossaram dele. Acreditar no mundo significa principalmente suscitar acontecimentos, mesmo pequenos, que escapem ao controle, ou engendrar novos espaços-tempos, mesmo de superfícies ou volume reduzidos. (Deleuze em entrevista a Antonio Negri, 1990).

A proposta de (re)existir do ativismo gordo tem reverberação direta com uma nova maneira de reconstruir nossas vidas e descolonizar e despatriarcalizar nossos corpos, saberes, desejos e modos de estar e se relacionar socialmente e intimamente com o mundo e conosco.

É uma questão de reconhecer que da maneira que vivíamos/vivemos já não era/é mais possível, ou seja, nos odiando, seguindo as normas e tentando reconstruir um corpo que insistia/insiste em ser gordo e rebelde às regras estabelecidas, até nos encontrarmos com nossos e outros corpos gordos de outra forma, e a desconstrução do que é um corpo belo, saudável e aceito na sociedade foi/é colocado em embate político.

Em nosso cotidiano e no consumir existem propostas de estratégias de comprar e produzir focadas na transformação de corpos heteronormativos e magros, para corpos que representem as mulheres gordas. Isso vem caminhando a passos pequenos, mas existem propostas de mercado que participam da luta contra a estigmatização dos nossos corpos, o que é revolucionário.

Entrar numa feira com mais de 100 expositores só para o público gordo — e sendo a maioria das pessoas presentes gordas — é entender e sentir-se parte do mundo, antes negado e inexistente.

Muitas falas vêm ao encontro de que o ativismo gordo salvou suas vidas, mudou sua maneira de pensar e ver seu próprio corpo, ajudou-as a sair da concepção de corpos dóceis e fragilizados que Foucault anunciou. Libertar-se de uma episteme colonialista e patriarcal é libertar-se da culpa de ser dissidente, criando um novo modo de entender nossos corpos.

Após 20 anos que Foucault anunciou a sociedade disciplinar, Deleuze nos chamou a atenção para uma nova transformação — uma sociedade de controle, na qual os corpos, antes vigiados, punidos e disciplinados, agora são controlados por nós mesmos, ou seja, somos nossos próprios algozes. O corpo sempre estará no controle capitalístico de ser disciplinado; mas, principalmente, controlado, seguindo as regras estipuladas pelo sistema, e, quando isso não acontece, somos punidos socialmente e, assim, rapidamente voltamos ao ciclo do controle.

Contudo, quando nos damos conta desse controle e de como somos afetados muitas vezes por ele, é preciso modificar essa forma de estar no mundo, como explica o filósofo:

> O que nós temos é a ideia do que acontece ao nosso corpo, a ideia das afecções do nosso corpo, e é apenas por tais ideias que conhecemos imediatamente nosso corpo e os demais, nosso espírito e os demais. (DELEUZE, 2002, p. 73).

Posto isto, a descoberta de um novo pensar, como produto e encontro entre corpos afetados, pode libertar o pensamento para recriar essa concepção de dominação. Digo, é "[...] adquirir um conhecimento das potências do corpo para descobrir paralelamente as potências do espírito que escapam à consciência" (DELEUZE, 2002, p. 128).

Trata-se, então, de uma injustiça episteme no que se refere à construção do conhecimento sobre os corpos gordos femininos, já que, durante séculos, nossos corpos foram percebidos, sistematizados e controlados como "coisas monstruosas", que não deveriam existir dentro da sociedade heteronormativa.

O corpo feminino, como desejo do masculino, também faz parte desse controle, e, por isso, nós mulheres somos tão obcecadas pela beleza e pelo que é ser belo para os homens, mesmo que essa busca seja dolorida e ineficaz. É importante lembrar que a gordofobia não afeta só as mulheres, visto que é um estigma com todos os corpos gordos, como já falamos sobre isso, mas minha pesquisa mostra que as mulheres são as que mais são afetadas pelo preconceito, pois o controle do nosso corpo também é institucionalizado.

A dominação masculina, como vimos na maioria das falas aqui apresentadas, é diretamente ligada ao pai, ao marido, ao irmão, ao médico ou às mulheres que repetem o padrão de comportamento patriarcal. A violência de gênero aqui aparece pública e agressiva, uma vingança contra todas as mulheres que não estão no peso ideal estipulado socialmente.

Wolf (2018) nos alerta para a construção da beleza feminina como forma de dominação masculina e patriarcal para o desejo. Essa é uma discussão importante na nossa pesquisa, posto que as mulheres que não estão de acordo com as regras estipuladas são castigadas pelos homens e por todas as instituições que seguem esse padrão.

Acredito que este texto também sirva de alerta para a reivindicação de como o corpo gordo deve ser entendido por outro viés, e não mais com tanto estigma e exclusão. O universo gordo está preparando e se organizando para essa nova proposta de estar no mundo. Paro e penso, por exemplo, quanta coisa acabei construindo nessa discussão, não só de análises, depoimentos, conversas, mas de uma pluralidade de ações.

Uma construção de redes de apoio, rodas de conversas, minicursos, palestras, entrevistas de que participei através do projeto-ação "Lute como uma gorda", além do primeiro encontro do ativismo gordo na América Latina, das redes na internet, do coletivo "Gordas Xômanas", da parceria com o coletivo "Todas Fridas" e, agora, com o "PUTAPEITA", com as camisetas do "Lute como uma gorda". São muitas ações como consequências de minha pesquisa, que eu jamais imaginaria que tomaria essa proporção.

É urgente que as exigências de mulheres gordas sejam ouvidas e consideradas na construção de políticas públicas dentro dos espaços de discursos de poder, para os quais devemos levar a discussão sobre a estigmatização do corpo gordo e as suas consequências, bem como a despatologização desse corpo como questão de direitos humanos.

É necessário e inadiável que existam representantes políticos que se preocupem em criar centros de referência para pessoas gordas, onde existam atendimentos médicos especializados, advogados, terapeutas, psicólogos, nutricionistas, assessorias para busca de emprego, cursos de formação e elaborações de políticas que reconstruam essas vidas e demonstrem à sociedade que os espaços também serão ocupados por pessoas gordas, e isso é constitucional. Proponho ainda chamar a atenção para o esclarecimento de que nossos corpos gordos são políticos porque afrontam, revolucionam o corpo considerado "normal" e "saudável" socialmente.

Afirmo aqui o quanto é importante o movimento dessas mulheres para as conquistas políticas que precisamos alcançar, como o direito a leitos de hospitais maiores, macas, aparelhos de exames, carteiras em escolas e universidades, roupas, sapatos, cadeiras; mas, principalmente, garantia dos direitos humanos a essa população esquecida e excluída pela sociedade.

A proposta desta pesquisa foi desvendar o universo gordo no mundo contemporâneo, como matéria viva que pulsa e está em transformação, a partir da autoetnografia, que possibilitou uma metamorfose da própria investigação e de mim, como sujeito que conta, sente e se emociona em estar dentro e no ato da observação e da escuta.

Sentir na própria pele, como mulher gorda, as dores de outras mulheres foi inexplicável para meu sentimento de pertencimento, que acabou me levando ao ativismo em primeira pessoa dentro desta pesquisa, e esse caminhar modificou totalmente minha maneira de ver e viver o mundo.

Posso dizer que é possível modificar nossa maneira de conhecer as coisas, e a (re)existência é uma questão de sobrevivência dentro de um corpo estigmatizado socialmente. É necessário se reinventar, porque é a única solução que conheci, com meus 45 anos de vida, para se viver bem com nosso corpo gordo.

Desvendar o universo gordo sob uma perspectiva ativista foi uma das experiências mais frutíferas na minha caminhada de vida. Encontrei meu lugar de fala, minha localização na escrita, sendo uma mulher gorda, branca, filha de espanhóis, que passou a maior parte de sua vida como professora contratada e sucateada pelo Estado, que precisou fazer supletivo e aprendeu a gostar de estudar no ensino médio com um professor de filosofia, o qual me disse: "Viver é uma aventura filosófica, leia isso!". A leitura era Nietzsche, *A genealogia da moral*, o que acabou me impulsionando para a graduação em filosofia. Hoje, estar terminando o doutorado sobre meu corpo e sobre outros corpos gordos femininos é inexplicável para um sistema que nos ensina que as coisas são como são e não podemos transformar nossas realidades. Essa assertiva é uma falácia que sustenta a exaustão que adia a transformação das coisas.

Acredito ter alcançado, no processo de pesquisa, com o ativismo e a autoetnografia, um estilo de redação que se encaixasse com uma proposta autoetnográfica de inclusão e que esse estilo se entrelaçasse com a proposta do livro: "alcançar tantos leitores quanto no maior número possível de situações" (HOOKS, 2017, p. 99).

Esse tem sido meu objetivo enquanto pesquisadora de cultura contemporânea sobre o corpo gordo feminino: levantar essa discussão em todos os lugares possíveis, mas levá-la a outras mulheres gordas que, como eu, anos atrás, não têm acesso à academia, a textos teóricos, às bases que sustentam outra maneira de estar no mundo. É para essas mulheres que desenvolvo esses escritos. Gostaria muito de ter entrado nesse universo mais nova. Com certeza, teria evitado muitos sofrimentos e equívocos.

Como foi mencionado no capítulo anterior, as perguntas "Onde nosso ativismo tem chegado? Onde a emancipação da normatização de só um tipo de corpo está presente?" têm sido a questão da minha experiência como pesquisadora ativista, dos meus estudos. "Onde?"

Espero conseguir levar para muitos lugares e para mulheres que não estão na academia a compreensão de que esse espaço é público e para todos os corpos; com certeza, para mulheres gordas pesquisarem outras mulheres gordas.

A proposta é desmontar, denunciar e desprogramar a subjetividade capitalística na qual estamos inseridas e que nos faz acreditar que apenas um corpo é possível.

Para terminar, é importante tecer uma autorreflexão sobre a experiência que tenho vivido como pesquisadora ativista, apesar de estar no texto. É importante frisar que minha pesquisa não foi estática e esteve em constantes mudanças, que foram acontecendo e transformando minhas subjetividades e meus trajetos de investigação.

A verdade é que estudar o aqui e agora, a explosão de acontecimentos e se deixar afetar é ser engolida, tragada pela pesquisa, também como propósito de vida durante a experimentação de fazer parte do que se investiga (e vice-versa).

Minha maneira de entender o meu corpo, a academia, a minha pesquisa, o campo, as trajetórias de investigar, o feminismo, o ativismo, isso foi sendo construído no processo de fazer. Como fui alterando as coisas e as coisas foram me alterando, ambos nos reproporíamos do universo gordo e da sua cotidianidade. Embates, paradoxos, afetos e ódios. Destaco: "É no cotidiano das pessoas que essas maneiras de fazer se revelam como poéticas na desobediência de romper o estabelecido" (JIMENEZ-JIMENEZ, 2015, p. 101).

Meu material de pesquisa é muito maior do que consegui registrar pelas palavras deste livro, mas foi o suficiente para entender e propor uma área de pesquisa nova no país, como já acontece em outros países, sobre a gordura e sobre o corpo gordo na sociedade lipofóbica, Estudos do Corpo Gordo. Conseguimos nos encontrar e começamos a nos movimentar para isso. É importante, urgente, necessário e revelador.

Com certeza, darei continuidade às minhas pesquisas e ao ativismo, conversando com outras mulheres gordas, escrevendo para mulheres gordas, para magras, na academia e fora dela. "Criar teoria a partir do lugar da dor e da luta, expondo corajosamente suas experiências para levantar discussões urgentes e necessárias" (HOOKS, 2017, p. 103). Ainda estamos no começo dessa empreitada, e é preciso lutar como uma gorda.

MEU CORPO E UMA MÁQUINA DE GUERRA

MEU Corpo
é escrita
pesquisa
vida
rua
pulsa

discursa
palavra
acontecimento
encontro

acontece cimenta
abre olhares de
 potência
de re existência

Meu corpo é ARTE
que subverte a lógica
colonialista
da criação binária
da raça
das corpas
do gênero
da nossa condição
da VIDA
de quem morre
de quem vive
Meu corpo transluz
é político
càusa ódio
medo
ataques

dor
recalque
mo ra li dade
moral idade
mudança
muda a dança

As bruxas
As bruxas sempre
estiverem no alvo
do
patriarcado
capitalista
fascista
neoliberalista
cisheteronormativistas
cis
hétero
norma
normativistas

queimadas
odiadas
silenciadas
amarradas
estupradas
violentadas
apagadas
invisibilizadas

A caça às bruxas nunca acabou
continua em cada
 discurso de ódio
sobre nossas corpas

nossas artes
nossas pesquisas
nossas escritas
nossa liberdade

nossas escolhas
nossas corpas felizes
nossa sexualidade

nosso gozo
PUTA

Minha **CORPA GORDA**
Engordura
Rompe paradigmas
Sobrevive
Resiste
À sua gordofobia
Disfarçada de cuidado
Saúde

Minha **CORPA GORDA**
Invisibilizada
Sistemicamente
Exterminada
Humilhada
Hierarquizada

Preguiçosa
Incapaz
Inútil
Desgraça
Toma vergonha na cara!

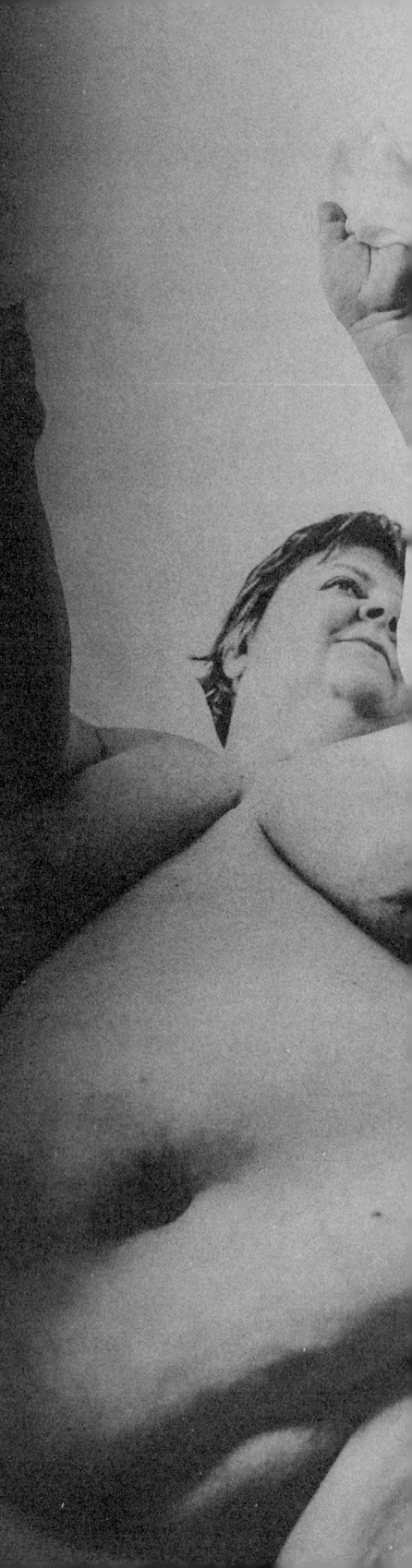

Dores
Medos
Vulnerabilidades

Minha Corpa
Minha Corpa é
Máquina de Guerra
que afronta
subverte
e incomoda
irrita

Minha **CORPA** é
Máquina de Guerra
e isso
ninguém pode me tirar

Minha Corpa afronta sua
moralidade
preconceito
juízo
valores

Minha Corpa não
está mais sozinha

Agora ela é
IMENSIDÃO
MULTIDÃO

Nunca mais solidão!

REFERÊNCIAS

ABONIZIO, Juliana; BAPTISTELLA, Eveline; JIMENEZ-JIMENEZ, Maria Luisa. Gordofobia animal: a reprodução do estigma entre espécies. **18th IUAES World Congress: World (of) Encounters**: The Past, Present and Future of Anthropological Knowledge., Florianópolis, p. 3217-3233, jul., 2018.

AHMED, Sara. **Queer phenomenology**: orientations, objects, others. Durham: Duke University Press, 2006. 1 tradução nossa.

AMORIM, Bárbara Michele. **Novo corpo, nova vida**: o mercado de cirurgia bariátrica em perspectiva sociológica. 2018. 212 p. Tese (Doutorado em Sociologia Política) - Universidade Federal de Santa Catarina, Centro de Filosofia e Ciências Humanas, Programa de Pós-Graduação em Sociologia Política, Florianópolis, 2018. Disponível em: https://repositorio.ufsc.br/bitstream/handle/123456789/198295/PSOP0636T.pdf?sequence=-1&isAllowed=y. Acesso em: 26 set. 2019.

APPADURAI, Arjun. **A vida social das coisas**: as mercadorias sob uma perspectiva cultural. Niterói, RJ: Universidade Federal Fluminense, 2008.

ARRAES, Jarid. Gordofobia como questão política e feminista. **Revista Fórum**, [s. l.], s/p, 2015. Disponível em: http://www.revistaforum.com.br/digital/163/gordofobia-como-questao-politica-e-feminista/. Acesso em: 12 maio 2015.

ASPIS, Renata Lima. Resistências nas sociedades de controle: um ensino de filosofia esubversões. In: AMORIN, Antonio Carlos; GALLO, Silvio; OLIVEIRA JÚNIOR, Wenceslão Machado de Oliveira (org.) **Conexões**: Deleuze e imagem e pensamento e... Petrópolis, RJ: De Petrus; Brasília, DF: CNPQ, 2011.

BALBINO, Jessica. Corpos grandes e invisíveis: a solidão da mulher gorda. **Hysteria**, [s. l.], 22 jan. 2020. Disponível em: https://hysteria.etc.br/ler/corpos-grandes-e-invisiveis-a-solidao-da-mulher-gorda/. Acesso em: 26 jan. 2020.

BALEIA. [S. l.], 2016-. Facebook: BALEIA. Disponível em: https://www.facebook.com/groups/baleiazinha/?ref=br_rs. Acesso em: 30 jul. 2022. 1 grupo de Facebook sobre pessoas gordas e body positive.

BAQUERO, Rute Vivian Angelo. Empoderamento: instrumento de emancipação social? – uma discussão conceitual. **Revista Debates**, Porto Alegre, v. 6, n. 1, p. 173-187, jan./abr., 2012. Disponível em: http://seer.ufrgs.br/index.php/debates/article/view/26722/17099. Acesso em: 18 maio 2016.

BARBOSA, Livia; CAMPBELL, Colin. **Cultura, consumo e identidade**. Rio de Janeiro: FGV, 2006.

BARIÁTRICA - Vencendo Desafios - Realizando sonhos. Disponível em: https://www.facebook.com/groups/326067847777119/. Acesso em: 30 jul. 2022. 1 grupo de Facebook com pessoas que já fizeram ou farão bariátrica.

BARIÁTRICA por favor. [S. l.], 2017-2018. WhatsApp: Bariátrica por favor. 1 grupo de mulheres no WhatsApp que querem fazer bariátrica e, por algum motivo, não conseguem, bem como mulheres que conseguiram e incentivam outras a fazerem.

BATLIWALA, Srilatha. The meaning of women's empowerment: new concepts from action. In: SEN, Gita; A. Germain, Adrienne; CHEN, Lincoln (org.). **Population policies reconsidered**: health, empowerment and right. Boston: Harvard University Press, 1994. p. 127-138. 1 tradução nossa.

BATTISTELLI, Ceres. Número de cirurgias bariátricas no Brasil aumenta 46,7%. Sociedade Brasileira de Cirurgia Bariátrica e Metabólica, São Paulo, 11 jul. 2018. Disponível em: https://www.sbcbm.org.br/numero-de-cirurgias-bariatricas-no-brasil-aumenta-467/. Acesso em: 27 ago. 2018.

BELEZA feminina. [S. l.], 2015-. Facebook: Beleza Feminina. Disponível em: https://www.facebook.com/BELEZAFEMININABL/. Acesso em; 30 jul. 2022. 1 grupo no Facebook composto por mulheres que dão dicas de beleza e enaltecem a conquista dela.

BERTH, Joice. **O que é empoderamento?**. Belo Horizonte: Letramento, 2018.

BOURDIEU, Pierre. **A dominação masculina**. Rio de Janeiro: Bertrand Brasil, 2007.

BRASILEIROS atingem maior índice de obesidade nos últimos treze anos. **Portal Ministério da Saúde**, [s. l.], 2019. Disponível em: http://saude.gov.br/noticias/agencia-saude/45612-brasileiros-atingem-maior-indice-de-obesidade-nos-ultimos-treze-anos. Acesso em: 27 nov. 2019.

BUTLER, Judith. **Problemas de gênero**: feminismo e subversão da identidade. Rio de Janeiro: Civilização Brasileira, 2003.

BUTLER, Judith. Tráfico sexual – entrevista. [Entrevista cedida a] Gayle Rubin. **Cadernos Pagu**, Campinas, n. 21, p. 157-209, 2003. Disponível em: http://www.scielo.br/scielo.php?script=sci_arttext&pid=S0104-83332003000200008&lng=en&nrm=iso. Acesso em: 15 abr. 2017.

CADEIRAS Plásticas. **INMETRO**, [s. l.], 2012. Disponível em: http://www.inmetro.gov.br/consumidor/produtos/cadeira.asp. Acesso em: 3 maio 2019.

CALVA, Silvia Marcela Bérnard (org.). **Autoetnografia**: una metodología cualitativa. México: Universidad Autónoma de Aguascalientes, 2019. 1 tradução nossa.

CANCLINI, Néstor García. **Consumidores e cidadãos**: conflitos multiculturais da globalização. Rio de Janeiro: Editora UFRJ, 2006.

CANGUILHEM, Georges. **O normal e o patológico**. 4. ed. Rio de Janeiro: Forense Universitária, 1982.

CARR, Deborah; FRIEDMAN, Michael. Is obesity stigmatizing? Body weight, perceived discrimination, and psychological well-being in the United States. **Journal of Health and Social Behavior**, v. 46, p. 244-249, set. 2005. 1 tradução nossa.

CASTELLS, Manuel. **A galáxia da internet**: reflexões sobre a internet, os negócios e a sociedade. Rio de Janeiro: Jorge Zahar Editor, 2003.

CASTELLS, Manuel. **A sociedade em rede**: a era da informação: economia, sociedade e cultura. Lisboa: Fundação Calouste Gulbenkian, 2002.

CASTELLS, Manuel. Manuel Castells: 'a comunicação em rede está revitalizando a democracia'. [Entrevista cedida a] **Fronteiras do Pensamento**. Fronteiras do Pensamento, [s. l.], maio, 2015. Disponível em: https://www.fronteiras.com/entrevistas/manuel-castells-a-comunicacao-em-rede-esta-revitalizando-a-democracia. Acesso em: 21 jun. 2019.

CASTILLO, Constanza Alvarez. **La cerda punk**. Ensayos desde un feminismo gordo, lésbiko, antikapitalista & antiespecista. Valparaiso: GSR, 2014.

COLLAÇO, Janine Helfst Leicht. Representações do comer e alimentação em restaurantes de comida rápida na cidade de São Paulo: alguns aspectos sobre saúde e obesidade. **REGET**, v. 18, p. 101-115, 2014.

COLLAÇO, Janine Helfst Leicht. Um olhar antropológico sobre o ato de comer fora. **Revista UFPR**, Campos, v. 4, p. 171-193, 2003. Disponivel em: https://revistas.ufpr.br/campos/article/view/1615/1359. Acesso em: 30 jul. 2022.

COOPER, Charlotte. **What's Fat Activism?**. Limerick: University of Limerick; Deparment of Sociology Working Papers, 2008. Disponível em: https://ulir.ul.ie/bitstream/handle/10344/3628/Cooper_2008_fat.pdf?sequence=2. Acesso: 22 jul. 2018.

COSTA, Jurandir Freire. **O vestígio e a aura**: corpo e consumismo na moral do espetáculo. Rio de Janeiro: Garamond Universitária, 2004.

DELEUZE, Gilles. **Diferença e repetição.** Rio de Janeiro: Graal, 1988.

DELEUZE, Gilles. **Espinosa**: filosofia prática. São Paulo: Escuta, 2002.

DELEUZE, Gilles. Gilles Deleuze - Entrevistas. [Entrevista cedida a] Gilles Deleuze. **Biblioteca Digital**, [s. l.], 1990. Disponível em: http://clinicand.com/596/. Acesso em: 23 nov. 2019.

D'EMILIA, Dani; CHÁVEZ, Daniel. **Manifiesto vivo:** ternura radical. Dani D'Emilia, [s. l.], 2015. Disponivel em: https://danidemilia.com/2015/08/12/manifiesto-de-la-ternura-radical/. Acesso em: 22 nov. 2019.

DIAS, Renata. O que eu vou fazer com essa tal representatividade?. **QG Feminista**, 7 jun. 2017. Disponível em: https://medium.com/qg-feminista/o-que-eu-vou-fazer-com-essa-tal-representatividade-531fb70f7a74. Acesso em: 22 ago. 2018.

DIETLAND. Direção: Cathy Yan. Estados Unidos: Amazon Prime Video, 2018. 1 série de streaming.

DOMINGUES, Izabela; MIRANDA, Ana Paula de. **Consumo de ativismo**. Barueri, SP: Estação das Letras e Cores, 2018.

DOUGLAS, Mary; ISHERWOOD Baron. **O mundo dos bens**: para uma antropologia do consumo. Rio de Janeiro: UFRJ, 2013.

DOUGLAS, Mary. **Pureza e perigo**: ensaio sobre a noção de poluição e tabu. Rio de Janeiro: Edições 70, 2014.

D'SOUZA, Radha. As prisões do conhecimento: pesquisa ativista e revolução na era da "globalização". In: SANTOS, Boaventura de Sousa; MENESES, Maria Paula. **Epistemologias do Sul**. São Paulo: Cortez, 2010. p. 145-171.

ECO, Umberto (org.). **História da beleza**. Rio de Janeiro: Record, 2004.

ECO, Umberto. **História da feiura**. Rio de Janeiro: Record, 2007.

ELIAS, Norbert. **O processo civilizador**: uma história dos costumes. Rio de Janeiro: Jorge Zahar, 1994b.

ELIAS, Norbert. **Sociedade dos indivíduos**. Rio de Janeiro: Jorge Zahar, 1994a.

ELLIS, Carolyn. Sociological introspection and emotional experience. **Symbolic Interaction**, v. 14, n. 1, p. 23-50, 1991. 1 tradução nossa.

FAT Underground. [*S. l.: s. n.*], 2021. 1 video (35 min) Publicado pelo canal C C. Disponível em: https://youtu.be/UPYRZCXjoRo. Acesso em: 16 jul. 2016.

FAVRET-SAADA, Jeanne. "Ser afetado". **Cadernos de campo**, [*s. l.*], n. 13, p. 151-161, 2005.

FERREIRA, Carolina Branco de Castro. Feminismos web: linhas de ação e maneiras de atuação no debate feminista contemporâneo. **Cadernos Pagu**, v. 44, p. 199-228, 2015.

FERREIRA, Jaqueline. O corpo sígnico. In: ALVES, Paulo César; MINAYO, Maria Cecilia de Souza (org.). **Saúde e doença**: um olhar antropológico. Rio de Janeiro: Fiocruz, 1994. p. 101-112.

FEYERABEND, Paul. **Adios a la Razón**. Madrid: Tecnos, 1992.

FIGUEIROA, Natália Lima. Pornografia com mulheres gordas: o regime erótico dos corpos dissonantes. **Revista Pensata**, [*s. l.*], v. 4. n. 1, p. 112-126, 2014.

FISCHLER, Claude. "A comida como objeto de pesquisa" – uma entrevista com Claude Fischler. [Entrevista cedida a] Miriam Goldenberg. **Psicologia Clínica**, Rio de Janeiro, v. 23, n. 1, p. 223-242, 2011.

FISCHLER, Claude. **L'homnivore**. Paris: Poche Odile Jacob, 1990. 1 tradução nossa.

FISCHLER, Claude. Obeso benigno, obeso maligno. In: SANT'ANNA, Denise Bernuzzi de (org.). **Políticas do corpo**: elementos para uma história das práticas corporais. São Paulo: Estação Liberdade, 1995. p. 69-80.

FLANDRIN, Jean-Louis; MONTANARI, Massimo (org.). **História da alimentação**. São Paulo: Estação Liberdade, 1998.

FOSTER, David William. Consideraciones sobre el estudio de la heteronormatividade en la literatura latinoamericana. **Letras**: literatura e autoritarismo, Santa Maria, n. 22, p. 49-53, jan./jun., 2001. 1 tradução nossa.

FOUCAULT, Michel. **A arqueologia do saber**. Rio de Janeiro: Forense, 1987.

FOUCAULT, Michel. **A ordem do discurso**. São Paulo: Editora Loyola, 1996.

FOUCAULT, Michel. **História da sexualidade I**: a vontade de saber. Rio de Janeiro: Graal, 1999.

FOUCAULT, Michel. **História da sexualidade II**: o uso dos prazeres. Rio de Janeiro: Edições Graal, 1984.

FOUCAULT, Michel. **Microfísica do poder**. Rio de Janeiro: Edições Graal, 1979.

FOUCAULT, Michel. **O nascimento da clínica**. Rio de Janeiro: Forense, 2004.

FOUCAULT, Michel. The subject and power. In: Dreyfus, Hubert; Rabinow, Paul. **Michel Foucault**: beyond structuralism and hermeneutics. 2. ed. com posfácio inédito dos autores e entrevista de Michel Foucault. Chicago: The University of Chicago Press, 1983. p. 208-226. 1 tradução nossa.

FOUCAULT, Michel. **Vigiar e punir**: nascimento da prisão. Petrópolis: Vozes; 1991-1997.

FREESPIRIT, Judy; ALDEBARAN. Fat liberation manifesto (1973). In: TOVAR, Virgie. Take the take: revisiting the Fat Liberation Manifesto 46 years later. **Ravishly**, [s. l.], 24 jan. 2019. Disponível em: https://www.ravishly.com/take-cake-revisiting-fat-liberation-manifesto-46-years-later. Acesso em: 30 jul. 2022.

GANDRA, Alana. Uma pesquisa do Ministério da Saúde indica que 53% da população brasileira estão com excesso de peso. **Agência Brasil**, Brasília, DF, 2019. Disponível em: http://agenciabrasil.ebc.com.br/saude/noticia/2019-04/mais-da-metade-dos-brasileiros-esta-acima-do-peso. Acesso em: 3 maio 2019.

GEERTZ, Clifford. **A interpretação das culturas**. Rio de Janeiro: Guanabara-Koogan, 1989.

GIDDENS, Antony. **A transformação da intimidade**: sexualidade, amor e erotismo nas sociedades modernas. São Paulo: UNESP, 1993.

GIDDENS, Antony. **Modernidad y identidad del yo**: el yo y la sociedad en la época contemporánea. Barcelona: Península, 1995.

GIDDENS, Antony. **Modernidade e identidade pessoal**. Lisboa: Celta, 2001.

GOFFMAN, Erwing. **Estigma**: notas sobre a manipulação da identidade deteriorada. Rio de Janeiro: LTC, 1975.

GORDA. [S. l.], 2016-. Facebook: Gorda. Disponível em: https://www.facebook.com/mulhergorda/. Acesso em: 3 ago. 2022. 1 grupo no Facebook de mulheres gordas para mulheres gordas.

GORDANUNCA. 1 grupo de WhatsApp, organizado pelo grupo do Facebook Musas.

GORDAS/O MAIS ALEGRES. [S. l.], 2017-. Facebook: GORDAS/O MAIS ALEGRES. Disponível em: https://www.facebook.com/groups/784285618381972/. Acesso em: 3 ago. 2022. 1 grupo no Facebook de pessoas gordas.

GORDAS/O MAIS FELIZES. [S. l.], 2017-. Facebook: GORDAS/O MAIS FELIZES. Disponível em: https://www.facebook.com/groups/2019935741566437/. Acesso em: 3 ago. 2022. 1 grupo no Facebook de pessoas gordas que não querem emagrecer.

GORDAS E GORDOS NO TOPO. [S. l.], 2019-. Facebook: GORDAS E GORDOS NO TOPO. Disponível em: https://www.facebook.com/groups/784285618381972/. Acesso em: 3 ago. 2022. 1 grupo no Facebook de empoderamento de pessoas gordas.

GUATTARI, Felix; ROLNIK, Suely. **Micropolítica**: cartografias do desejo. Petrópolis: Vozes, 1996.

HINE, Christine. Virtual Methods and the Sociology of Cyber-Social-Scientific Knowledge. In: HINE, Christine (org.). **Virtual Methods**. Issues in Social Research on the Internet. Oxford: Berg, 2005.

HOOKS, Bell. **Ensinando a transgredir**: a educação como prática de liberdade. São Paulo: Editora WMF Martins Fontes, 2017.

IRIGARAY, Luce. **Sexe qui n'en est pas un**. Now Iork: Itaca, 1977. 1 tradução nossa.

IRIGARAY, Luce. **Speculum**: Of the Other Woman. Ithaca: Cornell University Press, 1974-1985. 1 tradução nossa.

JIMENEZ-JIMENEZ, Maria Luisa; ABONIZIO, Juliana. Gordofobia e Ativismo gordo: o corpo feminino que rompe padrões e transforma-se em acontecimento. In: CONGRESSO ASOCIACIÓN LATINO AMERICA DE SOCIOLOGÍA, 31., 2017, Uruguai. **Anais** […]. Uruguai: Universidad de la Republica, 2017. Disponível em: http://alas2017.easyplanners.info/opc/tl/1243_maria_luisa_jimenez_jimenez.pdf. Acesso em: 22 jan. 2018.

JIMENEZ-JIMENEZ, Maria Luisa. Consumo, gênero e sexualidade: práticas de consumo e produção da diferença. In: ENCONTRO NACIONAL DE ESTUDOS DO CONSUMO, 9., 2018, Rio de Janeiro. **Anais** […]. Rio de Janeiro: ESPM, 2018d. Disponível em: http://estudosdoconsumo.com/wp-content/uploads/2018/11/ENEC2018-GT09-JIMENEZ-ABONIZIO-MulheresGordas.pdf. Acesso em: 12 jan. 2019.

JIMENEZ-JIMENEZ, Maria Luisa. Dietland: a gordofobia como questão Feminista. **TODASFRIDAS**, [s. l.], 2018a. Disponível em: http://www.todasfridas.com.br/2018/09/25/dietland-a-gordofobia-como-questao-feminista/. Acesso em 22 fev. 2019.

JIMENEZ-JIMENEZ, Maria Luisa. Gordofobia: uma questão de perda de direitos. **TODASFRIDAS**, [s. l.], 2018f. Disponível em: http://www.todasfridas.com.br/2018/03/11/gordofobia-uma-questao-de-perdaa-de-direitos/. Acesso em: 05 maio. 2019.

JIMENEZ-JIMENEZ, Maria Luisa. Gordofobia médica: a reprodução do estigma social. **TODASFRIDAS**, [s. l.], 2018e. Disponível em: http://www.todasfridas.com.br/2018/07/23/gordofobia-medica-a-reproducao-do-estigma-social/. Acesso em: 23 set. 2018.

JIMENEZ-JIMENEZ, Maria Luisa. Mulheres gordas: práticas de consumo e mercado. In: ENCONTRO NACIONAL DE ESTUDOS DO CONSUMO, 9., 2018, Rio de Janeiro. **Anais** […]. Rio de Janeiro: ESPM, 2018b. Disponível em: http://estudosdoconsumo.com/wp--content/uploads/2018/11/ENEC2018-GT09-JIMENEZ-ABONIZIO   MulheresGordas.pdf. Acesso em: 12 jan. 2019.

JIMENEZ-JIMENEZ, Maria Luisa. Pelo direito a não querer emagrecer e ser gorda! Respeito aos corpos diferentes!. **TODASFRIDAS**, [s. l.], 2019. Disponível em: http://www.todasfridas.com.br/2019/02/12/pelo-direito-a-nao-querer-emagrecer-e-ser-gorda-respeito-aos-corpos-diferentes/. Acesso em: 27 abr. 2019.

JIMENEZ-JIMENEZ, Maria Luisa. Por que a beleza é tão importante para as mulheres?. **TODASFRIDAS**, [s. l.], 2018c. Disponível em: http://www.todasfridas.com.br/2018/11/12/por-que-a-beleza-e-tao-importante-para-as-mulheres/. Acesso em: 22 fev. 2019.

KULICK, Don. Pornô. **Cadernos Pagu**, Campinas, n. 38, p. 223-240, 2012. Disponível em: http://www.scielo.br/scielo.php?script=sci_arttext&pid=S0104-83332012000100008&lng=en&nrm=iso. Acesso em: 19 jan. 2013.

LAZZARATO, Maurizzio. **As revoluções do capitalismo**: a política no império. Rio de Janeiro: Civilização Brasileira, 2006.

LE BRETON, David. **Adeus ao corpo**: antropologia e sociedade. Campinas: Papirus, 2003.

LE BRETON, David. **Sinais de identidade**: tatuagens, piercings e outras marcas corporais. Lisboa: Miosótis, 2004.

LE GOFF. Jacques. **A nova história**. Lisboa: Edições 70, 1982.

LEMOS, André. **Cibercultura**: tecnologia e vida social. Porto Alegre: Salinas, 2007.

LÉVY, Pierre. **Cibercultura**. São Paulo: Editora 34, 2000.

LIPOVETSKY, Gilles. **Da leveza**: rumo a uma civilização sem peso. São Paulo: Manoele, 2016.

LORDE, Audre. Os usos da raiva: mulheres respondendo ao racismo. **Portal Geledés**, [s. l.], 19 maio 2013. Disponível em: https://www.geledes.org.br/os-usos-da-raiva-mulheres-respondendo-ao-racismo/. Acesso em: 20 nov. 2019.

LUQUESI, Thais. Mulher usava redes sociais para aplicar golpes de venda de celular. G1, Goiânia, 12 ago. 2015. Disponível em: https://g1.globo.com/jornal-hoje/noticia/2015/08/mulher-usava-redes-sociais-para-aplicar-golpes-de-venda-de-celular.html. Acesso em: 22 ago. 2018.

MACHADO, Jorge Alberto. Ativismo em rede e conexões identitárias: novas perspectivas para os movimentos sociais. **Sociologias**, Porto Alegre, v. 9, n. 18, p. 248-285, jul./dez., 2007. Disponível em: http://www.scielo.br/scielo.php?script=sci_arttext&pid=S1517-45222007000200012&lng=pt&nrm=iso. Acesso em: 22 jul. 2008.

MADEL, Cesar Sabino. Ritos da forma: a construção da identidade fisiculturista em academias de musculação na cidade do Rio de Janeiro. **Arquivos em movimento**, Rio de Janeiro, v. 3, n. 1, p. 51-68, jan./jun., 2007. Disponível em: https://revistas.ufrj.br/index.php/am/article/view/9089/7219. Acesso em: 22 maio 2016.

MAFFESOLLI, Michel. **A transfiguração do político**: tribalização do mundo. Porto Alegre: Sulina, 1997.

MAFFESOLLI, Michel. **O elogio da razão sensível**. Petrópolis: Editora Vozes, 1998.

MAIA, Rousiley. Identidades coletivas: negociando novos sentidos, politizando as diferenças. **Contracampo**, Rio de Janeiro, n. 5, p. 47-66, 2000.

MALUF, Sônia Weidner. Corpo e corporalidade nas culturas contemporâneas: abordagens antropológicas. **Esboços**: histórias em contextos globais, [s. l.], v. 9, n. 9, p. 87-101, 2001.

MAPA da obesidade, **Associação Brasileira para o Estudo da Obesidade e da Síndrome Metabólica**. São Paulo, 2017. Disponível em: http://www.abeso.org.br/atitude-saudavel/mapa-obesidade. Acesso em: 22 mar. 2018.

MASSOM, Laura. **Feministas en todas partes**. Una etnografía de espacios y narrativas feministas en Argentina. Buenos Aires: Prometeo libros, 2007. 1 tradução nossa.

MATTOS, Rafael. **Sobrevivendo ao estigma da gordura**. São Paulo: Vetor, 2012.

MAUSS, Marcel. As técnicas corporais: a noção de pessoa. In: **Sociologia e Antropologia**. São Paulo, EDUSP, 1974, v. 2.

MINAS GORDAS. [*S. l.*], 2019-. Facebook: MINAS GORDAS. Disponível em: https://www.facebook.com/groups/2031892940255948/. Acesso em: 3 ago. 2022. 1 grupo no Facebook para mulheres gordas dentro e fora do ativismo.

MINTZ, Sidney. Comida e antropologia: uma breve revisão. **Revista Brasileira de Ciências Sociais**, v. 16, n. 47, p. 31-42, 2001.

MODA Plus Size movimenta R$ 4,5 Bilhões. **Sindivestuário**, São Paulo, 7 jan. 2015. Disponível em: http://sindivestuario.org.br/moda-plus-size-movimenta-r-45-bilhoes/. Acesso em: 25 maio 2019.

MOSEDALE, Sarah. Policy arena. Assessing women's empowerment: Towards a conceptual framework. **Journal of International Development**, [*s. l.*], p. 243-257. 2005. 1 tradução nossa.

MURRAY, Stuart. **A patologização da obesidade**: posicionamento da gordura em nosso imaginário cultural. Biopolitica e a epidemia de obesidade: Órgãos Diretivos: Órgãos Diretores. J Wright; V Harwood. Routledge, 2009. 1 tradução nossa.

MUSAS. [*S. l.*], 2016-. Facebook: MUSAS. Disponível em: https://www.facebook.com/Musas-Academia-Para-Mulheres-341657486011698/. Acesso em: 3 ago. 2022. 1 grupo no Facebook de mulheres que malham, são magras e se consideram inspiração de corpo belo.

NECHAR, Assuf Patricia. Diversidade de corpos: a ascensão do corpo gordo através das artes, redes sociais e o Movimento Plus Size. In: CONGRESSO BRASILEIRO DE CIÊNCIAS DA COMUNICAÇÃO, 41., 2018, Joinville. **Anais** [...]. Joinville: Intercom, 2018. Disponível em: http://portalintercom.org.br/anais/nacional2018/resumos/R13-1009-1.pdf. Acesso em: 1 maio 2019. p. 1-15.

NEVES, Marilia. Sarah Stage, a grávida sarada, posa de biquini quatro meses após dar à luz. **EGO**, São Paulo, 25 ago. 2015. Disponível em: http://ego.globo.com/famosos/noticia/2015/08/sarah-stage-gravida-sarada-posa-de-biquini-quatro-meses-apos--dar-luz.html. Acesso em: 27 jul. 2017.

NIGRI, Yasmin. Dear White People: o que é racismo institucionalizado?. **Revista Caliban**, [*s. l.*], 8 maio 2017. Disponível em: https://revistacaliban.net/dear-white-people-o-que--%C3%A9-racismo-institucionalizado-8495c41270b6. Acesso em: 22 jan. 2019.

OBESIDADE e sobrepeso terão primeiro Protocolo Clínico para tratamento. **Portal Ministério da Saúde**, [*s. l.*], 2018. Disponível em: http://portalms.saude.gov.br/noticias/

agencia-saude/44310-obesidade-e-sobrepeso-terao-primeiro-protocolo-clinico-para-tratamento. Acesso em: 18 dez. 2018.

OLIVEIRA, Deise Moura. **O processo de tomada de decisão da mulher obesa pela cirurgia bariátrica**: uma abordagem compreensiva. 2013. Tese (Doutorado em Enfermagem) – Escola de Enfermagem, Universidade de São Paulo, São Paulo, 2013.

ORBACH, Susie. A psicanalista fala sobre a imagem irreal que se criou do corpo feminino. [Entrevista cedida a] Nina Lemos. **Revista TPM**, [s. l.], 3 ago. 2012. Disponível em: https://revistatrip.uol.com.br/tpm/susie-orbach. Acesso em: 22 ago. 2013.

ORLANDI, Eni Pulcinelli. **Cidade dos sentidos**. Campinas, SP: Pontes, 2004.

PAIS, José Machado; LACERDA, Miriam Pires Corrêa de; OLIVEIRA, Victor Hugo Nedel. Juventudes contemporâneas, cotidiano. **Educar em Revista**, Curitiba, n. 64, p. 301-313, abr./jun., 2017.

PAIS, José Machado. **Sociologia da vida quotidiana**: teorias, métodos e estudos de caso. Lisboa, PT: Clara Cabral, 2002.

PAIS, José Machado. **Vida cotidiana**: enigmas e revelações. São Paulo: Cortez, 2003.

PERIN, Thiago. Homens ricos gostam de mulheres magras; pobres preferem gordinhas. **Super Interessante**, [s. l.], 21 dez. 2016. Disponível em: https://super.abril.com.br/blog/cienciamaluca/homens-ricos-gostam-de-mulheres-magras-pobres-preferem-gordinhas/. Acesso em: 22 jan. 2019.

PITH, Santiago. Adolphe Quetelet e a biopolítica como teologia secularizada. **História, Ciências e Saúde-Manguinhos**, Rio de Janeiro, v. 20, n. 3, p. 849-864, jul./set. 2013. Disponível em: https://www.scielo.br/j/hcsm/a/Zdc7kyrp6zt74H8KXgRBG5D/abstract/?lang=pt#:~:text=Adolphe%20Quetelet%20and%20biopolitics%20as%20secularized%20theology&text=Interessa%20aqui%20o%20duplo%20engajamento,governo%20da%20popula%C3%A7%C3%A3o%20pelo%20Estado. Acesso em: 4 ago. 2022.

PODE ME CHAMAR DE GORDA. [S. l.], 2017-. Facebook; PODE ME CHAMAR DE GORDA. Disponível em: https://www.facebook.com/podemechamardegorda/. Acesso em: 3 ago. 2022. 1 grupo no Facebook de empoderamento de mulheres gordas.

PORNHUB divulga estatísticas de 2017 e mostra que brasileiro adora pornografia. **Canaltech**, [s. l.], 9 jan. 2018. Disponível em: https://canaltech.com.br/comportamento/pornhub-divulga-estatisticas-de-2017-e-mostra-que-brasileiro-adora-pornografia-106304/. Acesso em: 16 maio 2019.

POULAIN, Jean Pierre. **Sociologia da obesidade**. São Paulo: Senac, 2013.

PRÁ, Jussara Reis. Mulheres, direitos políticos, gênero e feminismo. **Cadernos Pagu**, v. 43, p. 169-196, jul./dez., 2014.

PRIMO, Alex. Interação mútua e reativa: uma proposta de estudo. In: CONGRESSO BRASILEIRO DE CIÊNCIAS DA COMUNICAÇÃO, 21., 1998, Recife. **Anais** [...]. Recife: Intercom, 1998. p. 1-16.

PROST, Antoine; VICENT, Gérard (org.). Fronteiras e espaços do privado: a familia e o indivíduo. In: VEYNE, Paul (org). **História da vida privada**: da primeira guerra a nossos dias. São Paulo: Companhia das Letras, 1992. p. 60-105.

RAI, Shirin. **Gênero e economia política do desenvolvimento**: do nacionalismo à globalização. Malden, Massachusetts: Polity Press, 2002. 1 tradução nossa.

RANGEL, Natália Fonseca de Abreu. **O ativismo gordo em campo**: política, identidade e construção de significados. 2018. 162 p. Tese (Doutorado em Sociologia Política) – Universidade Federal de Santa Catarina, Florianópolis, 2018. Disponivel em: https://repositorio.ufsc.br/handle/123456789/205904#:~:text=O%20ativismo%20gordo%20em%20campo%3A%20pol%C3%ADtica%2C%20identidade%20e%20constru%C3%A7%C3%A3o%20de%20significados,-Mostrar%20registro%20completo&text=Resumo%3A,estrat%C3%A9gias%20de%20ativistas%20gordos%2Fas. Acesso em: 28 set. 2019.

RAQUEL RECUERO. Disponível em: http://www.pontomidia.com.br/raquel. Acesso em: 22 ago. 2017. 1 blogue.

REEDUCAÇÃO ALIMENTAR – VIDA SAUDÁVEL. [S. l.], 2017-. Facebook: REEDUCAÇÃO ALIMENTAR - VIDA SAUDÁVEL. Disponível em: https://www.facebook.com/groups/reeducacaoalimentarvidasaudavel/. Acesso em: 3 ago. 2022. 1 grupo no Facebook de mulheres que querem manter ou mantêm o corpo magro através de dicas e aconselhamentos umas das outras.

RIBEIRO, Djamila. **Lugar de fala**. São Paulo: Pólen, 2019.

RIBEIRO, Naiana. Mulheres falam da dificuldade de encontrar roupas plus size. **Plus**, [s. l.], 9 maio 2016. Disponivel em: http://eusouplus.com/mulheres-falam-da-dificuldade-de-encontrar-roupas-plus-size/. Acesso em: 24 maio 2019.

RIGITANO, Maria Eugênia Cavalcanti. Redes e ciberativismo: notas para uma análise do Centro de Midia Independente. **Biblioteca on-line de ciências da comunicação**, [s. l.], 2005. Disponível em: http://www.bocc.ubi.pt/pag/rigitano-eugenia-redes-e-ciberativismo.pdf. Acesso em: 23 jun. 2017.

RODRIGUES, Julia. As meninas estão mudando a escola. **Nova Escola**, [s. l.], 2016. Disponível em: https://novaescola.org.br/conteudo/465/feminismo-genero-meninas-mudam-escola. Acesso em: 16 nov. 2016.

ROHDEN, Fabiola. **Uma ciência da diferença**: sexo e gênero na medicina da mulher. Rio de Janeiro: Fiocruz, 2001.

ROLNIK, Suely. A hora da "micropolítica". **Laboratório de Sensibilidades**, [s. l.], 2016. Disponível em: https://laboratoriodesensibilidades.wordpress.com/2016/06/07/suely-rolnik-a-hora-da-micropolitica/. Acesso: 27 set. 2016.

ROLNICK, Suely. **Esferas da insurreição**: notas para uma vida não cafetinada. São Paulo: N-1 edições, 2018.

RUBIN, Gayle. Pensando sobre sexo: notas para uma teoria radical da política da sexualidade. **Cadernos Pagu**, Campinas, v. 21, p. 1-88, 2003.

RUBIN, Gayle. **Tráfico de mulheres**: notas sobre a "economia política" dos sexos. Recife: Edição SOS – Corpo, 1993.

SAHLINS, Marshall. **Cultura e razão prática**. Rio de Janeiro: Zahar, 1979.

SANDOVAL, Chela. **Metodología de la emancipación**. México: PUEG, 2015.

SANT'ANNA, Denise Bernuzzi de. **Corpos de passagem:** ensaios sobre a subjetividade contemporânea. São Paulo: Estação Liberdade, 2001.

SANT'ANNA, Denise Bernuzzi de. Cuidados de si e embelezamento feminino: fragmentos para uma história do corpo no Brasil. In: SANT'ANNA, Denise Bernuzzi de (org.). **Política do corpo**. São Paulo: Estação Liberdade, 1995. p. 121-139.

SANT'ANNA, Denise Bernuzzi de. Entre o peso do corpo e o pesar da alma: notas para uma história das emoções tristes na época contemporânea. **História**. Questões e Debates, v. 59, p. 99-113, 2014a.

SANT'ANNA, Denise Bernuzzi de. **Gordos, magros e obesos**: uma história do peso no Brasil. São Paulo: Estação Liberdade, 2016.

SANT'ANNA, Denise Bernuzzi de. **História da beleza do Brasil**. São Paulo: Contexto, 2014b.

SANTOS, Boaventura de Sousa. **Descolonizar el saber, reinventar o poder**. Montevideo: Trilce, 2010.

SANTOS, Boaventura de Sousa. Introdução. In: SANTOS Boaventura de Souza. **Reconhecer para libertar**: os caminhos do cosmopolitanismo multicultural. Rio de Janeiro: Civilização Brasileira, 2003.

SARADAS! Relembre as famosas que mudaram o corpo com muita malhação; compare!. **Extra**, [s. l.], 27 set. 2015. Disponível em: https://extra.globo.com/famosos/saradas-relembre-as-famosas-que-mudaram-corpo-com-muita-malhacao-compare-17604775.html. Acesso em: 22 abr. 2016.

SARDENBERG, Cecilia Maria Bacellar. Conceituando "empoderamento" na perspectiva feminista. In: SEMINÁRIO INTERNACIONAL: TRILHAS DO EMPODERAMENTO DE MULHERES, 1., 2006, Salvador. **Anais** [...]. Salvador: Projeto Tempo, 2006. p. 1-12, Disponível em: https://repositorio.ufba.br/handle/ri/6848. Acesso em: 4 maio 2015.

SCRIVER, Amanda. Guia de facesitting para gordas. **Vice**, 10 dez. 2018. Disponível em: https://www.vice.com/pt_br/article/mbypnn/guia-de-facesitting-para-gordas. Acesso em jan. 2019.

SENSUALIDADE PLUS. [S. l.], 2016-. Facebook: SENSUALIDADE PLUS. Disponível em: https://www.facebook.com/Sensualidade-Plus-181453718698737/. Acesso em: 3 ago. 2022. 1 grupo no Facebook de mulheres gordas que se entendem como mulheres sensuais.

SIQUEIRA, Denise da Costa Oliveira; FARIA, Aline Almeida. Corpo, saúde e beleza: representações sociais nas revistas femininas. **Comunicação, mídia e consumo**, São Paulo, v. 4, n. 9, p. 171-187, 2007.

SOU GORDA MESMO. [S. l.], 2018-. Facebook: SOU GORDA MESMO. Disponível em: https://www.facebook.com/Souordamemooo/. Acesso em: 3 ago. 2022. 1 grupo no Facebook de empoderamento gordo.

SOUZA, Carolina Duó. **Body positive - estudo de caso nas mídias digitais**. 2019. 42 f. Monografia (Especialização em Estética e Gestão da Moda) – Escola de Comunicação e Artes, Universidade de São Paulo, São Paulo, 2019.

STAFF, Hornet. Porque Pessoas Gordas Transam Mais & São Melhores Nisso (NSFW). **Hornet**, [s. l.], 11 jan. 2016. Disponível em: https://hornet.com/stories/pt-pt/porque-pessoas-gordas-transam-mais-sao-melhores-nisso-nsfw/. Acesso em: 27 fev. 2018.

SWAIN, Tania Navarro. Feminismo e recortes do tempo presente: mulheres em revistas "femininas". **Perspectivas**, São Paulo, v. 15, n. 3, p. 67-81, 2001.

TALAMONE, Rose. Brasil lidera ranking de cirurgia plástica entre jovens. **Jornal da USP**, 27 fev. 2018. Disponível em: https://jornal.usp.br/radio-usp/radioagencia-usp/brasil-lidera-ranking-de-cirurgia-plastica-entre-jovens/. Acesso em: 30 out. 2018.

TOVAR, Virgie. **Meu corpo, minhas medidas**. São Paulo: Primavera Editorial, 2018.

VERSIANI, Daniela Beccaccia. Autoetnografia: uma alternativa conceitual. **Letras de hoje**, Porto Alegre, v. 37, n. 4, p. 67-72, 2002.

VIEIRA, Tati. O meu corpo é resistência. **Blog Gorda Zen**. Disponível em: http://gordaezen.com.br/selfie-empoderada/o-meu-corpo-e-resistencia. Acesso em 13 mai. 2016.

VOZ DAS GORDAS. [S. l.], 2016-. Facebook: VOZ DAS GORDAS. Disponível em: https://www.facebook.com/VozdasGordas/. Acesso em: 3 ago. 2022. 1 grupo no Facebook para mulheres gordas.

WILLIAMS, Linda. (org.). **Porn Studies**. Durham: Duke University Press, 2004.

WILLIAMS, Linda. Screening Sex: revelando e dissimulando o sexo. **Cadernos Pagu**, Campinas, n. 38, p. 127-142, jan./jun., 2012.

WOLF, Naomi. **O mito da beleza**: como as imagens de beleza são usadas contra as mulheres. Rio de Janeiro: Rocco, 1992-2018.

Este livro foi impresso pela Edições Loyola em agosto de 2022
Fontes: Raleway e Twin Marker
Papel: Cartão Supremo 250g/m² e Off-set 90g/m²